农村金融创新团队系列丛书

新疆绿洲农业可持续发展融资机制研究

徐　敏　著

中国金融出版社

责任编辑：张怡姮
责任校对：孙　蕊
责任印制：丁淮宾

图书在版编目（CIP）数据

新疆绿洲农业可持续发展融资机制研究（Xinjiang Lüzhou Nongye
Kechixu Fazhan Rongzi Jizhi Yanjiu）/徐敏著 . —北京：中国金融出版
社，2014.10
　（农村金融创新团队系列丛书）
　ISBN 978 - 7 - 5049 - 7472 - 3

Ⅰ.①新… Ⅱ.①徐… Ⅲ.①绿洲—地方农业经济—农业可持续发
展—融资机制—研究—新疆 Ⅳ.①F327.45

中国版本图书馆 CIP 数据核字（2014）第 057458 号

出版
发行　**中国金融出版社**

社址　北京市丰台区益泽路 2 号
市场开发部　（010）63266347，63805472，63439533（传真）
网 上 书 店　http://www.chinafph.com
　　　　　　　（010）63286832，63365686（传真）
读者服务部　（010）66070833，62568380
邮编　100071
经销　新华书店
印刷　利兴印刷有限公司
尺寸　169 毫米 × 239 毫米
印张　13.5
字数　189 千
版次　2014 年 10 月第 1 版
印次　2014 年 10 月第 1 次印刷
定价　32.00 元
ISBN 978 - 7 - 5049 - 7472 - 3/F. 7032
如出现印装错误本社负责调换　联系电话（010）63263947

序言一

农村金融是农村经济发展的"润滑剂",农村金融市场是农村市场体系的核心。党和国家历来重视农村金融发展,党的十八届三中全会明确提出了扩大金融业对内对外开放,在加强监管的前提下,允许具备条件的民间资本依法发起设立中小型银行等金融机构,进一步发展普惠金融,鼓励金融创新,丰富农村金融市场层次和产品,同时赋予农民对承包地占有、使用、收益、流转及承包经营权抵押、担保权能,为下一步农村金融改革指明了方向。2004—2014 年连续 11 个中央"一号文件"从不同角度提出了加快农村金融改革、完善农村金融服务、推动农村金融制度创新,这些农村金融改革创新的政策、决定对建立现代农村金融市场体系、完善农村金融服务、提升农村金融市场效率起到了积极的推动作用。但是,当前农村金融发展现状距离发展现代农业、建设社会主义新农村和全面建成小康社会的目标要求仍有较大差距,突出表现在:农村金融有效供给不足且资金外流严重、农村金融需求抑制、市场竞争不充分、市场效率低下、担保抵押物缺乏等,农村金融无法有效满足当前农村发展、农业增产和农民增收的现实需要。进一步推动农村金融改革、缓解农村金融抑制、加快农村金融深化、鼓励农村金融创新以及提升农村金融服务效率,任重道远。

根据世界各国经济发展的经验,在城市化进程中,伴随着各类生产要素不断向城市和非农产业的流动,农村和农业必然会发生深刻的变化。改革开放以来,中国经济取得了举世瞩目的成就,农村经济体制改革极大地调动了亿万农民的积极性,经济活力显著增强。经济快速发展的同时,城乡发展不平衡、城乡收入差距扩大、农村经济落后等问题也日渐凸显,"三农"问题则是对这些突出矛盾的集中概括。"三农"问题事关国家的发展、安全、稳定和综合国力的提升,历来是党和政府工作的重中之重。金融是现代经济的核心,农村金融发展对农村经济发展至关重要,解决"三农"问题离不开农村金融支持。由于中国农村金融不合理的制度安排,农村金融抑制现象严重,农村金融与农村经济并未形成互动共生、协调发展的局面，农村金融资源配置功能并未真正得到发挥，滞后的农村金融在一定程度上抑制了农村经济的发展。

1978年改革开放至今，农村金融改革的步伐不断加快，经历了农村金融市场组织的多元化和竞争状态的初步形成、分工协作的农村金融体系框架构建、农村信用社主体地位的形成，以及探索试点开放农村金融市场的增量改革四个阶段。农村金融改革取得初步成效，多层次、多元化、广覆盖的农村金融体系基本形成，农村金融供求矛盾逐步缓解，农村金融服务水平显著提高，农村金融机构的经营效率明显提升，农村信用环境得到有效改善。然而，农村金融仍然是农村经济体系中最为薄弱的环节，资金约束仍然是制约现代农业发展和新农村建设的主要的"瓶颈"。在统筹城乡发展、加快建设社会主义新农村以及推进现代农业发展的大背景下，农村金融如何适应农村及农业环境的快速变化、如何形成"多层次、广覆盖、可持续"的农村金融体系、如何破解农村"抵押难、担保难、贷款难"的困境，推动农村金融更好地为农村经济发展服务，让改革的红利惠及6.5亿农民，依然是需要研究和解决的重大课题。

可喜的是，在西北农林科技大学，以罗剑朝教授为带头人的科研创新团队，2011年12月以"西部地区农村金融市场配置效率、供求均衡与产权抵押融资模式研究"为主攻方向，申报并获批教育部"长江学者和创新团队发展计划"创新团队项目（项目编号：IRT1176）。近3年来，该团队紧紧围绕农村金融这一主题，对农村金融领域的相关问题进行长期、深入调查和分析，先后奔赴陕西、宁夏等地开展实地调研10余次，实地调查农户5000余户、涉农企业500余家，走访各类农村金融机构50余家，获得了大量的实地调研数据和第一手材料。同时，还与中国人民银行西安分行、中国人民银行宁夏分行、陕西农村信用社联合社、杨凌示范区金融工作办公室、杨凌示范区农村商业银行、高陵县农村产权交易中心等机构签订了合作协议，目前已拥有杨凌、高陵和宁夏同心、平罗4个农村金融研究固定观察点。针对调查数据和资料，该团队对西部地区农村金融问题展开了系统深入的研究，通过对西部地区农村金融市场开放度与配置效率评价、金融市场供求均衡、农村产权抵押融资试验模式等的研究，提出以农村产权抵押融资、产业链融资为突破口的农村金融工具与金融模式的创新方案，进而形成"可复制、易推广、广覆盖"的现代农村金融体系，能够为提高农村金融市场配置效率及农村金融改革政策的制定和实施提供依据。本项目调查研究取得了比较丰硕的科研成果，其中一部分纳入本套系列丛书以专著的形式出版。虽然其中的部分观点可能还有待探讨和商榷，但作者敏锐的观察视角、务实的研究作风、扎实的逻辑推导、可靠的数据基础，使得研究成果极具原创性和启发性，这些成果的出版，必然会对深刻认识农村金融现实、把握农村金融的运作规律提供有益的依据参考和借鉴。

实现全面建成小康社会的宏伟目标，最繁重、最艰巨的任务在农村。要解决农村发展问题，需要一大批学者投入到农村问题的研究当中，以"忧劳兴国"的精神深入农村，深刻观察和认识农村，以创新的思维发现和分析农村经济发展中的问题，把握农村经济发展的规律，揭示农业、农村、农民问题的真谛，以扎实的研究结论为决策部门提供参考，积极推动农村经济又好又快发展，以不辱时代赋予的历史使命。

我相信，此套农村金融创新团队系列丛书的出版，对于完善西部地区农村金融体系、提高西部地区农村金融市场配置效率，推动西部地区农村经济社会发展具有重要意义。同时我也期待此套丛书的出版，能够引起相关政策的制定者、研究者和实践者对西部地区农村金融及农村金融改革问题的关注、积极参与和探索，共同推进西部地区农村金融改革的创新和金融市场配置效率的提高。

是为序。

国务院发展研究中心副主任、研究员　韩俊

二〇一四年八月三十日

序言二

金融是现代经济的核心，农村金融是现代金融体系的重要组成部分，是中国农业现代化的关键。当前，我国人均国民生产总值（GDP）已超过4000美元，总量超过日本，成为世界第二大经济体。如何在新的发展阶段特别是在工业化、信息化、城镇化深入发展中同步推进农业现代化，构建起由市场配置各种要素、公共资源均衡覆盖、经济社会协调发展的新型工农关系、城乡关系，破解推进农业现代化的金融难题和资金"瓶颈"，是实现"中国梦"绕不过去的难题。

改革开放以来，党中央、国务院先后制定并出台了一系列促进农业和农村发展的政策与文件，在农村金融领域进行了深入地探索，特别是党的十八大、十八届三中全会提出"完善金融市场体系"、"发展普惠金融"、"赋予农民对承包地占有、使用、收益、流转及承包经营权抵押、担保权能"，农村金融产品与服务方式创新变化，农户和农村中小企业金融满足度逐步提高，农村金融引领和推动农村经济社会发展的新格局正在形成。但是，客观地说，农村信贷约束，资金外流，农村金融供给与需求不相适应、不匹配等问题依然存在，高效率的农村资本形成机制还没有形成，农村金融与农村经济良性互动发展的新机制尚待建立，农村金融依然是我国经济社会发展的一块短板，主要表现在以下几个方面：

1. 金融需求不满足与资金外流并存。据调查，农户从正规金融机构获得的信贷服务占30%左右，农村中小企业贷款满足度不到10%。同时，在中西部地区，县域金融机构存贷差较大，资金外流估计在15%~20%。农村资金并未得到有效利用，农村金融促进储蓄有效转化为投资的内生机制并没有形成。

2. 农村金融需求具有层次性、差异性与动态性，不同类型农户和中小企业金融需求存不同，多层次的农村金融机构与农村金融需求主体供求对接的有效机制尚待形成。农户资金需求具有生产性、生活性并重且以生活性为主的特点，农村中小企业多属小规模民营企业，对小额信贷需求强烈，加之都没有符合金融机构要求的抵（质）押品，正规金融服务"断层"现象依然存在。

3. 农村金融市场供求结构性矛盾突出，市场垄断、过度竞争与供给不足同时并存。从供给角度看，农村金融的供给主体以农业银行、农村信用社、邮储银行等正规金融为主，其基本特征是资金的机会成本较高、管理规范，要求的担保条件比较严格；从需求的角度看，农村金融需求主体的收入、资产水平较低，借贷所能产生的利润水平不高，且其金融交易的信息不足。尽管存在着借款意愿和贷款供给，但供求双方的交易却很难达成，金融交易水平较低。因此，要消除这种结构性供求失衡，就要充分考虑不同供给与需求主体的特点及他们之间达成交易可能性，采取更加积极的宏观政策与规范，建立多层次、全方位、高效率、供求均衡的现代农村金融体系。

必须改变用城市金融推动农村金融的理念和做法，以及单方面强调金融机构的调整、重组和监管的政策，从全方位满足"三农"金融需求和充分发挥农村金融功能的视角，建立农村金融供求均衡的、竞争与合作有效耦合的现代农村金融体系。按照农村金融供求均衡理念，对农村金融机构服务"三农"和农村中小企业做适当市场细分，实现四个"有效对接"，推进农村金融均衡发展。

第一，实现正规金融供给与农业产业化龙头企业金融需求的有效对接。由于农村正规金融机构的商业信贷供给与农业产业化龙头企业的金融需求相适应，正规金融机构的商业信贷交易费用较高，交易规模较大，客户不能过于分散，担保条件要求严格，而龙头企业在很大程度上已参与到了城市经济的市场分工中，在利润水平及担保资格都能够符合正规金融机构要求的情况下，有些企业甚至能够得到政府的隐性担保，加之建立有相对完善的会计信息系统，能够提供其经营状况的财务信息，信贷信息不对称现象也能有所缓解，因此，二者具有相互对接的可行性。尽管农村正规金融发展存在诸多问题，但从其本身特点以及龙头企业发展角度看，实现正规金融供给与龙头企业金融需求对接具有必然性。所以，中国农业银行应定位为农村高端商业银行，在坚持商业化经营的前提下，加大对农业产业化龙头企业的支持力度，主要满足大规模的资金需求。通过政策引导，把农业银行在农村吸收的存款拿出一定比例用于农业信贷，把农业银行办成全面支持农业和农村经济发展的综合性银行。

第二，实现正规中小金融机构的信贷供给与市场型农户、乡镇企业、中小型民营企业金融需求的有效对接。正规中小型金融机构的小额信贷与市场型农户、乡镇企业、中小型民营企业的金融需求相相应，市场型农户、乡镇企业、中小型民营企业的金融需求主要用于扩大再生产，所需要的资金数额相对较大，借贷风险较大，不易从非正规金融机构获得贷款；由于其自身在资产水平存在的有限性，使得他们不能像龙头企业那样，从正规金融机构获得商业贷款。而正规中小型金融机构，尤其是农村商业银行、农村合作银行、村镇银行等，相对于大银行，在成本控制上存在较大优势，而且较易了解市场型农户、乡镇企业、中小型民营企业的生产经营状况，可根据其还款的信誉状况来控制贷款额度，降低金融风险；中小型金融机构倾向于通过市场交易过程，发放面向中小企业的贷款，按市场利率取得更高收益，市场型农户、乡镇企业、中小型民营企业是以市场为导向的，接受市场利率，也倾向于通过市场交易过程获得贷款，二者之间交易易于达成。另外，正规中小金融机构具有一定优势：其资金"取之当地、用之当地"；员工是融入到社区生活的成员，熟悉本地客户；组织架构灵活简单，能有效解决信息不对称问题；贷款方式以"零售"为主，成本低廉、创新速度快；决策灵活，能更好地提供金融服务，二者之间实现金融交易对接具有必然性。目前，农村正规中小型金融机构发展较为迅速，应继续鼓励和引导农村商业银行、农村合作银行、村镇银行发展，构建起民营的、独资的、合伙的、外资的正规中小型金融机构，大力开展涉农金融业务。

第三，实现正规金融、非正规金融机构的小额信贷供给与温饱型农户金融需求的有效对接。农村小额信贷，主要指农村信用合作社等正规金融机构、非正规金融机构提供的农户小额信贷，是以农户的信誉状况为根据，在核定的期限内向农户发放的无抵押或少抵押担保的贷款。正规金融机构、非正规金融机构的小额信贷供给与温饱型农户金融需求相应，他们之间的交易对接具有充分的可行性。目前，温饱型农户占整个农户的40%~50%，他们的借贷需求并不高，还贷能力较强，二者之间的信贷交易易于达成。农信社和其他非正规金融机构的比较优势决定其生存空间在农村，从国外银行业的发展情况看，即使服务于弱势群体，也有盈利和发展空间。农信社应牢固树立服务"三农"的宗旨，通过建立良好的公司治理机制、科学的内部激励机制，切实发挥农村金融主力军作用；适应农村温饱型农户金融需求的特点，建立和完善以信用为基础的信贷交易机制，提高农户贷款覆盖面；通过农户小额信贷、联户贷款等方式，不断增加对温饱型农户的信贷支持力度。当前，农户小额信贷存在的问题主要有：资金缺口大、贷款使用方向单一、贷款期限无法适应农业生产周期的需要、小额信贷额度低等。针对这些问题，应采取措施逐步扩大无抵押贷款和联保贷款业务；尝试打破农户小额信贷期限管理的限制，合理确定贷款期限；尝试分等级确定农户的授信额度，适当提高贷款额；拓展农信社小额信贷的领域，由单纯的农业生产扩大到农户的生产、生活、消费、养殖、加工、运输、助学等方面，扩大到农村工业、建筑业、餐饮业、娱乐业等领域。

第四，实现非正规金融机构的小额信贷与温饱型、贫困型农户金融需求的有效对接。民间自由借贷的机会成本相对较低，加上共有的社区信息、共同的价值观、生产交易等社会关系，且可接受的担保物品种类灵活，甚至担保品市场价值不高也能够较好地制约违约，与温饱型、贫困型农户信贷交易易于达成，实现二者之间的有效对接具有必然性。发达地区的非正规金融，其交易规模较大、参与者组织化程度较高，以专业放贷组织和广大民营企业为主，交易方式规范，具备良好的契约信用，对这类非正规金融可予以合法化，使其交易、信用关系及产权形式等非正式制度得到法律的认可和保护，并使其成为农村金融市场的重要参与者和竞争者；欠发达地区的非正规金融，其规模较小、参与者大多是分散的温饱型、贫困型农户，资金主要用于农户生产和生活需要，对此类非正规金融应给予鼓励和合理引导，防止其转化成"高利贷"。同时，积极发展小规模的资金互助组织，通过社员入股方式把资金集中起来实行互助，可以有效解决农民短期融资困难。应鼓励和允许条件成熟的地方通过吸引民间资本、社会资本、外资发展民间借贷，使其在法律框架内开展小额信贷金融服务。

总之，由于商业金融在很大程度上不能完全适应农村发展的实际需求，上述市场细分和四个"有效对接"在不同地区可实现不同形式组合，不同对接之间也可实现适当组合，哪种对接多一点、哪种对接少一点，可根据情况区别对待，其判断标准是以金融资本效率为先，有效率的"有效对接"就优先发展。

为了实现以上四个"有效对接"，还必须采取以下配套政策：一是建立新型农村贷款抵押担保机制，分担农业信贷风险。在全面总结农户联保、小组担保、担保公司代为担保等成功经验的基础上，积极探索农村土地使用权抵押担保、农业生物资产（包括农作物收获权、动物活体等）、农业知识产权和专利、大型农业设施、设备抵押担保等新型农村贷款抵押担保方式，降低农贷抵押担保限制性门槛，鼓励引导商业担保机构开展农村抵押担保业务。二是深化政策性金融改革，引导农业发展银行将更多资金投向农村基础设施领域。通过发行农业金融债券、建立农业发展基金、进行境外融资等途径，拓展农业发展银行资金来源，统一国家支农资金的管理，增加农业政策性贷款种类，把农业政策性金融机构办成真正的服务农村基础设施等公共物品、准公共物品投融资的银行。三是建立政府主导的政策性农业保险制度。运用政府和市场相结合的方式，制定统一的农业保险制度框架，允许各种符合资格的保险机构在总框架中经营农业保险和再保险业务，并给予适当财政补贴和税收优惠。四是加强农村金融立法，完善农村金融法律和监管制度。目前，农村金融发展法律体系滞后，亟须加以完善。建议在《中华人民共和国公司法》、《中华人民共和国商业银行法》中增加农村金融准入条款，制定《民间借贷法》，将暗流涌动的农村民间金融纳入法制化轨道。适当修改《中华人民共和国银行业监督管理法》，鼓励农村金融机构充分竞争，防范农村金融风险；以法律形式明晰农业银行支农责任，督促其履行法定义务，确认其正当要求权；明确农业发展银行开展商业性金融业务范围，拓展农村基础设施业务，以法律形式分别规制其商业性、政策性业务，对政策性业务进行补贴；限制邮储银行高昂的利率浮动，加强对其利率执行情况的监督、检查力度。制定《金融机构破产法》，建立农村金融市场退出机制，形成公平、公正的农村金融市场竞争环境。制定《农村合作金融法》，规范农村合作金融机构性质、治理结构、监管办法，促进农村信用社等农村合作金融机构规范运行。

教育部 2011 年度"长江学者和创新团队发展计划"
创新团队（IRT 1176）带头人
西北农林科技大学经管学院教授、博士生导师
西北农林科技大学农村金融研究所所长

二〇一四年八月三十日

目　录

第一章　导论

新疆农业是典型的绿洲农业，绿洲农业可持续发展对于新疆经济、社会的发展和边疆的安定都有着重要的意义，融资困难是绿洲农业实现可持续发展的困扰和难题，构建适合绿洲农业发展特点的融资机制是确保新疆绿洲农业实现可持续发展的重要条件，因此绿洲农业可持续发展融资机制就成为了重要的研究内容。

1.1　选题背景

可持续发展是一种新的发展观，是以保护自然资源环境为基础、以激励经济发展为条件、以改善和提高人类生活质量为目标的发展理论和战略。干旱地区是一类重要的地理区域，占全球陆地总面积的35%，中国干旱区和半干旱区占全国土地面积的52.5%，超过土地总面积的一半。绿洲分散地分布在干旱地区，面积虽小，却是干旱区人们活动的主要区域，绿洲农业可持续发展是干旱区经济活动的基础，财政和金融的资金支持对绿洲农业实现可持续发展发挥着重要的作用，构建绿洲农业可持续发展融资机制成为绿洲农业实现可持续发展的保障。

1.1.1　绿洲农业可持续发展对新疆的重要性

新疆位于中国西北地区，属典型干旱区，地貌类型复杂，主要分为山地、荒漠和绿洲。绿洲在干旱区被沙漠、戈壁分割成点、片状，成为散布在荒漠戈壁的特有景观。现代绿洲以自然绿洲为基础，由人类活动逐步改造成为自然绿洲和人工绿洲相结合的生态与经济复合体。新疆绿洲所占的面积虽小（仅占其土地总面积的5%），却是新疆区域内三大地理系统中最为精华的部分，承载了新疆区域内90%以上的人口和社会财富。没有绿洲，就没有新疆各族人民安身立命和世代生息的场所，绿洲是新疆居民生存与发展的主要依存之地。新疆社会经济的实质是绿洲经济，整个区域内社会、文化和经济的核心都在绿洲，绿洲发展的趋势决定着新疆的发展方向。

新疆绿洲对于国家有战略意义。首先绿洲是民族团结、区域稳定的基础。新疆是多民族聚居的边疆省区，维吾尔族、汉族、哈萨克族、回族、柯尔克孜族、俄罗斯族、达斡尔族和塔塔尔族世居新疆，形成了各具特色的民族文化。新疆各民族聚集在 14.84 万平方公里的绿洲（自然绿洲和人工绿洲）上，绿洲的稳定与可持续发展对新疆各民族团结和政治稳定具有重要的意义（曹其芳，2009）。其次绿洲是边疆稳定与发展的基础，新疆是中国国境线最长、毗邻国家最多的省区，历来就是中国西北的屏障，因此，新疆的兴衰安危一直为国人所关注。并且新疆是西部大开发的重要组成部分，绿洲是新疆人民生活和生产的主要基地，绿洲农业是开发新疆的最重要部分。

农业是绿洲经济发展的基础，新疆农业属于典型的绿洲农业①。绿洲农业是在极端干旱的荒漠地区，由于水源的存在（地下泉水或者冰川融水）而发展起来的农业（尚豫新和祝宏辉，2009）。典型的区域如塔里木河流域、伊犁河流域和孔雀河流域等。绿洲农业为新疆各族人民集聚繁衍生存与发展提供了必要条件。新疆绿洲农业（以下简称绿洲农业）在经济上具有国家粮食安全与后备资源库的重要战略地位，目前新疆已成为全国的棉花生产基地、粮食生产基地、甜菜生产基地、瓜果生产基地和畜牧业基地。因此，绿洲农业对新疆社会经济有着重要的影响，新疆社会经济、生态保护和建设重在绿洲农业，绿洲农业发展的趋势决定着新疆的发展方向。

1.1.2 绿洲农业可持续发展对新疆的特殊性

绿洲农业有着与其他地区农业不一样的特点：

第一，生态环境的脆弱性。在干旱地区，水资源有限，可以说"有了水，就有了一切"。水资源是绿洲农业经济活动的最重要基础条件，从表 1-1 中水资源总量上看，2000—2011 年水资源总量波动较大；但从水资源总量和人均水资源拥有量上看，总体趋势都是不断下降的。如何在水资源总量减少和人均拥有量不断减少的条件下，满足人口不断增加和经济

---

① 新疆农业是典型的绿洲农业，以下章节新疆绿洲农业相关数据来源于新疆农业数据。

快速发展对水资源的需要，是确保绿洲农业可持续发展的重要条件。

表1-1　　　　　　　　新疆水资源总量及人均水资源量

年份	水资源总量（亿立方米）	人均水资源量（立方米/人）
2000	952.4	5 255
2001	1 024.4	5 500
2002	1 068.6	5 652
2003	920.1	4 793
2004	855.4	4 390
2005	962.82	4 789
2006	953.12	4 695
2007	863.8	4 168
2008	802.6	3 798
2009	754.29	3 517
2010	1 124	5 120
2011	885.7	4 031.3

资料来源：2012年《新疆统计年鉴》，2012年《中国统计年鉴》。

　　新疆绿洲地处干旱区，雨水稀少，风沙大，土壤结构疏松，水源不足。如果水资源使用不当，引起地表水减少或断流、地下水位下降、植被枯死，则会导致沙漠化；如绿洲农田用水过量则会导致盐渍化，绿洲农田耕层土壤次生盐渍化已成为世界性难题。除盐渍化外，绿洲农业还存在风沙化与农药、化肥和地膜过量使用的问题（林萍等，2008）。风沙化和农药、化肥的过量使用降低了土壤的生产能力；过量使用农药和化肥对水资源形成了二次污染；地膜的回收处理不力，形成了白色污染。

表1-2　1989—2011年新疆耕地面积、化肥、地膜和农药使用量

年份	耕地面积（千公顷）	化肥（吨）	农用塑料薄膜使用量（吨）	农药使用量（吨）
1989	3 073	339 200	—	—
1990	3 086.89	394 600	—	—
1991	3 115.94	488 200	34 518	205.1
1992	3 134.05	524 345	43 547	266
1993	3 119.14	505 962	41 330	700

年份	耕地面积 （千公顷）	化肥（吨）	农用塑料薄膜 使用量（吨）	农药使用量（吨）
1994	3 124.15	573 006	63 880	780
1995	3 128.26	677 596	55 404	9 125
1996	3 175.79	772 890	67 681	11 280
1997	3 228.76	837 720	78 541	12 852
1998	3 310.72	855 903	91 668	12 412
1999	3 383.94	783 330	88 107	12 825
2000	3 416.52	791 466	88 125	13 606
2001	3 439.32	832 952	104 717	12 602
2002	3 364.66	843 009	96 828	11 518
2003	3 313.99	907 419	99 390	12 112
2004	3 362.32	991 729	105 636	12 312
2005	3 457.94	1 077 720	115 921	14 565
2006	3 640.43	1 180 257	128 626	15 570
2007	3 787.28	1 315 273	141 332	16 576
2008	4 124.56	1 489 000	169 034	18 356
2009	4 124.56	1 550 000	158 280	18 142
2010	4 124.56	1 676 000	170 713	18 192
2011	4 124.56	1 837 000	182 977	19 340

资料来源：1990—2012 年《新疆统计年鉴》，1990—2012 年《中国农村统计年鉴》。

从表 1 - 2 可以看出，1989—2011 年新疆绿洲农业耕地面积增加了 1 051.56 千公顷，23 年增长了 34.22%；同期的化肥使用量增长了 4.42 倍。1991—2011 年地膜使用量增长了 4.3 倍；同期农药的使用量增长了 93.3 倍，农药大量使用，污染了农产品，又造成水资源污染，所以目前绿洲农业的生态环境严峻。

第二，空间分布的局限性。新疆地域广阔，绿洲农业分散分布在零星的绿洲上，绿洲之间被荒漠、戈壁包围；新疆地处边远，距内地其他省区路途遥远，物流受到一定的限制。由于空间分布的局限性，就要求每个绿洲农业经济有一定的独立性和自给性，更需要各绿洲农业实现持续、协调的发展。

绿洲农业的生态脆弱性和空间分布的局限性使绿洲农业对许多自然环境有着更强的依赖性，也要求绿洲农业实现自我可持续发展，既满足当代人的需求，又要能满足后人的需求。

本书研究的重点是构建促使绿洲农业实现可持续发展的融资机制。绿洲农业可持续发展包括生态环境、农业经济、社会人口三方面内容的持续协调发展。在绿洲农业经济变化（增长或减退）时，绿洲农业经济质量与生态环境、社会人口是否得到协调或促进其协调发展。绿洲农业经济的可持续发展不仅强调农业总产值增加，更注重农业经济增长质量的提高，农业经济与生态环境、农村社会人口方面的协调发展，如水资源与土地的承载能力；绿洲农业产业结构的合理性；新疆绿洲地区城乡收入差距变化和农业人口教育水平和农村医疗卫生条件逐步的提高等。绿洲农业可持续发展融资机制既要为绿洲农业经济增长提供资金保障，又要为资源环境持续有效利用、农村社会人口的进步与发展提供资金支持，为绿洲农业实现经济、资源环境和农村社会人口全面的可持续发展保驾护航。

1.1.3 绿洲农业可持续发展融资研究的迫切性

1. 绿洲农业现代化发展对资金的需求。新疆地域广阔，人口相对稀少，农业生产对农业机械工具依赖程度较高。长期以来，绿洲农业机械化在提高单位产出、抗灾救灾、取得农业生产丰收上发挥了重要作用。但是由于新疆绿洲农业经济基础薄弱、农民收入增加缓慢，农业机械化受到一定的影响，农业生产中的林业、果业、畜牧业和特色作物的机械化作业相对滞后，区内各地域之间的农业化发展也不平衡。要在"十二五"期间实现全区农业现代化的目标，资金不足是重要的影响因素。

1989 年新疆开始绿洲农业信息化建设，经过 20 多年的建设与发展，"截至 2011 年底，新疆全区互联网宽带用户有 161.1 万户，但是农村网民普及率仅为 11% 左右，农业信息网络建设实现了互联网覆盖率高（新疆全区互联网覆盖率达到 88.4%）、行政村通电话率高（达到 100%）、远程教育覆盖率高（现代远程教育县、乡、村覆盖率分别占其总数的 84%、71%、31%），新疆全区广播覆盖率为 92.8%，电视覆盖率为 92.5%。新疆农业信息化服务纵横交错网络已经形成"。但是"与全国相比，新疆区内农村信息服务体系建设投入资金不超过 100 万元，其他省区投入的资金基本在千万元以上，新疆农村信息化建设总体水平较低，与其他省区差距很大，直接影响到农业信息服务正常业务的开展（刘志文，2008）"。因此资金投入不足是影响新疆农业信息化发展的重要因素。

2. 绿洲农业生产过程的资金需求。绿洲农业为单季生产，播种面积大，机械化程度较高，农业生产过程的资金需求最大，春季的播种、化肥、农药，农田水务的管理和收获时的机械成本（如小麦收割）、人工成本（如棉花采摘）都很大，单纯依靠农业生产的自身积累很难满足其需求。整个农业生产过程都需要大量财政、信贷和自有资金的支持。如 2009 年 5 月 19 日，自治区人民政府与农业银行签署《积极推进新疆特色林果业发展金融服务行动计划合作备忘录》，根据合作备忘录，农业银行将在 5 年内向新疆特色林果业种植、收购、存储、加工等关键环节提供 100 亿元贷款，重点支持区内 10 万户果农致富；力争 5 年内覆盖果农有效需求的 50% 以上。农业银行新疆分行积极推进新疆绿洲农业经济发展，以大宗农产品生产和特色林果业基地示范农户为重点，持续加大农户信贷投放，2009 年投放农户贷款 32.33 亿元、2010 年投放 50.3 亿元、2011 年投放 56.56 亿元，仅 2012 年第一季度，农业银行新疆分行已发放各类农户贷款 29.53 亿元，金融信贷资金充分发挥金融"强农、富农"作用。从以上数据资料可以看出，绿洲农业生产过程对资金需求量很大，资金支持是影响绿洲农业生产的重要因素。

3. 绿洲农业基础设施建设对资金的需求。绿洲农业经济基础设施包括：农田水利、土壤改良、沙漠化治理、道路交通、能源、信息通信、农民教育和医疗卫生方面的建设。农业基础设施的建设水平是衡量绿洲农业生产能力和农民生活水平、生活质量的重要方面，同时是改善农业生态环境的重要保障。新疆绿洲农业基础设施建设中主要存在投入不足的问题，原因：一是基础设施投入薄弱；二是新疆地域广阔，绿洲分散，需要的投资额大。绿洲农业基础设施的诸多项目，如农田水利设施建设、农村教育、医疗卫生条件改善都属于公共物品，需要财政投资（朱美玲和闫杰，2009）。

表1－3　　　　　　　　新疆农林水事务财政支出及其比重

年份	财政支农投入（万元）	地方一般预算支出（万元）	支农所占比重（％）
1989	50 300	417 000	12.06
1990	56 200	476 200	11.80
1991	58 300	503 400	11.58
1992	63 800	560 900	11.37
1993	67 500	647 100	10.43
1994	77 100	711 000	10.84
1995	84 500	964 000	8.77
1996	110 900	1 148 800	9.65
1997	108 400	1 233 500	8.79
1998	110 800	1 459 900	7.59
1999	127 700	1 662 800	7.68
2000	128 200	1 909 500	6.71
2001	185 200	2 633 200	7.03
2002	203 600	3 611 700	5.64
2003	231 983	3 684 700	6.30
2004	338 104	4 210 446	8.03
2005	341 399	5 190 179	6.58
2006	692 632	6 784 723	10.21
2007	984 255	7 951 540	12.38
2008	1 431 573	10 593 638	13.51
2009	1 967 828	13 469 125	14.61
2010	2 204 962	16 989 126	12.98
2011	2 975 868	22 844 864	13.03

资料来源：1990—2012年《新疆统计年鉴》，《新中国五十五年统计资料汇编——新疆篇》。

注：农林水事务费包括农业支出、林业支出、水利气象支出和农林水利气象等部门事业费。

从表1－3可以看出，1989—2002年在新疆地方一般预算支出中农林水事务的财政投入比重逐渐下降，2002年后有所提高，尤其是2005年以后，财政支农支出比重迅速提高，从2005年的6.58％提高到2011年的13.03％，到2011年财政支农支出占财政一般预算支出的比重提高了一倍，财政支农资金对绿洲农业的发展有着重要的支持作用。

4. 绿洲农业生产的自然风险和市场风险。农业生产对象是有生命的植物和动物，每种植物和动物有自己的生长特点，对外界自然环境（气温、降水和土壤等）有很强的依赖性。农业产出状况很大程度上取决于自然状况，如遇自然灾害或强烈变化的气候条件，农业生产会遭遇损失，这就是绿洲农业生产频繁波动的原因之一。另一个原因是市场风险，农产品的生产受到自然条件的制约和生产者决策的影响，其供给会经常出现波动；而农产品是生活资料的基本来源，也是部分工业生产的原料来源，对农产品的需求是相对稳定的，农产品这种供给的不确定性和需求的相对稳定性，会造成农产品价格大幅度的波动。因此，绿洲农业生产所面临的自然风险（需要农业保险的风险分散机制支持）和市场风险（需要财政政策、金融期货市场的支持）都需要完善的财政、金融融资机制的支持。

绿洲农业发展影响着新疆社会的稳定和经济的发展。实现绿洲农业可持续发展的关键问题是资源的配置，资金是农业经济可持续发展的重要配置要素，成为研究绿洲农业可持续发展问题的一个焦点。要实现绿洲农业的可持续发展，需要财政政策的支持，需要金融信贷资金、农业自身积累的资金、外资和民间资金等共同对绿洲农业可持续发展提供完善而全面的融资支持。

1.2 选题目的与意义

1.2.1 选题的目的

农业是国民经济的基础，是人类衣食之源、生存之本，农业的可持续发展将为国民经济的持续、稳定发展提供保障。世界各国（包括发达国家和部分发展中国家）都十分重视农业的可持续发展，制定和实施支持农业可持续发展的财政金融政策。中国是发展中国家，新疆在中国的西部，属于少数民族聚居的边境省区，新疆绿洲农业的可持续发展对新疆社会的安定、经济的发展有着重要的意义。目前，资金投入不足是困扰绿洲农业的可持续发展的重要原因，投入不足有农业本身的弱质性原因，还有就是在财政政策、金融体系改革过程中，财政资金有限、金融资源流向城市、工业。随着经济的发展，党的十七届三中全会指出："现在已经具备工业反哺农业、城市支持农村，促进工农业经济共同发展的条件"。[①] 因此，资金的流向也应该由城市回流农村、工业回流农业，发挥金融为农业可持续发展提供资源配置的作用，促进资金的有效使用，使其成为绿洲农业可持续发展的重要保证。

在目前绿洲农业融资格局的基础上，针对绿洲农业的特点，构建绿洲农业可持续发展的融资机制，健全绿洲农业金融服务体系，加强对绿洲农业资金的科学管理和监督，从而促进新疆绿洲农业实现持续、协调发展。

本书主要通过对新疆1989—2011年财政支农资金和金融机构信贷资金对绿洲农业可持续发展的长期均衡关系、拉动效应进行分析，对绿洲农业的可持续发展状况进行评价和分析，对绿洲农业可持续发展中金融供求矛盾进行研究，总结新疆绿洲农业融资机制中存在的主要问题，结合其他国家农业可持续发展融资经验，构建适合绿洲农业发展特点的绿洲农业可持续发展融资机制并提出相应的对策和建议。

1.2.2　选题的意义

1. 理论意义。运用经济金融相关理论、可持续发展理论、资金供求理论和公共财政理论等基本理论，采用了定性与定量相结合的研究方法，借鉴国外其他国家农业可持续发展的融资经验，结合绿洲农业发展的融资现状、特点和存在的问题，分析当前绿洲农业可持续发展中农村金融的供求矛盾，提出建立符合新疆绿洲农业可持续发展特色的融资对策、建议。在可持续发展的背景下研究新疆绿洲农业发展的融资机制，与目前要经济增长、更要可持续发展的普遍观点是相符的，同时绿洲农业可持续发展融资研究相对比较少。

2. 现实意义。"目前绿洲农业经济增长与生态环境之间和农业经济增长与城乡收入差距扩大的矛盾已相当突出，成为绿洲农业可持续发展不可回避的重大问题"（黄训芳，2003）。如不采取有力措施进行改善，绿洲农业发展将势必向恶性循环演变，因此，如何充分利用财政资金支持改善绿

---

① 党的十七届三中全会《决定》指出，在我国现代化进程中，要始终坚持工业反哺农业、城市支持农村和多予少取放活的方针，深入贯彻落实科学发展观，把建设社会主义新农村作为战略任务，把走中国特色农业现代化道路作为基本方向，把加快形成城乡经济社会发展一体化新格局作为根本要求。这是我们党在工业化、城镇化进程中，准确把握时代特征，科学制定发展思路，正确处理工农关系和城乡关系，促进农村经济社会全面协调可持续发展的战略决策。

洲农业生态环境，进一步提高绿洲农业的生产能力和资源环境的持续利用，实现生态环境与经济效益的协调统一，对促进绿洲农业可持续发展有着重要的现实意义。

绿洲农业持续发展需要财政支农资金和金融信贷资金的支持，本书对财政支农资金和金融信贷资金对绿洲农业可持续发展的长期均衡关系和拉动效应影响进行了评价和分析；在对绿洲农业可持续发展的资金供求矛盾分析的基础上，就如何使绿洲农业发展所需要的资金得到最优的满足，如何使绿洲农业在可持续发展中获得最佳的综合效益，提出了财政、金融支持新疆绿洲农业可持续发展的参考方案。

1.3 国内外研究动态

1.3.1 国外研究动态

1.3.1.1 经济发展与金融发展理论研究

1. 经济发展与金融发展。经济发展（Economic Development）与经济增长（Economic Growth）的区别，在传统的西方经济学研究中一般不做严格的区分，而在发展经济学中是否把制度结构作为变量来研究是这两个概念的区别。把制度结构作为不变条件来研究经济增长，主要反映发达国家或地区经济总量的变化问题（假设发达国家或地区制度结构合理、完善，保持不变）；而以不发达经济区域作为研究对象，经济发展是把制度结构作为影响经济发展的重要因素（假设在经济不发达区域制度结构的变化是推动社会不断进步和经济发展的主要因素）。

在内涵上，经济发展与经济增长的重要区别在于是否考虑经济总量变化时经济质量的问题。经济增长主要指一个国家或地区的产品和劳务数量的持续增加，常用人均实际产出能力的持续增加来衡量，更多地侧重于产出，如国民生产总值（GNP）、国内生产总值（GDP）或人均 GNP、GDP，这些数值指标常作为衡量经济增长的指标。经济发展除包含产出总量的持续增加，更注重经济增长质量的不断提高，如产业结构逐步合理、产业组织形式的高级化、区域布局逐步合理，能不断满足人们的需求，促使人口教育水平提高、社会整体福利水平提升等社会指标的不断进步。

经济发展与经济增长的联系是促进一个区域经济发展的基本动力和物

质前提是经济增长。经济增长是经济发展的基础，经济发展是经济增长的结果和延续，无增长的发展在现实条件下是不可能实现的。影响经济增长的因素、经济增长的内在机制以及经济增长的途径，一直是经济理论研究中的核心问题。本书以绿洲农业的 6 项经济增长指标衡量绿洲农业经济系统可持续发展状况。

金融发展是指金融总量的增长与金融结构的改善和优化，主要包括金融资产的增长、金融机构和金融市场的发展。戈德史密斯（1969）在其《金融结构与金融发展》中认为"金融现象归纳为金融工具、金融机构和金融结构"。他认为金融发展主要是指金融结构的变化，因此研究金融发展就是在研究金融结构的变化过程和发展趋势。

关于金融发展与经济增长的关系，早期的主要研究焦点在于货币的中性和非中性上。中性论者认为货币只是便于交易的工具，是实体经济的符号；非中性论者更强调储蓄货币通过向投资的转化能够对经济发展起到推动作用。早期的研究限于理论探讨，没有进行实证研究。

到 20 世纪五六十年代，格利和肖（Gurley 和 Shaw，1955）、戈德史密斯（Goldsmith，1969）、米什金（Mishkin，1973）等经济学家通过对金融结构、金融抑制、金融深化和金融自由化的分析，深化了人们对金融在经济发展中的作用，并逐步深入金融发展的路径研究。其中，戈德史密斯利用金融相关比率（FIR）指标，即金融资产总量与 GNP（或者 GDP）的比值来反映金融增长的程度。他对 35 个国家 1860—1963 年期间的有关数据进行分析，得出的结论是"经济发展与金融发展是同步进行的，金融上层结构能促进经济增长和改善经济运行"。戈德史密斯的跨国实证研究具有开创性的贡献，奠定了金融发展与经济增长实证研究的基石。莱姜（Rajan）和任格尔斯（Zingales）（1998）用实证检验了金融发展与经济增长之间的因果关系理论。至此，金融发展被视为经济增长必要条件的地位得以确认。

2. 货币经济理论的金融发展与经济增长关系。货币数量论对货币是中性还是非中性的争论始于欧文·费雪（1911）出版的《货币的购买力》提出的交易方程：$MV = PT$，其中：M 表示同期内流通货币的平均数量，V 表示货币的流通速度，P 表示一年内所交易商品的加权平均价格，T 表示社会总交易量。由交易方程引出收入方程（$MV = PNy$）和剑桥方程（$P = KR/$

M）。V 和 T 是否为恒定的引出货币中性或非中性两种不同的观点，货币中性论认为 T 为定数，不因 M 的变化而变化，货币只是便利商品交易，对经济的发展无实质的影响；货币非中性论认为 M^s 的变化引起 M^d 的变化，也同时会导致 V 的变化，则 P 和 T 都会变化，进而达到货币推动经济发展的作用。

瑞典学派创始人威克塞尔（K. Wicksell，1989）提出累积过程理论（Cumulative Process），第一次把处于分离状态的传统经济理论和货币理论融为一体，建立了第一个现代宏观经济均衡体系。威克塞尔首次把利率区分为货币利率和自然利率，这种区分在经济思想史上具有开创性意义。根据累积过程理论，当货币利率低于自然利率时，投资大于储蓄，总需求大于总供给，经济处于膨胀阶段；反之则相反。威克塞尔称这种由货币利率和自然利率的背离导致相对价格体系发生变化进而对物价水平发挥作用的过程为"间接作用过程"。这种间接作用过程反复出现，就形成了经济向上或向下的累积波动。累积过程理论对凯恩斯在内的经济学理论发展产生了巨大的影响。

凯恩斯（1936）出版了著名的《就业、利息与货币通论》彻底结束了货币与经济的两分法，将传统实物经济分析全部纳入货币分析体系。经济体系中储蓄、投资、利率、收入和消费各环节都与货币的运动密切相关。《就业、利息与货币通论》提出经济前景的不确定性，使预期成为经济行为主体行为动机和抉择的重要依据，借助对经济行为主体预期行为的影响，货币在经济运行中发挥重要作用。

希克斯、汉森等凯恩斯学派经济学家在凯恩斯货币经济理论的基础上建立了 IS—LM 模型，反映产品市场和货币市场的关系。货币市场和产品市场很难处于均衡状态，同时达到均衡状态更不易，但是可以通过政府的经济政策或市场机制调整，由不均衡状态达到均衡状态。

3. 现代金融理论中的金融发展与经济增长关系。

（1）格利和肖（1960）出版《金融理论中的货币》一书，提出广义货币金融理论。作者从初始模型入手，逐步增加新的变量，建立了一个比较完整的货币、债务以及经济增长的理论模型，这个模型把经济社会分成消费者、企业和政府（即货币系统）三个部门，以及当期产出品、劳动力、货币及债券四个市场。从上述三个部门收入和支出的数量关系，推导出上述四个市场共同达到均衡状态的必要条件。并提出经济单位间的储蓄—投资差异是金融制度存在的前提，强调离开实际经济发展，金融发展就成为没有基础、无法理解的基本论断。

（2）戈德史密斯的金融结构理论。戈德史密斯（1969）出版《金融结构与金融发展》一书，通过金融相关率指标将一国经济增长与金融发展进行结构与数量分析，研究结果显示："经济增长与金融发展是同步进行的，经济快速增长的时期一般都伴随着金融发展的超常水平。金融上层结构能够通过提高储蓄和投资总水平，提高资源的配置效率来促进经济增长，改善经济运行。在实施金融宏观调控、推进经济发展的进程中，需要立足整体，分析金融结构状况，尤其要注重金融对经济发展支持的结构效应，从而在推进经济发展过程中，不仅要注重金融自身量的发展和扩张，更重要的是要立足金融自身发展的内在规律，努力推进金融自身的结构优化"。

（3）肖与麦金农（1973）的金融深化理论。在此之前的金融发展与经济增长关系的研究对象主要是发达国家，美国经济学家爱德华·肖和罗纳德·麦金农则以发展中国家为研究对象，分析发展中国家是否存在货币金融制度和经济发展间相互推动和相互制约的关系。结果显示：在大部分发展中国家，金融制度和经济发展间存在的是相互制约的关系，而非相互促进、推动的关系。原因是经济落后的发展中国家，市场机制不健全。市场、价格、利率和资本受到普遍的干预和管制，形成了"金融抑制"，特别是政府对利率的管制，使其低于市场均衡水平，同时又未能有效控制通货膨胀，使实际利率为负数。实际利率不能反映资金的稀缺程度和供求状况 → 信贷配供（信贷管制）→ 市场分割（监管各行其是）→ 效率更低（恶性循环）。针对"金融抑制"，应该实行金融深化。金融深化是对"金融抑制"的修正。主要是金融自由化，使利率发挥作用，促进投资，提高资源的配置效率。发展中国家不能过分长期依赖外国资本，必须而且可以通过金融自由化求得资金上的自给，但金融自由化必须与外贸体制和财政体制改革同步进行。

（4）美国经济学家休·T. 帕特里克（Hugh T. Patrick，1966）根据发展中国家实行金融自由化的进程中暴露的问题，如在深化金融市场上信贷配给现象的存在，信息不对称条件下的金融深化不能实现资源配置的动态效益，甚至一些国家在实行金融深化改革后出现严重的金融危机，在《欠发达国家的金融发展和经济增长》一文提出"金融供给论"和"金融需求论"。帕特里克认为在金融发展和经济增长的关系上，有两种研究方法：一是"需求追随"（Demand - following）方法，即金融需求论，其强调随着经济的增长会产生对金融服务的更多需求，从而金融不断发展；另一种是"供给领先"（Supply - leading）方法，即金融供给论，其强调金融服务供给先于需求。他认为在经济发展的早期阶段，供给领先型金融居于主导地位，而随着经济的发展，"需求追随"型金融逐渐居于主导地位。发展中国家距发达国家的差距越远，则越有可能遵循"供给领先"的金融发展模式。这一假设后来被许多研究结果所证明。

（5）金融约束论。马斯·赫尔曼、凯文·穆尔多克和约瑟夫·斯蒂格利茨（1996）针对不完全信息前提下金融领域的道德风险和逆向选择问题，提出金融约束论。他们认为："在经济落后、金融程度较低的发展中国家，政府对金融部门选择性地干预有助于而不是阻碍金融深化，提出相应的金融约束政策。如在宏观经济稳定、通货膨胀率低并且可以预测为正的实际利率的前提下，通过对存贷款利率加以控制，对市场准入及竞争加以限制以及对资产替代加以限制等措施，来为金融部门和生产部门创造租金，以提高金融体系运行的效率"。金融约束理论是发展中国家从金融压抑状态走向金融自由化过程中的一个过渡性理论，针对发展中国家在经济转轨过程中存在的信息不畅、金融监管不力的状态，发挥政府在市场"失灵"下的作用，是金融深化理论在一定历史条件下的丰富与发展。

（6）内生金融经济增长论。内生经济增长理论是将金融因素视为内生经济增长模型的一个重要变量，研究金融在经济增长中的效用与作用机制。内生经济增长理论主要采用下面三个指标来论证金融发展与经济增长的关联性：①金融中介机构的流动负债占 GDP 的比重（即 M_2/GDP），这是金融系统的相对规模指标，与金融系统提供的服务数量正相关；②商业银行和中央银行在总的信用余额中所占的相对份额；③银行系统允许向私人和公共部门贷款的相对数量。从这三个指标分析，在一个经济体中金融体系对经济增长的促进作用，金融中介、金融体系在经济体中所占比重越大，金融中介可以把更多的储蓄转化为投资，推动资本生产率的提高，加速经济的增长。

（7）金融发展因果论。Raghuram Graham 和 Luigi Zing ales 1998 年提出

金融发展与经济增长之间的因果关系理论。他们以金融市场资本总量比例和一个国家会计标准作为衡量金融发展的指标。对41个国家的相关数据进行实证分析的结果显示：（1）越富有的国家金融部门越发达，金融发展与经济增长的相关系数越显著。（2）金融发展对经济增长的促进作用是长期的、非均衡的，对不同行业，不同产业部门金融支持的贡献度不同。

1.3.1.2　现代公共财政理论研究

1. 纯经济学派的公共财政理论。19世纪80年代，建立在边际效用价值基础上分析财政问题的纯经济学派的出现，使公共财政理论的分析基础从斯密等的劳动价值论转变为效用价值论。萨克斯（1883）在《国家经济导论》一书中，首先将边际效用理论运用到公共财政上，将基本的经济学概念运用到财政上，使财政学成为一门经济学。潘塔莱奥尼将边际主义运用于对国家的经济行为和各项问题的考虑，使财政学真正具有了一门独立的经济学科的特征。瑞典学派在前两者的基础上做了进一步研究，代表人物威克塞尔认为：国家的公共服务所给予个人的边际效用，应与个人纳税所损失财富的边际效用相等。同时还提出了"免费搭车"和"囚徒困境"的问题，并认为公共产品的最佳供应不应该忽视设立切合实际的政治运作程序。

2. 福利经济学派的公共财政理论。20世纪20年代，福利经济学的兴起，标志着国家对经济的进一步干预，也表明经济学家对市场缺陷的研究已开始向宏观经济领域渗透。福利经济学认为，影响福利的主要因素有：一是国民收入的大小；二是国民收入在社会成员中的分配情况。福利经济学派的代表人物庇古（1920）出版的《福利经济学》一书，首次用现代经济学的方法从福利经济学的角度系统地研究了外部性问题。提出当社会净利益超过个人净利益时，政府应对没有能由市场价格体现的，使生产者无法获得的外部利益予以补贴，反之，则应当征税。这种公共财政手段就成为政府调节外部性的一种机制。

3. 凯恩斯学派的公共财政理论。随着经济和生产规模的日益扩大和市场规模的日益相对狭小，市场经济的缺陷日益明显，客观上要求政府和财政以非市场力量介入。1929—1933年的世界经济大危机，在市场自动均衡理论受到普遍怀疑的条件下，凯恩斯主义应运而生，标志着国家走上大规模干预经济的道路。凯恩斯主义主张国家干预和调节不是要取代市场机制的作用，而是为了弥补市场缺陷、充分利用市场的作用。其目的是促进经济资源的合理配置、公平分配财富和收入、稳定经济运行。

凯恩斯主义是在批判古典经济学理论的基础上产生的，认为古典经济学理论的假设如市场机制是完全的、有效的，信息的完全对称是不符合现实情况，因而市场会出现失灵现象，凯恩斯主张在市场失灵的情况下，政府应当积极地干预经济，运用财政政策、货币政策手段，纠正市场的效率不足，保证生产资源的充分利用和优化分配。

美国经济学家 P. 萨缪尔森（1948）对凯恩斯的宏观经济学进一步探讨，他强调政府应把税收作为干预经济的有力工具。并对公共产品的概念做了表述；对市场缺陷进行了系统的鉴定；还将序数效用、无差异曲线、一般均衡分析和帕累托最优等理论和方法运用到公共产品最佳选择的分析上。

4. 货币主义学派的公共财政理论。20 世纪 70 年代，西方国家普遍出现"滞胀"（经济停滞和通货膨胀并存）现象，这是政府干预失灵的明显结果。货币主义学派代表人物弗里德曼指出：货币供应量的变化才是影响物价水平变动和经济运行的根本原因，主张实行单一规则的货币政策；反对通过增加政府支出以实现充分就业的财政政策，主张实行缩小政府支出的政策；对于生活贫困者实行"负所得税"，即政府对于生活贫困者按照其实际收入与维持一定生活水平所需要的差额，用税收的形式依照生产率计算，付给贫困者补助款的一种所得税。

5. 公共选择学派的公共财政理论。20 世纪 70 年代，公共选择理论在完善公共偏好显示及最佳供应的同时也说明政府干预失灵的原因。以布坎南为代表的公共选择理论从实证分析角度，分析了政府机构的运行效率，结果是政府机构的运行效率受政治家、官僚自身偏好的影响，政治家、官僚对产品拥有分配权，会导致大量的"寻租"行为，造成资源的浪费。公共选择学派认为：政府对经济不应过多干预，主要采用公共选择规则和立法约束政府行为，把政府的税收和支出限制在经济增长的范围内。

6. 供给学派的公共财政理论。供给学派认为：国家干预和福利社会造成了社会资源从供给（或生产）方面向需求（或消费）转移。国家以税收和公债形式从企业和个人处征集过多的社会资源，通过转移支付变成了巨大的消费而浪费了，削弱了资本积累、技术进步和生产增长，造成了经济滞胀。国家过度干预破坏了市场机制作用的正常发挥。供给主义认为，刺激经济主体进行经济活动的因素主要有政府征税、法规、政府支出、货币措施等，最重要的是税收。供给学派主张大规模降低所得税税率，降低保险津贴和福利救济金额，放宽对企业的约束，强调减税，认为减税可以刺激人们工作的积极性，扩大储蓄和投资，也不需要担心通货膨胀，但是减税存在一定的时滞效应。

现代公共财政理论是在市场经济不断发展，"市场失灵"日益明显，国家经济社会职能逐渐扩大，政府干预经济理论趋向成熟的条件下应运而生的。

1.3.1.3 农业可持续发展研究

可持续农业是一种重要的思想，20 世纪 50 年代后的农业对合成农药和化肥的依赖程度越来越高，美国 J. I. 罗代尔提出"有机农业"（Organic Farming），日本田茂吉提出"自然农业"（Natural Farming），进行了可持续农业的民间研究（马世铭和 J. Sauerborn，2004）。美国生物学家 Rachel Carson（1962）发表了《寂静的春天》（*Silent Spring*），首次唤起公众对生态环境的关注，各种环境保护组织纷纷成立，也促使联合国 1972 年 6 月在斯德哥尔摩召开"人类环境大会"，在各国的努力下，签署了"人类环境宣言"，开始了环境保护事业，首次提出人类必须与地球建立亲密伙伴关系的观点。20 世纪 70 年代，非政府组织"罗马俱乐部"连续发表了系列报告，反思了传统经济增长方式带来的一系列的危害，其中《增长的极限》影响最大，此报告用数学模型证明传统的人口和经济的指数增长方式不能持久，提出了著名的"增长极限论"和"零增长理论"（D. Meadows，1972），后演变为"可持续增长"理论。

20 世纪 70 年代，美国和西欧一些国家开始对各种常规农业现代化方式进行改革和新思想和农作实践，如美国的"有机农业"，1980 年美国农业部对有机农业正式进行了专题调查。美国"世界观察所"的 L. 布朗（1981）出版了《建立一个可持续的社会》（*Building a Sustainable Society*），首次提出了可持续发展的概念。美国著名生态学家 E. P. 奥德姆（1983）发表专著《基础生态学》（*Basic Ecology*），书中分析如何应用生态学原理指导经济可持续发展；如何把生态学与经济学有机结合起来，再加上生态伦理学的指导，就可以避免人类社会面临的资源、环境等方面的困境。挪威首相布伦特兰夫人（G. H. Bruntland）（1987）为首的国际环境与发展委员会（即 WCED，包括中国著名生态学家马世骏），提交《我们共同的未来》（*Our Common Future*）报告，全面分析了全球面临的资源、环境、人口和粮食等方面的挑战，正式提出应接受"可持续发展"的概念。同年美国农业部宣布将"低投入可持续农业"列为农业部正式的研究计划，由国会拨款支持研究，后改名为"可持续农业研究与教育计划"（简称SARE）。

1991 年 4 月，联合国粮农组织（FAO）在芬兰丹博斯召开农业与环境会议。中国农业部部长也应邀参加担任大会执行副主席。会议特别讨论了发展中国家的问题，主张必须把可持续农业与农村发展紧密联系在一起，并提出了 FAO 对"可持续农业"的定义，会议发表了《关于可持续农业和农村发展的丹博斯宣言和行动纲领》，宣言提出的完整口号是"可持续农业和农村发展"（简称 SARD）。这样避免可持续农业思想仅局限于少数发达国家的局限，使得各国都能广泛地接受和参与。同年在联合国总部成立了世界可持续农业协会。"可持续农业和农村发展"概念的创立使得持有不同农业发展思想和农业现代化观念的学者和派别都能接受其基本原则下，使可持续农业对社会产生日益强大的社会影响。

对农业可持续发展评价的指标体系和分析很多，影响力较大的是联合国可持续发展委员会（CDS）压力——状态——响应（PSR）框架；联合国粮农组织（FAO）的农业可持续发展评估指标体系以及 Kruseman 和 Hengsdijktichu 的农业生态系统定量评估指标体系。在可持续发展研究的宏观背景下，联合国以可持续发展委员会为核心，设立了可持续发展指标体系的大型研究项目（1995—2000 年）。该项目启动以来，已由 CDS 主持召开了四次会议，并且对应于《21 世纪议程》的有关内容，提出了可持续发展指标体系的框架。在这个分析框架中，"对农业可持续发展来说，'压力'指各种人类活动及其对农产品需求对农业生产系统所施加的压力及对农业生产系统演变与发展的影响；'状态'则包括农业生产系统的各组成部分，如农作物的生产特征及其与此紧密的土壤，养分、水资源等环境条件变化的类型、程度、空间范围等；'响应'包括各类为提高农业生产水平、保持农业生产系统能力持续性作出的各种有意识的努力"。

可持续农业的三大要件是经济、环境和社会三方面的可持续发展和互为协调均衡关联不可分割。持续农业是一种新的发展思潮和模式。对于可持续农业的资金问题，由于国外发达国家农业现代化水平较高，农业生产过程中对环境的危害认识得早，治理水平较高，环保意识强，到目前为止需要投入的环境治理资金已相对较少；而发展中国家在这些方面存在的问题比较多，对于农业投资项目的研究及规范化管理研究较多。20 世纪 80 年代初期，世界银行就出版了 J. Price Gittinger（1954）的 *Economic Analysis of Agricultural Projects*，主要用于帮助发展中国家进行农业项目经济分析。但对于可持续农业融资机制研究则显得薄弱。由于各国国情差异颇大，可持续农业融资机制在推行模式、政策建议以及实践上仍处于探索阶段。国外尚无专门的针对某一地区农业（如绿洲农业）可持续发展的融资机制研究。

1.3.2　国内研究动态

目前，对农业可持续发展的财政金融资金支持力度有限，农业资源过度利用和浪费问题日益严重。农业要实现可持续发展，需要依靠财政、金融和农业自身积累共同进行治理改造和科技投入。来自中央与地方政府财政、金融机构和国外的资金如何有效利用，如何构建科学合理的融资机制，政府对农业投入政策的选择，都将对农业可持续带来重大影响。中国学者米建国和李建伟（2002）以古典主义经济增长理论为基本分析方法，对金融发展与经济增长间的适度性进行实证分析，提出金融适度发展的理论。通过对中国 1979—2000 年的金融深化、产业结构和经济增长的分析，得出金融适度发展是经济实现最优增长的必要条件，金融抑制或金融过度均会损害经济增长，金融与经济增长的相关性、金融对经济增长的贡献随着经济的不断发展而不断增强。但是并不是金融发展越快，对经济增长的贡献就越大。

国内对农业可持续发展融资的相关研究如下：

1. 从金融对农业可持续发展的影响进行分析。暴欣易（2008）从产业、政策、环境的角度分析了农业可持续发展资金不足的主要原因：农业产业低收益、高风险的特点，"奉献型"的财政金融政策，国内信用现状和剧烈的竞争。要建立和形成以国家为宏观主导的多元支持农业可持续发展的投资、融资体制，以农业发展银行、农村信用社为主体的贷款机制与财政支农资金形成合力共同解决农业可持续发展中资金不足的问题。

夏蕾等（2008）认为发展农业循环经济在金融支持方面存在的主要问题有资金投入不足、农村金融服务体系不健全、机制和政策都不够完善，提出要加大财政支持农业循环经济的力度，同时需要提高财政支农资金的使用效率；充分发挥政策性银行和农村信用社在推动农业循环经济中作用；完善农业保险，建立综合性农业保险机构；应在税收和金融政策上给予发展农业循环经济更多的支持。

彭玉镏、徐松岩（2001）认为影响中西部地区农业可持续发展的主要因素：中西部农产品商品化、货币化程度较低，资金支持的规模和渠道不能满足农业可持续发展的需求，融资体系经营管理水平低。提出促进农业金融体系间的分工协作与竞争、开拓融资渠道、保持融资结构的合理和发挥金融杠杆对中西部地区农业可持续发展调控职能等措施。

黄璟、熊从见、雷海章（2001）认为对农业可持续发展产生影响的因素：国家的财政金融支农政策，地方政府的农业投资力度、农业产业化资金积累能力、农业利用外资的规模和效益等。在分析了中西部农业资金投入现状的基础上，提出要对农业投融资主体行为进行规范，资金支持要考虑农业可持续发展的目标和要求，投融资结构要科学合理等中西部地区农业可持续发展的资金支撑体系原则；要利用西部大开发的优惠政策和资金支撑体系建立中西部金融保障机制，并建议充分利用商业资本、金融资本和工业资本；同时，建立中西部农业可持续发展基金。

2. 从财政投入对农业可持续发展的影响进行分析。王擎等（2007）通过对我国西部12省区1999—2003年财政支农支出对西部农业经济可持续发展的影响的分析认为，地方财政支农支出对西部农业经济可持续发展有促进作用，但省区财政支农投入要素的贡献率不同，并用聚类分析将其分为三类。

达来（2004）认为政府的财政投入是实现农业可持续发展的重要渠道，也是政府支持"三农"的主要手段。提出：增加财政投入；加强农业基本建设投资；通过监督，提高财政支农资金到位率和加大财政的农业科技投入，实施科教兴农。

李文（2002）针对财政支农投入额偏少、投入结构不合理、有偿信用资金投入不足的问题，提出应调整财政支农资金的使用方向，增加农业基础建设、农业科技进步和生态保护方面的财政投入。

阳玉秀（2007）认为财政支出结构不合理、分配体制不够完善是财政支农资金没有发挥最大社会效益和经济效益的主要原因，提出：优化财政支农资金的支出结构，增强农业综合产出能力；加强农业基础生产设施建设，保证粮食稳产高产；增加科技投入、农村义务教育和农民职业培训的资金支出等措施，以促进农业可持续发展。

李传健（2009）认为要实现农业可持续发展，需要建立与之相适应的农业支持政策体系，包括农业可持续发展的法律体系、财政支农的预算体制，利用 WTO 的绿箱和黄箱政策，实现农业的可持续发展。

3. 从农业可持续发展资金需求、供给方面进行的研究和分析。杜彦坤、张峭（2009）应用可持续发展理论，分析了我国农业可持续发展资金需求、资金供给、融资约束的成因。在借鉴美国、日本、法国、印度等国家农业可持续发展的融资经验的基础上，构建了我国农业可持续发展的融资机制，并提出了相应的政策、建议，还对农业企业项目融资进行了案例实证分析。

王川、张峭、杜彦坤（2007）对我国农业可持续发展的资金需求现状进行了分析，对为满足农业可持续发展所需资金进行了测算（包括理论资金需求和实际资金需求）并做了结构分析，认为我国农业可持续发展资金需求缺口产生的主要原因是农业自身的高风险、低收益的特点和农业投融资机制对农业产业的歧视。

徐磊、张峭（2008）从农户、农业企业和政府角度对农业可持续发展的资金需求，从农村商业金融机构、农村政策性金融、农村合作金融、农村非正规金融和政府财政角度对农业可持续发展的资金供给，以及农业可持续发展的外部融资环境进行了分析，构建了农业可持续发展的融资环境。

曹晓勇（2007）认为金融支持是解决"三农"问题的关键，从经济学的角度分析中国农村的金融需求和供给特征，总结了我国农村金融供给制度的缺陷主要是农村金融组织存在错位现象，对我国农村金融支持力度，并提出进行产权制度改革、完善和整合农村金融体系的政策措施。

4. 从农业可持续发展的投融资机制分析。张文棋（2000，2001）通过对农业可持续发展的投融资要求和农业投融资特征进行分析，提出充分重视农业投融资在农业可持续发展中的重要意义，强化增加农业投入和提高农业投融资效益的意识；建立和健全农业投融资体系，规范投融资主体行为，确保农业投融资规模和效率稳定增长；发挥农业自身的积累作用，加强管理，进一步增强自我积累能力；塑造和优化投融资环境，以确保农业投融资高效、持续运行；调整优化投融资结构，适时调整农业资金投向、促进农业可持续发展。

李化、杜彦坤、陈宇（2007）认为农业可持续发展的核心问题是资金问题，农业由于先天的弱质性，自身积累有限，只有依赖外部融资才能满足农业可持续发展的资金需求。应充分发挥各种优势构建农业可持续发展的财政投入机制、资金"回流"机制、利益提升机制、价格稳定机制、风险补偿机制和融资担保机制。

王邦志等（2004）分析了中国农村、农业投融资体制中存在的主要问题：财政支农资金投入效率不足和财政支农资金规范管理不够规范；农村金融机构中最重要的农村信用社和农业银行在支农服务能力上不断弱化；农村资金外流不断加剧资金供求之间的矛盾；西部地区支农资金力度薄弱，资金效率比东部低；由于正规金融供给的不足，民间高利贷逐年增加。针对存在的问题提出：加大财政支农的力度，加强财政支农资金的管理；建立农村、农业资金的回流机制，通过各种渠道吸引资金进行农村建设和农业生产；完备农村金融机构体系。

朱晓会（2009）认为农业可持续发展需要投融资的支持，应推动财政支农和金融机构与政府配合支农相结合，通过建立和发展产业投资基金方式集聚和调动全社会的资金，用以推动农业的可持续发展。

中国人民银行仙桃市支行课题组（2000）对农村金融支持农业经济可持续发展的内涵进行了定义，分析了农村金融在支持农村经济可持续发展方面面临的主要困难是支持农业发展和自身安全之间与农业信贷资产质量下降和支农资金需求量扩大之间的矛盾。提出既支持农业经济可持续发展又适应农村经济发展的环境变化的对策，在确保自身安全的前提下，化解村组债务，增加农民收入，减轻农民负担；坚持农业金融业务创新、营造发展稳定的农业金融环境；防范和化解金融风险，建立有效的风险内部控制机制。

尚明瑞（2008）依据可持续发展的内涵，分析了金融约束在欠发达地区农业与农村经济可持续发展中的特征和产生的原因。提出：建立多渠道、多投资主体的农业投资格局；加强农业资金投入使用管理，提高农业资金的投资效率和加强立法、规范投资行为，增强投资者的投资信心。

王德超（2004）对苏北地区农村信用社支持农业可持续发展的环境进行了分析，认为思想观念和服务手段落后、资产负债结构不合理、农村经济金融环境是阻碍农村信用社支持农业可持续发展环境因素。提出：应调整优化农业产业结构，支持科技兴农和民营经济发展，调动农村消费市场和完善金融服务，拓展金融服务领域措施。

陆美娟、左平桂、张兵（2009）利用 Cobb – Douglas 生产函数构建的固定影响变截距面板数据模型，测算江苏省 13 个城市 1996—2005 年农业生产总值与财政、金融资金支持要素之间的相关关系。结果显示：财政金融支持量增长速度与农业生产总值变化呈正向变动。提出：加大农业财政投入，健全农村公共财政体系；完善农村金融体系；放松农村市场准入和创新金融产品，完善金融服务等措施，以促进农业的可持续发展。

冉光和、王锡桐（2000）认为实现农业可持续发展的根本途径是实现农业经济增长方式的转变，财政金融政策相互配合以保障农业资金的有效供给。可以运用财政投资、财政补贴，税收减免和农业贷款、利率手段来保证农业收入稳定增长；利用财政和金融信贷方式促进农业产业化发展和优化农业资源的配置；利用价格和信贷经济杠杆保护农业生态环境，支持农业治污技术的创新，以促进农业可持续发展。

吉蕾蕾、乔金亮（2012）认为农业对信贷需求强烈，难以满足需求，以山东高青县调研，提出大联保化解担保难、创新服务集中放贷、激励农户诚信贷款等方面来解决农业发展中的资金问题。

1.3.3　国内外研究动态述评

1.3.3.1　国外研究述评

国外对农业可持续发展的融资方面的研究主要有三个方面：

1. 从金融发展与经济增长的关系方面进行的研究，主要结论：经济增长是金融发展的基础；经济增长与金融发展是同步进行的，经济快速增长时，金融也快速发展。对发展中国家的金融发展与经济增长关系进行了专门的研究；对发展中国家是否存在金融抑制、是需要金融供给导向还是金融需求导向进行了论证；对经济落后、金融程度低的发展中国家，在信息不完全前提下，提出了金融约束论；对金融发展与经济增长之间的因果关系进行研究，提出两者之间的因果关系理论。

2. 公共财政对支持经济发展方面的理论研究，由于市场失灵导致国家对经济的干预进一步加强，以及市场资源配置中无法实现经济的持续、协调发展，需要公共财政力量的支持，因此公共财政理论的研究对经济发展实现长期、持续均衡发展发挥了重要的作用。

3. 农业可持续发展方面的研究，针对农业可持续发展指标体系的原则设计和可持续发展的构成要件等进行了原则性的研究。

国外从以上三个方面对农业可持续发展融资进行了相关研究，对发达国家和发展中国家的不同特点分别进行了理论研究，相关研究多为理论研究，实证研究相对较少。

对农业可持续发展的研究主要集中在对原则性的问题进行的研究，以及从评价指标体系和评价方法进行研究。各国（或地区）的区域差异较大，相关实证分析研究相对较少，为本书留下了研究空间。

1.3.3.2 国内研究述评

国内研究主要从农业可持续发展的资金需求、供给方面，金融支持农业可持续发展的影响因素，农业可持续发展所需的投融资机制和财政投入的角度进行了相关的分析。

从可持续发展的资金供给和需求角度进行分析，忽视了在中国农村，金融抑制很明显，即有较强的资金需求，而金融主体的趋利性不能满足农业可持续发展的资金需求，因此仅从资金的供给和需求角度进行分析是不够的。

从影响农业可持续发展的因素进行分析，研究农村金融的投融资结构、投融资主体行为，提出支持农业可持续发展的资金支撑体系（黄璟，2001；张文棋，2000）；从供给和需求的角度出发，分析我国农村金融供给制度缺陷（曹晓勇，2007），从分析农村金融在支持农村经济可持续发展面临的困难角度（中国人民银行仙桃市支行课题组，2000），提出加强我国农村金融支持力度并提出政策措施。

从投融资机制进行分析，认为影响农业可持续发展的主要因素是资金问题，融资机制主要是构建向农业可持续发展投入足够的、有效的资金供给机制和完善的制度，构建具有普遍适用性的融资机制和对策建议。

从财政投入对农业可持续发展的影响进行分析，研究了财政投入在农业可持续发展中存在的主要问题：投入不足和财政支农投入效率较低，财政支农效应不能支持农业可持续的发展。

以上研究的不足：

1. 没有从具体区域的农业可持续发展的融资特点展开研究，我国国土辽阔，每个区域农业可持续发展的特点不同，融资要求也有很大差异。

2. 缺乏实证分析研究，以上研究多是规范研究，没有对具体区域财政、金融资金支持农业可持续发展的拉动效应方面进行评价，缺少对资金支持的贡献程度的量化研究。

3. 提出的对策、建议是普遍性的，不具有针对性。

以上研究都为本书提供了良好的理论基础和研究方法，同时也是本书研究的切入点。

1.4 研究思路与方法

1.4.1 研究范围

1. 融资机制研究。绿洲农业可持续发展的资金来源主要包括财政资金、金融资金和民间资金；财政资金和金融资金属正规渠道外融资，民间资金包括农户间相互借贷、亲朋好友间的借贷和高利贷等。由于民间资金的规模和分布一直缺少相应的公布数据，所以本书所确定的研究机制主要指外部财政金融融资机制（以下简称融资机制）。财政资金和金融资金用于满足绿洲农业在生态环境、农业经济、农村社会进步方面可持续发展的需要。绿洲农业可持续发展融资就是在实现绿洲农业可持续发展目标的前提下，将资金盈余部门（单位或个人）的资金通过一定的方式进行资金融通，以确保绿洲农业实现持续、公平和协调的发展。绿洲农业可持续发展的融资机制就是政府、银行、农村信用社等机构和农户为绿洲农业发展提供资金的机构和制度安排。根据绿洲农业可持续发展的状况和财政、金融资金对绿洲农业可持续发展存在的长期均衡和拉动效应，结合绿洲农业可持续发展的资金供给和需求，构建绿洲农业实现可持续发展的融资机制和完善融资机制的对策和建议。

2. 绿洲农业可持续发展包括生态环境、农业经济、农村社会人口三个方面的协调发展。对绿洲农业可持续发展状况的评价也包括这三个方面的内容，三方面的持续协调发展共同构成了绿洲农业可持续综合发展。

1.4.2 研究思路

以金融发展理论、经济金融相关理论、资金供求理论和公共财政理论等为理论支撑，借鉴国外其他国家农业可持续发展融资方面的经验，对1989—2011 年新疆绿洲农业可持续发展状况进行了综合评价，对财政金融资金对绿洲农业可持续发展的长期均衡和不同时段的拉动效应进行了定量分析，分析了财政资金、金融资金对绿洲农业可持续发展的贡献。根据经济与金融相关理论测算新疆绿洲农业可持续发展的资金供给量、需求量和供求缺口量。将实证分析和新疆绿洲农业可持续发展融资现状进行了结合，以构建绿洲农业可持续发展的融资机制。

本书在已有研究的基础上，通过规范分析和实证分析来进行研究。应用金融市场理论、金融发展理论、经济金融相关理论等相关理论，对1989—2011 年新疆绿洲农业可持续发展状况进行定量的综合评价，从财政资金、金融资金对绿洲农业可持续发展长期均衡和拉动效应以及绿洲农业可持续发展的资金供给量、需求量和供需缺口进行了实证分析。在以上实证分析和国外农业可持续发展融资方面的经验的基础上，构建符合绿洲农业可持续发展的融资机制，提出完善融资机制的对策和建议。通过以上研究，希望能对优化新疆绿洲农业可持续发展融资机制提供借鉴和帮助。

研究思路和研究方法见图 1 - 1。

1.4.3 研究方法

1. 比较分析法。在借鉴国外包括发展中国家和发达国家农业可持续发展融资经验中应用了比较分析法，对比总结了其他国家在农业可持续发展融资经验、融资模式和所采取的具体措施，为构建适合新疆绿洲农业可持续发展的融资机制提供了借鉴。

2. 数量分析法。

（1）应用协整分析方法分析财政、金融资金与绿洲农业可持续发展存在的长期均衡关系。应用状态空间可变参数模型分析不同时间点财政、金

```
┌─────────────────────────────────┐        ┌─────────────────────┐
│ 绿洲农业可持续发展融资机制相关理论     │        │   文献收集与整理    │
│ 其他国家农业可持续发展融资经验       │────────│   金融发展理论     │
│                                 │        │   公共财政理论     │
└─────────────────────────────────┘        └─────────────────────┘
            │
            ▼
┌─────────────────────────────────┐        ┌─────────────────────┐
│ 绿洲农业可持续发展融资机制发展现状和   │        │    金融相关率      │
│ 存在的问题                        │────────│   资金供求分析     │
│ 绿洲农业可持续发展资金供给需求分析     │        │                   │
└─────────────────────────────────┘        └─────────────────────┘
            │
            ▼
┌─────────────────────────────────┐        ┌─────────────────────┐
│ 绿洲农业可持续发展状况评价与分析       │        │   主成分分析法     │
│ 财政金融投入与绿洲农业可持续发展       │────────│  协调性指数金融    │
│ 实证分析                          │        │    协整分析       │
│                                 │        │  状态空间模型分析   │
└─────────────────────────────────┘        └─────────────────────┘
            │
            ▼
┌─────────────────────────────────┐        ┌─────────────────────┐
│ 构建绿洲农业可持续发展融资机制         │────────│   财政资源配置     │
│                                 │        │   金融经济发展     │
└─────────────────────────────────┘        └─────────────────────┘
            │
            ▼
┌─────────────────────────────────┐        ┌─────────────────────┐
│ 绿洲农业可持续发展融资机制政策与建议    │────────│   可持续发展观     │
│                                 │        │   融资促发展      │
└─────────────────────────────────┘        └─────────────────────┘
```

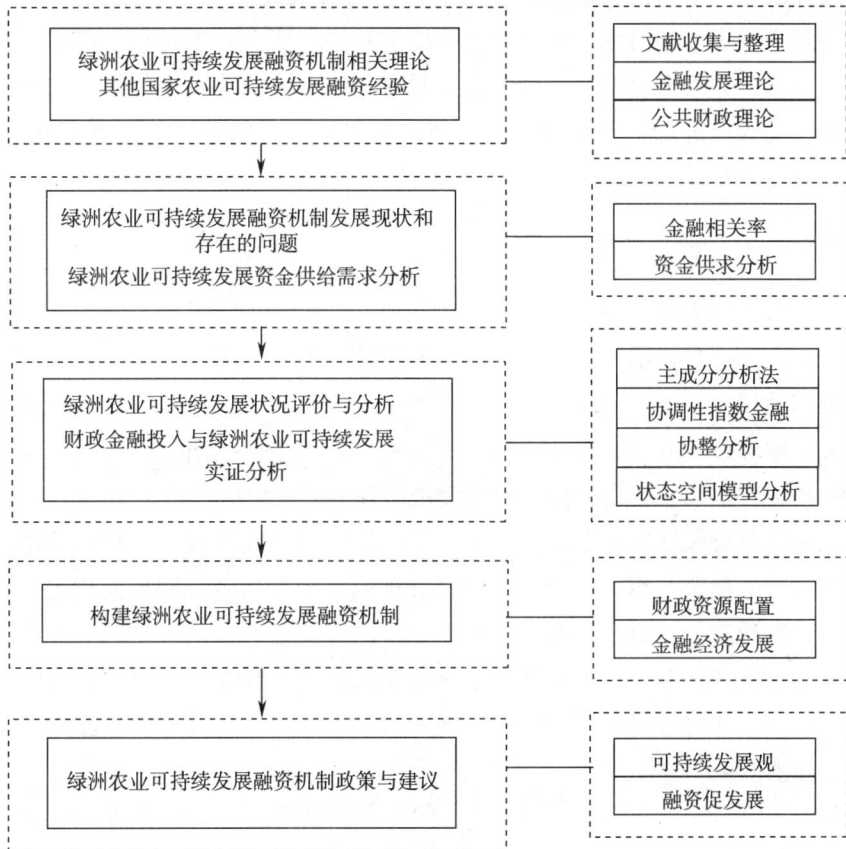

图 1 – 1　研究思路与研究方法

融资金对绿洲农业可持续发展的拉动效应。

（2）应用金融相关率测算绿洲农业可持续发展的理论资金需求量和实际资金需求量，推算绿洲农业可持续发展融资的民间资金总量。分析资金供给量、需求量，资金供求缺口量。

（3）应用主成分分析法确定新疆绿洲农业可持续发展的生态环境、农业经济、农村社会人口三方面各指标的权重，并综合评价 1989—2011 年新疆绿洲农业可持续发展状况。应用协调性指数测算绿洲农业可持续发展各子系统间的协调性。

3. 应用经济金融相关理论、公共财政理论和可持续发展理论等，分析绿洲农业可持续发展融资中的资金供求状况和财政金融投入对绿洲农业可持续发展的关系。根据新疆绿洲农业可持续发展在融资方面存在的问题，对正规金融资金供给量、绿洲农业可持续发展的资金需求量和供需缺口量进行测量，并对财政资金和金融资金对绿洲农业可持续发展的长期均衡关系和拉动效应进行了定量分析，将理论与实践进行结合，丰富研究内容，使研究结论有理、有据。

1.4.4　研究内容

本研究分为四个部分：

第一部分包括第一章导论。阐述本研究的目的、理论与现实意义；对国外相关研究、国内研究动态进行总结和评述，为本研究寻找研究视角、研究思路和研究方法；在理论和相关研究的基础上，提出本研究的研究思路、研究方法、主要研究内容以及此项研究的可能创新之处。

第二部分包括第二章和第三章。第二章是对研究所涉及的相关理论进行阐述，包括金融相关理论、金融融资理论、经济与金融的相关理论、农村金融理论和公共财政理论等，并进一步阐述了这些理论对绿洲农业可持续发展融资的影响。第三章是对国外其他国家（包括发达国家和发展中国家）在农业可持续发展融资模式、融资方式和具体措施方面的经验进行总结和借鉴。

第三部分包括第四章、第五章、第六章。首先，总结国内外对农业可持续发展指标体系的设计原则，构建了绿洲农业可持续发展评价指标体系。应用主成分分析法对绿洲农业可持续发展进行综合评价；应用协调性指数对绿洲农业可持续发展各子系统间的协调性进行了测算和分析。其次，应用协整检验分析和状态空间可变参数模型对财政资金和金融资金对绿洲农业可持续发展的长期均衡和拉动效应进行了定量分析。再次，应用金融相关率对绿洲农业可持续发展的理论资金需要量和实际资金需求量进行了测算，分析理论与实际资金需求量之间的缺口产生的原因；从来源渠道分析了资金的供给量，对供需缺口量进行测量，分析供需缺口产生的原因。最后，以实证分析和资金供求分析为基础，结合新疆绿洲农业可持续发展融资现状，总结出绿洲农业可持续发展在融资方面存在的问题就是融资机制不健全。

第四部分包括第七章、第八章。在以上相关理论研究、国外其他国家农业可持续发展的融资机制经验和相关实证分析的基础上，结合新疆绿洲农业可持续发展融资现状和融资中存在的问题，构建符合绿洲农业可持续发展的融资机制。以外部融资为基础，在逐步提高农业的生产获利能力后，以外部和内部融资结合共同为绿洲农业的可持续发展提供资金支持。相关机制包括稳定、持续增长的财政投入机制；农村资金的回流机制；农业风险分散和补偿机制；农业可持续发展融资激励机制。并针对现状提出完善融资机制的对策和建议。

1.5 本书的创新之处

本书的可能创新包括以下方面：

1. 应用状态空间可变参数模型分析财政、金融资金对绿洲农业可持续发展在不同时段中拉动效应，以分析财政金融政策对绿洲农业可持续发展的影响。应用协整分析法分析财政资金、金融资金与绿洲农业可持续发展的关系，结果显示财政资金、金融资金投入对绿洲农业可持续发展具有长期均衡关系。

2. 应用经济金融相关理论和资金供求理论测算绿洲农业可持续发展的理论资金需要量、实际资金需求量、实际资金供给量，分析资金需要缺口和正规渠道融资的供需缺口产生的原因。

3. 构建三方面（经济、资源环境和社会人口）18 项指标的绿洲农业可持续发展综合评价指标体系。应用主成分分析法和协调性指数，综合评价了 1989—2011 年新疆绿洲农业可持续发展状况和新疆绿洲农业可持续发展各子系统间的协调性，为绿洲农业可持续发展的融资实证分析提供数据来源。

4. 构建了绿洲农业可持续发展融资机制。在相关理论、国外其他国家农业可持续发展融资机制方面的经验和实证分析的基础上，在制度安排、组织管理和资金支持政策体系方面，构建了绿洲农业可持续发展融资机制，具体包括长期、稳定的财政投入机制、农村资金的回流机制、农业风险分散和补偿机制和农业可持续发展融资激励机制。根据现状提出完善绿洲农业可持续发展的对策和建议。

第二章　绿洲农业可持续发展融资理论

绿洲农业可持续发展融资研究可借鉴的理论包括金融理论和财政理论。对已有理论进行整理、应用，能对绿洲农业可持续发展融资研究起指导作用。本章对金融、财政相关的农业经济增长和可持续发展的理论模型、支持路径（或支持方式）做进一步阐述。

2.1　绿洲农业可持续发展的金融理论

2.1.1　绿洲农业可持续发展的金融贡献

农业经济总量生产适用的 CD 生产函数（即 Cobb – Douglas 生产函数）模型，其假设如下：

（1）农业经济增长投入要素中主要研究资本 K 和劳动 L；

（2）绿洲农业经济发展主要为资本增进型和劳动增进型，科技发展和农民劳动技能的提升以不变速度 g 增长；

（3）农业生产函数是一阶齐次，农业生产规模收益不变；

$$y = AK^\alpha L^\beta \qquad (2.1)$$

式中，y 为农业产出，A 为农业技术水平（进步），K 为资金投入，L 为劳动力投入，α、β 分别为资金弹性和劳动力弹性。

因为假定规模收益不变，即 $\alpha + \beta = 1 \rightarrow \beta = 1 - \alpha$，令 $y = Y/AL$，$k = K/AL$；于是农业生产函数形式为

$$y = f(k) = (K/AL)^\alpha = k^\alpha \qquad (2.2)$$

假定生产函数满足以下条件：

（1）$f'(k) > 0$，$f''(k) < 0$；

（2）$\lim\limits_{k \to 0} f'(k) = \infty$，$\lim\limits_{k \to \infty} f'(k) = 0$；

（3）假定农业经济增长处于均衡状态，农村经济中的储蓄全部转化为投资，即 $s \cdot Y = I$，得到以下公式

$$k = s \cdot f(k) - (n + g + \delta) \cdot k \qquad (2.3)$$

上述公式中 n 为劳动力增长速度，δ 为资本折旧率，s 为农村居民的储蓄率。公式中的第二项 $(n+g+\delta) \cdot k$ 表示在劳动增进型技术率 g、劳动力增长率 n 和资本折旧率为 δ 的条件下，为保持资本有效劳动比不变所需要的投资额。金融体系具有的多种功能会直接影响资本的积累程度，并对实际产出增长起决定作用。因为储蓄倾向受实际利率等其他金融变量、金融发展程度以及收入增长率等因素的影响，如果用 y' 代表收入增长率，b 代表金融制度与发达程度，即 $s = s(y',b)$，$\dfrac{\partial s}{\partial y'} > 0$，$\dfrac{\partial s}{\partial b} < 0$；于是得

$$k = s(y',b)f(k) - (n+g+\delta) \cdot k \qquad (2.4)$$

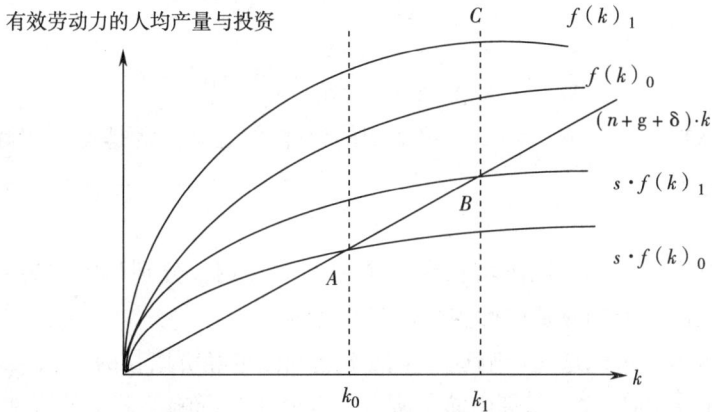

图 2-1　农业经济增长中的产出、投资与储蓄

从图 2-1 可以看出，在金融制度和金融市场不变时，k_0 表示经济运行中为每一个"有效"劳动力配备的资本与保持资本有效劳动比不变所需要的投资量相等，即 $s \cdot f(k)_0$ 和 $(n+g+\delta) \cdot k$ 的交点 A，经济处于均衡增长路径上，详见图 2-1。

现在假定金融市场动员储蓄的能力更强，金融产品更能满足居民的储蓄意愿，全社会储蓄倾向提高，储蓄总量增加；并且假设金融机构并不存在交易成本，全社会的储蓄全部转化为投资，$s \cdot f(k)$ 曲线从 $s \cdot f(k)_0$ 上移到 $s \cdot f(k)_1$，平衡增长点由 k_0 右移到 k_1，整个经济获得了进一步的增长。

2.1.2 金融体系对绿洲农业经济增长的路径

从内生经济增长模型可以看出，假定如下：

（1）g 为 t 期的经济增长率；

（2）全社会的储蓄率为 s；

（3）储蓄转化为投资的过程中，被金融机构漏损的储蓄比率为 μ；

于是就存在下列增长模型：

$$I_t = (1 - \mu)s_t \tag{2.5}$$

$$g = \frac{\Delta Y_t}{Y_t} = \frac{\Delta Y_t}{\Delta K_t} \times \frac{\Delta K_t}{Y_t} = \frac{\Delta Y_t}{\Delta K_t} \times \frac{I_t}{Y_t} \tag{2.6}$$

$$\frac{\Delta Y_t}{\Delta K_t} \times \frac{(1 - \mu)s_t}{Y_t} = \frac{\Delta Y_t}{\Delta K_t} \times (1 - \mu) \times s_t \tag{2.7}$$

设 $\Delta Y_t / \Delta K_t = a$，即 a 为第 t 期的资本产出比，就是资本边际效率，于是增长模型为

$$g = a(1 - \mu)s_t \tag{2.8}$$

根据上述公式，经济增长受三个因素的影响，分别是资本边际效率、金融机构漏损掉的储蓄比率和全社会的储蓄率。

金融体系可以通过影响这三个因素达到促进经济增长的效果。

1. 储蓄率是收入总额中储蓄所占的百分比，影响储蓄率的因素有可支配收入、人们的消费观念、社会保障体系的健全程度、金融市场的发达程度和利率政策。中国人有储蓄的传统，一般家庭都会有一定的储蓄，农村居民的社会保障与城镇居民相比相对较弱，还有子女受教育、婚丧嫁娶和建房等对资金的需要比较大，农村居民更加重视储蓄。具体数据见表 2 - 1。

表 2 - 1 连续八次降息期间新疆城乡储蓄额与收入对比表

年份	城镇储蓄（亿元）	城镇家庭人均可支配收入（元/人）	农户储蓄（亿元）	农村居民家庭人均纯收入（元/人）
1993	220.45	2 391	20.44	778
1994	316.03	3 141	31.65	936
1995	433.54	4 163	41.94	1 137
1996	537.72	4 670	38.11	1 290

续表

年份	城镇储蓄 （亿元）	城镇家庭人均可 支配收入（元/人）	农户储蓄 （亿元）	农村居民家庭人均 纯收入（元/人）
1997	621. 32	4 859	54. 81	1 500
1998	696. 30	5 131	62. 84	1 600
1999	765. 40	5 429	59. 30	1 473
2000	835. 95	5 645	72. 60	1 618
2001	905. 41	6 215	88. 89	1 710
2002	1 024. 17	6 554	113. 47	1 863
2003	1 219. 36	7 006	152. 47	2 106

资料来源：1994—2004 年《中国金融年鉴》，1994—2004 年《新疆统计年鉴》。

1993—2003 年期间中国人民银行八次降低存款利息，一年期存款利率从 10.98% 降到 1.98%①，而同期新疆城镇家庭人均可支配收入增长了 2.93 倍，同期农村居民家庭人均纯收入增长了 2.71 倍；同期城镇储蓄增长了 5.53 倍，同期农户储蓄增长了 7.46 倍。从上述数据可以看出，农村居民家庭人均纯收入的增长幅度比城镇低，但是同期储蓄额的增长幅度却比城镇储蓄高出 1.93 倍。1996 年和 1999 年新疆农村居民家庭因收入增长减缓和下降，同期的储蓄增加额为负数。从储蓄获取收益的动机来分析，储蓄利率下降，储蓄额应该减少，此时居民应更重视消费。但在 1993—2003 年期间经历了八次连续降息，同期的储蓄额却不断增加。原因是一方面是受传统消费习惯的影响，更重要的是对将来生产、生活的忧虑。同时，农村社会保障体系的缺乏使农村居民的收入增长比城镇低，储蓄利率下降，甚至实际储蓄收益为负增长的条件下，储蓄额仍然不断增加，大部分农民只能依靠储蓄来为自身提供保障。通过以上分析可以看出，农村居民家庭因收入的不稳定性和缺乏社会保障，更加重视储蓄。提高农村居民的储蓄率，关键在于不断增加农民的收入、建立健全农村社会保障体系和完善金融机构使其能够提供便利的金融服务。

2. 金融机构漏损的储蓄比率是指金融机构在将储蓄资金转化为投资资金的过程中消耗掉的部分资源，如经营费用、利差、佣金和手续费等。如

---

① 中国银行网站，http：//www. boc. cn/finadata/lilv/fd31。

果金融机构消耗的资源过多，则储蓄转化为投资的资金将减少，全社会资本累积减缓，转化的净效率相应降低。目前，中国农业银行和中国农业发展银行的经营管理费用占总收入的50%左右，即为实现100元的收入大约需要50元的管理费用支出。金融机构可以通过提高经营管理水平、降低漏损率，提高资金使用效率，促进经济增长。

3. 社会投资形成的固定资产具有一定的专用性，流动性相对较差，这种专用性限制社会资本配置效率和资本边际生产力的提高。金融机构利用便利的金融市场将资金在不同地点、行业和地区之间转移，并在转移过程中降低交易成本和费用，使资源在空间和时间上得到更有效的配置。同时，可以利用金融市场的信息监督功能，对借款人的"逆向选择"和"道德风险"进行监督。金融机构可利用资产组合的风险抵抗功能分散和降低风险，提高总体生产效率，将资本配置到优势项目上，提高资本配置效率，更高的资本生产率能促进经济增长。1989—2011年新疆固定资产投资中城镇占比平均为90.65%，农村固定资产投资仅占9.35%（相关原始数据见附表1和附表2），从投资总额和投资比例上看农村固定资产投资要落后于城镇，存在投资不足的现象。此外，从农村固定资产的投资主体看，农村固定资产投资由1989年的农户投资为主（1989年农户投资占农村固定资产投资总额的78.21%），到2011年为非农户投资为主（2011年非农户投资占比达到63.18%）；从农村固定资产投资的资金来源看，1989—2011年，资金来源逐渐多元化，1989年农村固定资产投资仅有国内贷款、自筹资金和其他来源，到2011年农村固定资产投资的资金来源中有国家预算内资金、国内贷款、利用外资、自筹资金和其他资金，资金来源更加广泛。在绿洲农业发展中不断扩大融资渠道，完善相关融资制度是重要的研究内容。

2.2　绿洲农业可持续发展的财政理论

2.2.1　绿洲农业可持续发展的财政贡献

1. 市场均衡。在两部门经济体系中，市场是最重要的协调者，买卖双方通过市场反映的消息，形成价格、确定交换比率，这个过程称为供求规律。

在交换过程中，买方依据自身的消费偏好、收入情况在市场中公开其愿意支付某种商品和服务的价格，同时卖方依据生产成本在市场中显示其愿意提供某种商品和服务的价格，通过不断地调整，形成均衡价格和均衡数量。

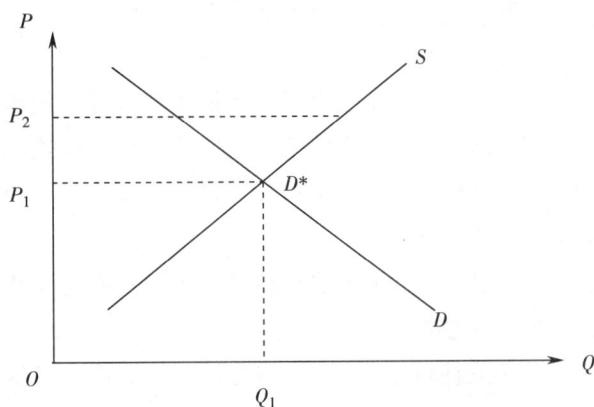

图2-2　市场机制的均衡价格和均衡数量的决定

如图2-2所示，市场把经济各部门连接在一起，价格得以形成，收入、收益、成本和利润得以确定，提供了货币、要素、商品和服务循环流通的渠道。瓦尔拉斯（1874）首次考察了竞争性多种商品市场一般均衡的存在性与稳定性，即经济均衡和一般均衡。

2. 市场配置中的帕累托效应。帕累托最优（Pareto Optimum）是福利经济学提出的概念，即不存在生产上的其他可行配置可使得该经济中至少有一个人的状况比其初始状况变得更好，而同时保持其他人至少与其初始状况一样良好。如果一种可行的资源配置可以在不损害其他人福利状况的同时至少使一人的福利状况得到提高，那原先的资源配置就不是帕累托有效，从旧配置向新配置的转变即为"帕累托改进"（Pareto Improvement）。就是说如果对一种资源配置已不可能再进行任何帕累托改进，那么该配置就称为帕累托最优或帕累托有效。

为达到帕累托效率这种理想境界需要具备一定的前提和条件，主要有市场完全竞争；所有行业成本是完全递增的；商品、服务和生产要素不具有溢出效应（Spillover Effects）；充分信息和资源的完全流动。福利经济学证明了竞争市场机制与帕累托效率之间的完美对应关系，为达到这种完美理想境界需要严格的前提和条件，这些前提和条件在现实市场中无法得到满足时，就形成了市场失灵。而市场失灵使得政府公共部门介入经济获得最为直接的理由，竞争市场的效率则成为政府活动的必要约束条件。产品和服务是由市场提供还是由政府财政提供，主要取决于市场机制、财政提供的效率，谁提供的效率高，就应该由谁提供。

3. 财政配置是对市场配置失灵的矫正。完全的市场经济是有效率的经济，是一种理想的经济状况，完全市场经济的价格和竞争能够使生产效率和交换效率自动调整到帕累托效率状态。现实中由于受不完全信息、公共物品和外部性的影响，不能实现完全市场经济，出现市场失灵，就是市场无法实现资源有效配置的情况。

财政配置对市场配置的矫正主要包括两个方面：一是矫正市场的不完全；二是矫正竞争的不完全。

（1）通过征税（或补贴）、管制措施和拍卖污染许可证等方式对外部不经济进行矫正，以提高资源的配置效率；财政可以用强制措施和提供资格论证来矫正信息不完备，政府的介入会使相关信息有效地传递。

（2）政府对竞争的不完全进行矫正，主要通过对私人行为直接干预，如对于垄断采取反托拉斯法，限制其产品的供给和价格上的垄断。还可创造可竞争市场，促使垄断厂商像在完全竞争条件下一样行事。可竞争市场的基本思想是：如果某行业可以自由地进入和退出，那么潜在进入者的存在将使现在厂商的行为像是受到这些潜在进入者的控制一样，现有厂商将只能获得正常利润而不可能获得垄断条件下的超额利润，不论厂商的数目是多还是少，结果都是一样。激励垄断厂商按竞争原则行事还可采取特许权投标的办法，在厂商和市场之间设立一个特许权拍卖机构，将自然垄断物品的特许经营权授予那个能以最低的单位价格向市场提供服务的厂商。由于投标过程涉及复杂的信息问题，所以还是需要政府出面组织，对垄断的政府管制和管理是必要的。

4. 财政支持农业发展的理论依据。市场无法提供并满足人们需要的公共产品。市场在提供公共产品时会产出效率损失，具体见图 2 - 3。

从图 2 - 3 可以看出，AB 为生产可能性曲线，xy_1 和 xy_2 是无差异曲线，C 点是表明在产出水平最大条件下，私人产品（N）和公共产品（P）组合的最大效用，也就是说资源已达到最佳配置。但是如果私人产品和公

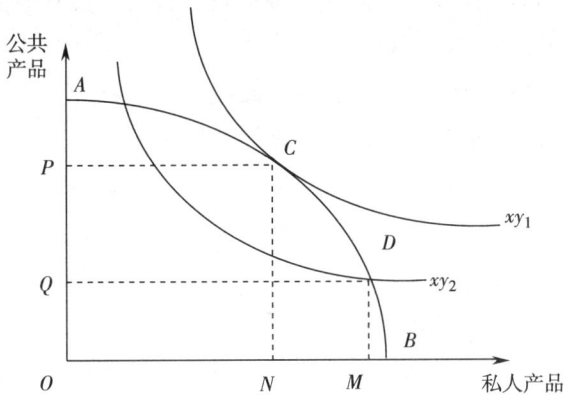

图 2 - 3　市场提供公共产品的效率损失

共产品都全部由市场提供，因为公共产品的特点（非竞争性和非排斥性），市场没有意愿提供或提供的数量无法满足人们的需要，所以就会出现 xy_2 曲线，市场把大部分资源配置到私人产品的生产上，形成 xy_2 无差异曲线的 D 点，D 点的效用比 C 点的效用低，这两者之间的效应之差，就是由市场提供公共产品的效率损失。通过以上分析可以看出，公共产品不可能由市场来实现有效率的供给。为弥补市场失灵，需要政府通过财政支出提供公共产品以满足社会经济发展对公共产品的需求。

农业生产是整个国民经济的基础，农业生产活动有着一定程度的外部效应（生态效应和社会效益），具有公共产品的属性（粮食生产）和非市场竞争性（环境污染防治、水土流失治理等）的特点。以上特点导致了市场失灵，市场失灵为政府对农业进行财政支持提供了理论依据。

竞争市场的失灵使政府公共部门介入经济获得最直接的理由，同时竞争市场的效率成为政府活动的必要约束（唐朱昌，2007）。

绿洲农业可持续发展中农田水利建设、道路交通、通信、农村教育和医疗、农业技术研究和推广以及农业生产依赖的生态环境保护和建设都具有公共物品特性，存在"市场失灵"现象，需要政府公共财政提供制度性和物质性的基础设施及公共物品。

2.2.2　财政支持农业可持续发展的方式

1. 直接进行绿洲农业生产投资，如江河治理、水库建设、生态环境改善等农业公共基础设施建设。农业投资性财政投入一般从政府预算的财政支农支出中安排，目前新疆财政支农支出包括农业生产支出、农业综合开发支出、农业科技三项费用等。这些财政投资对绿洲农业实现可持续发展提供基础设施，为农业生产发展提供良好的外部环境。

财政对农业的生产性投资属世界贸易组织《农业协议》的"绿箱"政策，只要国家财力允许，不受投资总额的限制。目前利用财政资金对农业的生产性投资已成为国家支持农业发展的重要资金来源。

2. 向其他农业投资者提供支持农业发展的优惠政策，发挥财政的示范效应。财政资金用于农业的生产性投资受财力的影响，无法提供更多的投入，在新疆这个经济落后的地区，进一步加大财政投资农业力度是比较困难的。利用财政的示范效应，可将其他投资主体的资金引入农业发展中。创造良好的外部条件，如财政贴息贷款和优惠政策，财政贴息贷款是对金融机构的农业贷款，由政府预算安排部分贴息，鼓励金融机构将更多的资金投入农业生产；优惠政策是对社会其他投资者投资农业生产给予相应的政策优惠，为其投资创造有力的环境支持。

3. 财政农业补贴，农业税收减免。财政农业补贴主要是指政府对农业生产中的具体环节，如粮食种植、农机农具购置、良种的推广和使用、生态环境等环节补贴。财政补贴支农主要是利用财政的收入分配职能进行利益关系的调节。政府为实现发展农业的特定目的，对农业生产的特定人群、特定活动进行支持和补偿。财政农业补贴有些项目属于"绿箱"政策，如粮食等安全储备补贴和生态环境补贴等；部分属于"黄箱"政策，如财政贴息贷款补贴、市场价格支持补贴和生产投入补贴等。财政贴息贷款补贴属"黄箱"的减让政策，数额不宜过大。

2000 年以来，经过一系列的农村税费改革，尤其是 2006 年后，已经全部减免了农业税和农业特产税，减轻了农业生产经营者的负担，增加了收入，提高了农业生产的积极性。对金融机构发放农业贷款业务，政府也提供了税收优惠，财政利用其政策优惠鼓励更多的资金投入农业生产，发挥财政政策的指导作用。

4. 提供社会救济和社会保险。财政利用其收入分配职能，将部分资金用于农村抚恤和社会福利救济，主要为农村五保户、贫困户提供生活救济费和生活补贴，还有自然灾害救济补助费、灾后重建补助费和自然灾害救济事业费。农民从事农业生产,自身抵御自然风险能力有限,需要政府财力的大力支持来恢复生产、生活,重建家园。

5. 提高农村教育、医疗水平。在农业可持续发展中农村人口的受教育水平是农业人力资本质量的重要影响因素;医疗条件是对农村人力资本生产、生活水平的保障条件。近年来,政府加大了农村教育投入,包括农村义务教育、农业职业和技能培训,为农民增加收入创造了条件。积极推行的新型农村合作医疗,减轻了农民医疗负担,缓解因病致贫和返贫状况,在保障农民健康方面发挥了重要的作用。

2.3 小结

金融主要通过三个方面对农业经济发展发挥促进作用:一是利用货币交换媒介职能和支付中介职能减少农业生产、流通中的成本,促进分工协作,加速农业经济的发展。二是利用金融体系投资和储蓄部门,将社会闲置资金聚集,将资金投放到农业可持续发展中,对农业经济增长效应较大,增加资金的流动性;通过金融机构的分散经营和规范的运行,降低整个金融与经济体系的不稳定性。三是金融机构利用金融市场使社会资源得到优化配置,提高资源的利用效率。

财政在市场经济下,为弥补市场失灵,利用财政直接投资、财政政策效应、税收、补贴和救济等不同方式为实现农业可持续发展提供直接和间接的支持。

第三章 新疆绿洲农业可持续发展
融资机制现状分析

研究绿洲农业可持续发展融资机制，首先需要了解其现状和存在的主要问题。本章在上一章融资理论的基础上，根据新疆绿洲农业可持续发展融资的现状，总结了绿洲农业可持续发展融资中存在的主要问题归根结底就是融资机制不健全（包括融资制度不健全，不完善的政策法规和缺乏农业信用担保等的融资环境，农业风险管理体系的财政、金融和保险制度不完善等）。

3.1 新疆绿洲农业可持续发展融资机制现状

3.1.1 融资机制

1. 融资机制的概述。机制是指一个系统中各元素之间相互作用的过程和功能。在自然科学中机制（Mechanism）是指机械或机能通过其组成部分相互作用产生的某种特定功能。社会科学中常理解为机构和制度。融资机制是指资金融通过程中各个构成要素之间的作用关系和调控方式，包括融资主体、融资行为、融资渠道、融资工具、融资方式和促成资金良性循环的保障措施。建立绿洲农业可持续发展融资机制的意义在于将资金有效地应用于农业经济、农业资源环境、农村社会人口系统，发挥促进生产、保护环境、社会进步的作用。

绿洲农业的融资机制是指各经济主体（包括资金供给方和需要方）选择合适的金融工具采用一定的投入方式，参与绿洲农业的生产、资源环境保护和农村社会进步的活动，即通过市场机制（金融投入）和行政机制（财政投入）实现资金在绿洲农业可持续发展中的优化配置，提高资金的利用效率，以吸引更多资金进入绿洲农业可持续发展的良性循环中。

2. 融资机制类型。按照不同的划分标准，融资机制可以分为如下种类：

（1）按照绿洲农业可持续发展资金来源可以分为外部融资机制和内部融资机制。外部融资机制，主要是资金拥有者通过金融工具，将多余资金转移到资金需求者，由资金的需求者实现资金的配置，手续烦琐，融资成本高。内部融资机制是依靠自身积累，将部分生产投资收益直接再次用于扩大生产。内部融资机制的资金供给和需求者是统一的，方便简洁，融资成本低。

绿洲农业可持续发展资金来源的内部融资机制主要是农民的收入和积蓄。新疆农民近年来收入增长缓慢，1989—2011 年新疆农民人均纯收入（剔除价格影响）年增长率为 4.86%，低于同期城镇居民人均可支配收入年增长率 6.72%。1991—1995 年和 1999 年新疆农民人均纯收入均出现负增长，是自然灾害和人为因素（税负和生产物资价格上涨）双重影响的结果。在这种收入增长的情况下，要继续为农业生产投入更多的资金是很困难的。农业自身积累弱，而绿洲农业生产受诸多自然因素的影响，自身的积累能力更低，单纯依靠内部融资机制无法满足绿洲实现农业可持续发展的资金需求，更多的资金需要依靠外部融资来满足。绿洲农业可持续发展的外部融资资金的供给者来源广泛，有财政投入、金融机构农业贷款、外资投入和民间借贷等，占绿洲农业可持续发展资金来源的比重较大，所以本书侧重从外部融资来研究绿洲农业可持续发展的融资机制。

（2）按照融资过程的信用关系不同，可以将外部融资机制分为财政性融资机制和金融性融资机制。财政性融资是通过财政政策和税收政策对国民收入进行再分配，一方面，通过各种财政手段（主要是税收、发行国债等），从社会其他经济主体聚集一部分财政收入；另一方面，通过各种渠道将财政收入分配运用到经济发展的各个部门。财政收支决定政府部门的储蓄和投资规模，而且影响国民收入分配和储蓄的形成。财政性融资是一种缺乏市场中介的融资机制，是政府凭借国家权力和信用取得资金。在市场经济条件下，财政性融资是作为弥补市场缺陷、纠正市场失灵的重要手段，对调控国民经济、促进国民经济发展具有杠杆作用。金融性融资是以金融产品为中心，以融资成本与收益的比例为杠杆，引导金融资源向高效益产业部门有序流动的机制。金融性融资是以市场化、收益化为原则进行交易，实现储蓄到投资的转换。金融性融资可以分为直接融资和间接融资。直接融资是资金需求方依托证券市场向资金供给方发行有价证券筹集资金的融资方式，或民间借贷型直接融资，即不通过中介机构和组织融资双方自行协调借贷事项，达成借贷合约。间接融资机制则是指通过银行信贷融资，即银行部门作为中介机构，保证资金供给者向资金需求者进行以偿还为条件的货币借贷行为。绿洲农业可持续发展的直接性融资主要是指农业企业以发行股票、债券的形式取得的资金和民间直接融资，本书研究主要指绿洲农业发展的金融性间接融资和财政性融资，主要原因是这两部分的资金来源占绿洲农业可持续发展的资金来源的三分之二以上，是绿洲农业可持续发展最主要的资金来源。

机制在社会学中更多地理解为机构和制度。从资金来源的角度分析融资机制是为绿洲农业可持续发展提供资金的机构和制度安排，绿洲农业可持续发展最重要的外部资金来源是财政支农融资和金融信贷融资，两大体系共同为绿洲农业可持续发展提供资金保障。

3.1.2 绿洲农业可持续发展财政性融资机制现状

新疆绿洲农业可持续发展财政支农资金主要来源于中央财政和地方财政，资金主要用于绿洲农业的基础设施、农业科技教育、农村救济（包括农村自然灾害救济和社会救济）等。20 世纪 80 年代以后，随着改革开放、发展经济的需要，新疆财政资金逐步减少了对绿洲农业的投入，1980 年财政支农支出占地方一般财政预算支出的 23.7%，1989—2002 年财政支农支出在新疆地方财政预算支出中所占比重逐年降低，到 2002 年下降到 5.6%（数据见表 1-3），2002 年到 2011 年有所提高。同期，农民的税费负担经历了两个阶段的变化，一是 1989—1998 年农民税费负担逐年增加，从41.03 元增加到 239.71 元，增长了 4.84 倍，税费负担的增加使农民收入减少，影响了农民生产积极性，财政支农比重下降，也使农村基础设施建设、农民技术培训和农业科研开发等项支出增长缓慢。二是 1998—2011 年农民税费负担逐年减轻，从 239.71 元减少到 2011 年的 7.84 元，尤其是2005 年，新疆比全国提前一年取消农业税，大大减轻了农民的负担，同时财政支农比重也有所提高，提高了农民生产积极性，生产、生活都有一定幅度的改善。新疆农民税费支出见图 3-1。

财政资金支持绿洲农业可持续发展的特点主要是：

1. 财政支农效率较低。现行的财政管理体制造成了这种情况（朱美玲

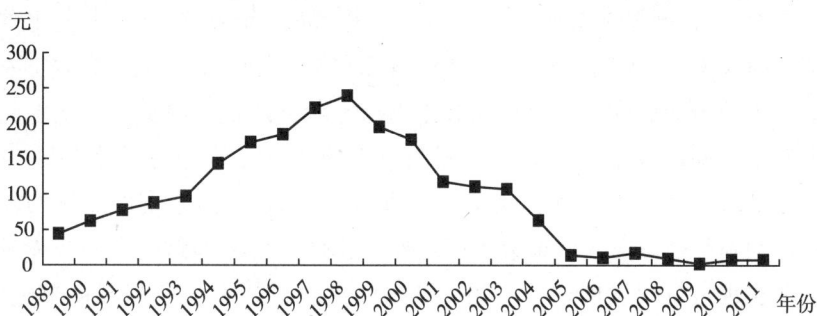

元

资料来源：《新中国六十年——新疆人民生活（1949—2009）》，《新疆调查年鉴（2010—2012）》。

图 3 - 1　1989—2011 新疆农民人均税费支出

和朱洁，2009）。财政支农资金分属部门管理，如扶贫、农业、林业、水利、农机、气象和交通等部门管理，同时我国财政管理实行"统一领导，分级管理"，分级管理自上而下，分为中央和地方，地方又分为自治区、自治州（市）和自治县（县）三级管理体制。在这种管理体制下，财政支农资金就在纵向分级管理和横向部门管理的交叉管理下形成了多部门、多层次管理。由于职能分工不同，财政支农的资金使用分散在各部门，造成多头领导，各部门利益分割协调困难。财政支农资金以不同项目的主管部门实施、监督、评价，地方政府缺乏整体规划和长远发展规划，项目的安排需要对上级部门负责，项目运行困难，存在资金使用浪费现象，影响了支农资金效率。

2. 财政支农资金比重较低。新疆财政支农资金比重较低的主要原因是新疆地方财政自给率较低（见附表 15）。1989—2011 年地方财政自给率平均为 39.44%，最高为 1993 年，财政自给率是 54.29%，最低是 2009 年，财政自给率仅为 29.46%，2000 年以后新疆财政自给率均不足 40%，新疆地方财政的自给率较低，不足部分都是由中央财政通过转移支付满足，所以在这种状况下，财政支出首先是满足行政和其他管理支出，财政支农的资金总额和比例都有限。一般理论认为财政支农支出的比重对绿洲农业可持续发展有着正向拉动效应，财政支农支出在地方财政一般预算支出中所占比重直接影响了绿洲农业的可持续发展。

3. 财政支农的比重波动变化较大。从表 1 – 3 中可以看出，1989—2011 年农林水务财政支出的总额支出不断增加，财政支农支出的比重从 1989 年至 2002 年不断下降，从 12.06% 下降到 5.64%，说明在财政支农支出总额不断增加的同时财政支农的比重却不断下降，财政资金被更多的用于非农生产和建设中，2003 年后财政支农的比重有所提高，到 2011 年农林水务财政支出占地方预算支出的比重占 13.03%。财政支农比重的较大波动说明新疆财政支农政策缺少稳定性，这种不稳定的财政支农政策对绿洲农业实现可持续发展非常不利。如财政支农对绿洲农业基础设施建设、农业科技研发和农业技术推广、农村教育水平的提高和农村医疗水平的提高有着重要的作用，如果财政支农投入得不到保证，这些方面的投入必定减少，而这些方面对绿洲农业实现可持续发展有着重要的影响。

3.1.3 绿洲农业可持续发展金融性融资现状

金融性融资是农业可持续发展的主要载体和手段。完善、有效的农业金融体系是农业可持续发展融资活动顺利进行的根本保障。为绿洲农业提供资金的金融机构有中国农业发展银行、中国农业银行、中国农业银行兵团分行、农村信用社、小额信贷组织、中国邮政储蓄银行、村镇银行、国际金融机构，形成以银行金融机构为主导、以农村信用社为核心、其他金融机构为辅助的绿洲农业金融体系。

1. 中国农业发展银行新疆分行。1994 年 4 月，中国农业发展银行从中国农业银行分设成立，承担农业银行业务中的政策性业务。1995 年 4 月，中国农业发展银行新疆分行成立。截至 2007 年末，农业发展银行新疆分行有 90 家分支机构和 2 159 名职工，主要业务是区内粮棉油专项储备贷款、收购资金供应与管理和扶贫贴息、农业综合开发及农业、水利等基本建设、技术改造项目的贷款。在做好政策性信贷资金供应的同时，根据经济发展的需要，开始涉及商业银行业务，2004 年开展保险代理业务，与保险公司签订"全面业务合作协议书"，分支机构全面取得保险兼业代理许可证。2006 年，发放农业小企业贷款业务和农业科技贷款业务。2007 年，开办农村基础设施贷款、农业综合开发贷款和农业生产资料贷款，进一步扩大了商业性贷款的范围，加大了农业发展银行对农业发展和涉农企业的支持力度。开办农村基础设施贷款、农业综合开发贷款和农业生产资料贷款，标志着农业发展银行新疆分行全面突破短期贷款限制，进入支持农业和农村发展的中长期贷款领域，为绿洲农业可持续发展融资提供多方面的支持。2007 年，农业发展银行共发放棉花收购贷款 511.29 亿元，支持企业收购皮棉 8 691 万担；化肥储备贷款 3.4 亿元；农业生产资料贷款 0.5 亿元。2004—2006 年，发放棉花收购贷款 593 亿元，粮食、油料收购贷款 105 亿元，粮油加工和农业企业贷款 17 亿元。2009 年，农业发展银行新疆分行共支持农村基础设施、农业综合开发、县域城镇建设项目 40 个，包括阿克苏地区沙雅县城市污水处理工程，开辟了政策性银行支持县域发展的新方式；吐鲁番设施农业建设，建设日光蔬菜温室大棚 7 182 座，帮助农民增加收入，取得较好的成效；扩建阿勒泰市中学 1 所，实现支持社会事业零突破。

　　农业发展银行新疆分行从成立之初的仅承办农业政策性金融业务（粮、棉、油购销贷款），发展成为以粮棉油购销贷款为基础，以农业产业化龙头企业和农业加工企业贷款，农业技术开发贷款，农业基础设施建设、农业综合开发、农业生产资料贷款为主，兼营保险代理业务的政策性、开发性银行，为绿洲农业可持续发展提供多方面的支持，带动绿洲农业加工企业发展，为绿洲棉花企业提供技术设备开发贷款，提升企业实力，促进产业升级，支持农业技术推广，使更多农民受益，增加了收入。

　　农业发展银行新疆分行坚持政策性业务与商业性业务并存，以政策性业务为基础，商业性业务为利润增长点，积极开展各项贷款业务，为众多涉农企业提供新的发展契机，满足广大涉农企业的资金需要，支持新疆特色林果业和设施农业的发展，促进了县域农业和农村经济发展。2007 年 1 月，全国金融工作会议明确政策性银行发展的方向，即政策性银行转型商业化。国务院还明确规定，农业发展银行是新农村建设的银行，农业发展银行被赋予了更多的支农职能。

　　农业发展银行新疆分行确立了支农、强农、惠农的发展方向后，在粮油收购、新棉收购、农业产业化龙头企业、新农村建设和民生项目方面提供信贷支持。2011 年，全年发放粮油收购贷款 77.46 亿元、新棉收购贷款 486.28 亿元、农业龙头企业贷款 45.43 亿元，投放新农村基础设施贷款和保障性住房贷款约 20 亿元①。农业发展银行新疆分行已经为新疆绿洲农业实现可持续发展提供全方位、多角度的信贷支持。

2. 商业银行。包括农业银行、工商银行、建设银行和中国银行。除四大商业银行外还有其他的股份制商业银行、外资银行在华分支机构，新疆绿洲农业生产、农村经济发展中获得其他的股份制商业银行、外资银行的信贷资金支持相对较少，数据不全，所以本书此处仅指为绿洲农业生产、农村经济发展提供资金支持的传统的四大商业银行。

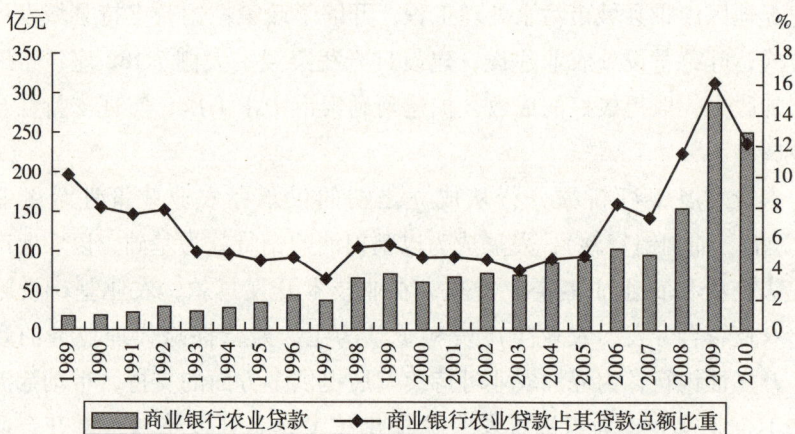

资料来源：《新疆统计年鉴》（1990—2012），《新疆调查年鉴》（2010—2012）。

图 3 - 2　新疆商业银行农业贷款及所占全部贷款的比重

从图 3 - 2 可以看出，商业银行农业贷款在 1998—2007 年增长缓慢，2000 年、2003 年和 2007 年出现负增长；商业银行农业贷款占其全部贷款的比重也从 1989 年的 10.31% 下降到 1997 年的 3.34%，1998—2005 年商业银行农业贷款比重基本维持在 5% 左右，2005—2009 年农业贷款比重有所提高，2010 年达到 12.16%。从以上数据可以看出，商业银行在追求利润的同时减少了对农业生产、农村经济的信贷资金支持。

在四大商业银行中为农业生产、农村经济提供资金的仍然主要是农业银行和农行兵团分行。1979 年农业银行新疆分行恢复成立，主要为信用良好、产品市场销售稳定的农村乡镇企业、农业产业化龙头企业以及实力强

---

① 数据来源于中国农业发展银行新疆分行 2012 年全区分支行行长会议上的讲话。

的部分个体私营者提供商业性贷款。农业银行涉农贷款包括专项农业贷款（粮、棉、油贷款，扶贫贷款，农业综合开发贷款等），农林水牧渔及农产品加工企业贷款，乡镇企业贷款，农副产品收购贷款和农业、农村基础设施贷款。1998年国有商业银行开始逐步进行股份制改造，农业银行的商业银行性质和为实现股份制改造的目的，不断撤并分支机构和营业网点。撤并分支机构和营业网点的主要依据是中国人民银行1997年11月中央金融工作会议制定的"关于国有独资商业银行分支机构改革方案"提出的撤并要求，如"银行人均存款额在50万元以下的营业网点全部撤销"。具体数据见表3－1。

表3－1　　　　　　农业银行和农行兵团分行在新疆区内的机构数　　　单位：个

年　份	2001	2002	2003	2004	2005	2006
农业银行	832	682	582	544	452	388
农行兵团分行	306	329	315	307	278	266
年　份	2007	2008	2009	2010	2011	
农业银行	386	374	362	365	364	
农行兵团分行	263	271	251	248	252	

资料来源：2002—2012年《新疆统计年鉴》。

从表3－1可以看出，2001—2011年农业银行和农行兵团分行在区内的机构数大幅度减少，农业银行机构数从2001年的832个减少到2011年的364个，减少了56.3%，同期农行兵团分行的分支机构也减少了54个，业务范围收缩，贷款资金也有所减少。商业银行分支机构撤并的目的是降低其经营费、提高运行效率。但是也造成了农村贫困地区扶贫资金发放困难，农户贷款、农村中小企业获得信贷资金的困难，商业银行对新疆农村经济支持力度下降（李季刚，2009）。

2007年1月全国金融工作会议上，国务院特别明确农业银行遵循"面向三农，商业化运作"的市场定位和强化服务"三农"的责任，要充分利用在县域的机构、网络、资金和专业等方面的优势，更好地为"三农"服务。农业银行新疆分行和农行兵团分行在面向农业可持续发展的服务模式下，对农业生产的风险通过担保和保险等多种手段转移。对贷款的抵押问题，可采用由订单农业企业提供担保、农户联户担保和应收账款质押贷款加以解决，初步建立了绿洲农业可持续发展信贷政策制度体系。

农业是弱质产业，农民是低收入群体，造成了金融服务农业的业务成本高、风险大、收益低。农业银行要在服务农业的定位下，体现国家意志，改善薄弱的农村金融服务，同时控制风险和成本，为投资者提供合理的资本回报。农业银行新疆分行和农行兵团分行如何在农业经济发展中，既要支持农业、服务农业，又要保持商业银行经营的基本利润，实现可持续地为绿洲农业提供融资服务，是今后其发展面临的主要难题。

3. 农村信用社（包括农村商业银行和农村合作银行）。1952 年 10 月，由新疆区内农户、中小企业和个体工商户共同入股成立新疆农村信用社。2011 年末，新疆农村信用社已发展成为在全疆 14 个地州（市）设有合作银行、县（市）联社 83 家，拥有 1 030 家机构、10 300 名员工，其中有独立核算法人的是 453 家。截至 2010 年末，各项存款 1 081.54 亿元，贷款余额 635.9 亿元。据中国银监会统计，2008 年，新疆农村信用社的农户小额贷款覆盖率、贷款净投放和农业贷款增量在全国农村信用社系列第一位。

从图 3 - 3 可以看出，1994—2011 年新疆农村信用社农业贷款金额年均增长率为 36.89%，由 1994 年的 3.09 亿元，增长到 2011 年的 642.77 亿元。农业贷款在农村信用社全部贷款的比重也从 1994 年的 25% 增长到 2011 年的 72.6%。农村信用社农业贷款占新疆金融机构农业贷款的比重从

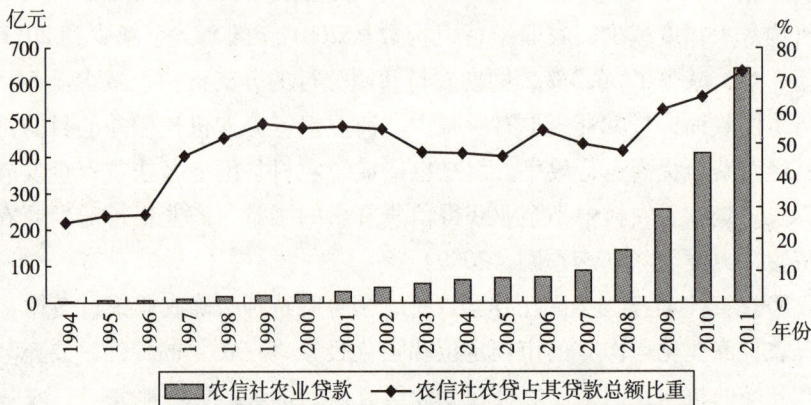

注：数据包括新疆农村商业银行和农村合作银行。

资料来源：1995—2012 年《新疆统计年鉴》，2005—2012 年《人民银行信贷月报》。

图 3 - 3　新疆农村信用社农业贷款及占其全部贷款的比重

1994 年的 9.8%，增长到 2011 年的 64.6%。新疆农村信用社以全区不到 10% 的信贷资金，提供了全区六成以上的农业贷款，是绿洲农业生产、农村经济发展重要的资金供给者。随着农村信用社改革的推进，2009 年后部分农村信用社改为农村商业银行和农村合作银行，支农的投放力度也逐年提高。

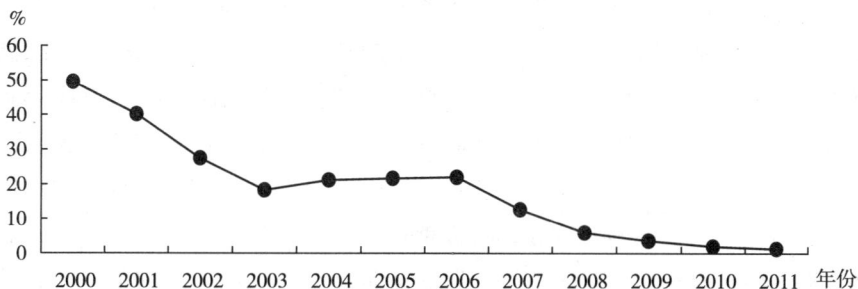

资料来源：新疆银监局和人民银行新疆中心支行年度公报。

图 3 - 4　新疆农村信用社不良贷款率

新疆农村信用社在实现盈利的同时，"十一五"期间，新疆自治区财政还向 30 个扶贫开发重点县农村信用社各注入股本金 1 000 万元，推动农村信用社的改革（郭晖，2008）。2006 年，为推进农村信用社改革提供资金支持，全区 83 家农村信用联社获得 8.23 亿元专项中央银行票据支持，共置换全区农村信用社不良贷款 6.66 亿元，历年亏损挂账 1.03 亿元，其他不良资产 0.54 亿元，有效化解了农村信用社历史包袱。从图 3 - 4 可以看出，2011 年末新疆农村信用社的不良贷款率从 2000 年的 49.52% 降到 1.36%。农户小额信用贷款覆盖率连续两年在全国农村信用社系统中列第一位。新疆农村信用社的盈利能力、资产质量和资本充足率都有较大幅度地提升，增强了农村信用社抵抗风险的能力。

新疆农村信用社积极开展小额农贷业务。1999 年，新疆农村信用社开始在全区开展农户联保贷款和小额信用贷款。新疆全区各地农村信用社结合本地实际，探索形成多种小额农贷新模式，新疆小额农贷覆盖率已名列全国第一，农户贷款增幅和农业贷款占贷款总额的比率排名均居全国第二。全疆农牧民贷款难的问题得到进一步缓解，社会影响力和综合竞争力明显提升，实现了自身效益和社会效益的"双赢"。

同时，新疆农村信用社积极开展中间业务。2007年12月，新疆农村信用社结束了长期无银行卡的历史，在全区范围内正式发行了带有银联标识的借记卡"玉卡"。"玉卡"通过其遍布城乡的农信网脉，为广大农村地区提供高效、方便、灵活的金融服务。截至2010年末，"玉卡"已发行245万张，交易金额近185亿元。

农村信用社作为新疆农村金融服务的主力军，新疆农村信用社需要继续深化改革，坚持服务绿洲农业，加大支农信贷投放力度，积极支持绿洲农业生产和农村经济结构调整，促进地方经济发展和农民增收。2008年新疆农村信用社根据全区农业生产和农民需求的实际，合理安排信贷投放的总量、结构，建立科学合理的定价机制，逐步降低贷款利率，减轻农民负担。要结合绿洲农业的新特点，积极推进服务、产品和机制创新，提升服务水平。牢固树立支持农村信用社发展就是支持当地经济发展的观念，继续加大对农村信用社改革发展的支持力度。推进信用工程建设，营造良好的农村金融发展环境。积极落实国家各项扶持政策，帮助信用社消化历史包袱，增强发展后劲，以促进新疆农村金融的良性、持续发展。

新疆农信社根据新疆畜牧业、林果业的生产周期及发展特点合理确定贷款期限，重点支持林果业专业大户、农业产业化龙头企业和畜牧业的发展；重点支持"农家乐"旅游、休闲农业、立体种养业等优质高效的生态农业，以促进农村资源综合利用、发展循环经济；优先支持科技含量高、附加值高、经济效益好的特色农业；2008年开始试办大额农业信贷，支持拥有区域资源、品种好、特色鲜明、竞争力强的优势农产品基地建设，形成优势龙头企业原料基地和名牌农产品生产基地；积极推广扶贫贷款和大力拓展创业类贷款，增强农民自主创业能力；加大对兵团农牧团场、龙头企业和农场职工的信贷支持力度。

2008年以后，新疆农信社新增贷款的80%以上投放给绿洲农业生产的农户。为了方便农民贷款，农信社在农村网点设立了小额农户贷款专柜，办理农户贷款；在县（市）联社营业部设立了进城农民创业贷款和个体工商户贷款专柜。同时，对农民贷款采取"多予、少取、放活"的优惠政策。"多予"，即增加支农信贷资金总量，扩大覆盖面；"少取"，即实行利率优惠，切实减轻农民负担；"放活"，就是开发金融品种，真正满足农牧民多层次、多样化的金融需求。

4. 邮政储蓄。1986 年 5 月 1 日，以乌鲁木齐市邮政局扬子江支局开办储蓄业务为标志，新疆邮政恢复办理储蓄业务。凭借邮政系统的网络和技术，新疆邮政储蓄业务的发展经过了代办—自办—自主运营三个阶段。2008 年 1 月 28 日，中国邮政储蓄银行新疆分行成立，标志着新疆邮政储蓄向商业银行开始迈进。截至 2011 年末，省级分行 1 家，地区级机构 16 家，县级机构 134 家，营业网点 436 个，邮政储蓄机构覆盖全疆所有市、县和主要乡镇。2011 年末，拥有 587 家分支机构，4 740 名员工，是新疆金融机构中唯一一家网点遍布所有县（市）的金融机构。其中，50% 的储蓄网点和 60% 的汇兑网点分布在农村地区，且所有网点均实现全区联网、通存通兑。中国邮政储蓄银行新疆分行金融产品丰富，目前开办的中间业务有代发工资，代发养老金，代收代付电信资费，代收电费和代付粮、棉、油款项等。在广大农村地区，邮政储蓄依托全国联网的网络优势通过转账业务、入账汇款业务为粮、棉、瓜、果的收购商提供资金结算，开辟邮政储蓄服务绿洲农业的新途径。

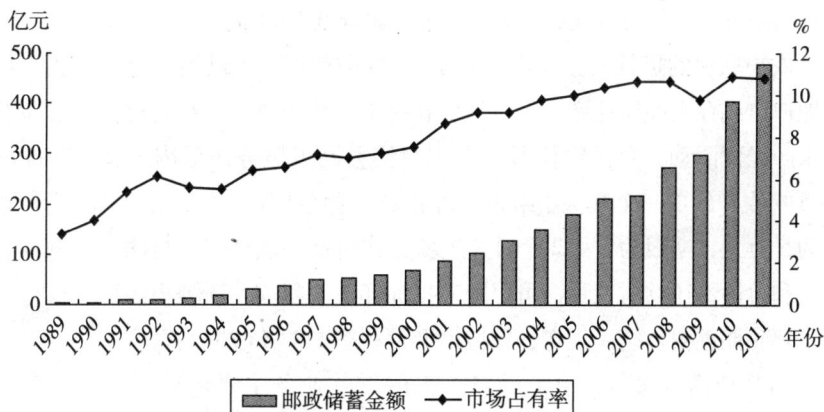

资料来源：1990—2012 年《新疆年鉴》。

图 3 - 5　1989—2011 年新疆邮政储蓄金额及其市场份额

从图 3 - 5 中可以看出，新疆邮政储蓄业务在 1989—2011 年得到了快速发展，储蓄金额从 1989 年的 2.81 亿元增长到 2011 年的 477.29 亿元，年增长率为 26.3%。储蓄业务在全疆的市场份额也由 1989 年的 3.37% 增长到 2011 年的 10.79%，年增长率为 5.44%。

随着信息技术水平的不断提高，2001 年实现所有电子化网点与全国联网，2002 年邮政绿卡银联卡实现了跨行交易，2006 年实现电子稽查系统上线。2007 年 3 月 1 日，中国邮政储蓄银行新疆分行开办邮政储蓄小额质押贷款业务，改变了邮政储蓄"只吸不贷"的状况。2007 年末，中国邮政储蓄银行新疆分行累计发放小额质押贷款 5 000 万元，实现邮储资金回流农村、服务"三农"，全年实现资金回流 6.5 亿元，标志着中国邮政储蓄银行新疆分行金融全方位服务"三农"的开始。

中国邮政储蓄银行新疆分行的市场定位是为城市社区和农村居民提供基础金融服务，以零售和中间业务为主。2008 年 3 月，乌鲁木齐邮政局成立中国邮政储蓄银行新疆分行第一个小额贷款营业部。小额贷款业务的开办是继中国邮政储蓄银行新疆分行推出定期存单小额质押贷款之后，再次为广大小企业主和农户开辟的一个新的贷款渠道。小额贷款业务的客户主要是小型企业主、个体户或农户等。小额贷款与邮政前期开办的小额质押贷款业务不同，不再需要用邮政储蓄存单在邮政储蓄进行质押，而主要采取联保和保证形式，贷款方式有商户联保、商户保证、农户联保和农户保证四种形式。2011 年，中国邮政储蓄银行新疆分行小额贷款 48.28 亿元，小企业贷款 1.04 亿元。

农户联保的贷款对象是农户年龄在 20 ~ 60 周岁，已婚，身体健康，具有当地户口或在当地居住满一年，从事农村土地耕作或其他与农村经济发展有关的生产经营活动，有固定住所并在邮政储蓄网点服务区域内。农户联保即由 3 ~ 5 户农户组成一个联保小组，不再需要其他的担保，每个农户的最高贷款额暂为 5 万元，期限为 1 ~ 12 个月，还款方式包括一次还本付息法、等额本息还款法和阶段性还款法三种，可以随时提前还款。目前，新疆小额贷款执行的是中国邮政储蓄银行统一规定，即按最低月利率 1.32% 收取利息。

与其他商业银行开办的针对个人的贷款业务主要包括住房、汽车、助学贷款等相比，邮政储蓄此次开办的小额贷款用户群具有针对性，特别是农户贷款，不要质押、抵押，采取联保或保证的形式在短时间内可以拿到急需的资金，用于扩大农业生产、扩大个体经营规模等，是解决农户、商户以及小微企业贷款难问题的有效途径之一。

中国邮政储蓄银行新疆分行从农村地区吸收大量的存款，但投放到农村的较少，成了农村资金的"抽水机"，也是农村资金外流的最主要的渠道。绿洲农业可持续发展中邮政储蓄应该将更多的来源于农村的储蓄资金投放到农业生产、农村经济的发展中，不应仅仅作"抽水机"。

5. 村镇银行。2008 年 1 月 18 日，新疆首家国民村镇银行——五家渠国民村镇银行有限责任公司经过半年的筹备在五家渠市正式成立。五家渠国民村镇银行属独立企业法人，注册资本为 2 800 万元，由发起行（宁波鄞州农村合作银行）及其战略合作伙伴出资 60%、农六师所属团场及企业出资 40%，8 家股东共同投资入股组建，由发起行绝对控股。到 2011 年末，五家渠国民村镇银行吸收存款 10.13 亿元，发放贷款 9.38 亿元；人均利润为 52.95 万元，实现净利润 4 342 万元；不良贷款率为 0.48%；资产利润率为 3.17%。2009 年 1 月 6 日，五家渠国民村镇银行梧桐支行成立。五家渠国民村镇银行的建立适应了加快金融改革发展、完善农村金融体系的需要。充分发挥合作金融的资金优势，用"城市金融反哺农村金融"，为建设社会主义新农村提供有力金融支持，积极推进农村金融的组织创新和制度创新。同时，解决了五家渠市金融机构网点覆盖率低、供给不足，竞争不充分的缺陷。五家渠国民村镇银行重点服务于农场职工、中小型农业企业和农民自主创业，开发满足当地企业和居民需求的特色金融产品，发展各类信贷产品和结算产品。

3.2　新疆绿洲农业可持续发展融资机制存在的问题

3.2.1　绿洲农业可持续发展融资供需主体矛盾

绿洲农业可持续发展融资供需主体矛盾主要是虽然融资服务的供给主体较多，但仍无法满足融资主体的需要。新疆绿洲农业可持续发展的资金供给主体有政府财政、商业银行、政策性银行、农村信用社、村镇银行还有保险公司等，但是仍无法满足绿洲农业发展的资金需求。主要原因：政府财政支农资金受地方财力限制，在没有相应支农政策的保证下无法提供持续、稳定的支农支持；商业银行因其商业性质，以追求利润为经营目的，但农业天然的弱质性决定了商业银行发放农业信贷的高风险性而主观上不愿发放农业贷款，并且农业贷款对象主要是大型农业龙头企业，很少为农户贷款。邮政储蓄银行在成立后才开始发放农户贷款，所占比重也很低。政策性银行的主要贷款也主要是粮棉油收购贷款和农业综合开发贷款，农户贷款也很少。村镇银行成立时间短，农户贷款金额有限。满足新疆绿洲农业生产主体农户贷款的是农村信用社，农户贷款是绿洲农业生产资金需要量最大的主体，而以上资金供给主体由于各种原因都不愿发放农户贷款，导致目前资金供给主体不少，但仍无法满足绿洲农业发展的资金需求。

3.2.2 绿洲农业可持续发展融资供需矛盾

1. 农村资金外流，绿洲农业融资困难。农村资金外流是一个普遍的现象，在新疆绿洲也不例外，资金外流与绿洲农业融资困难形成了强烈的对比。从上一节看出能给绿洲农业可持续发展提供资金的金融机构有农业发展银行、以农业银行为主的国有商业银行、农村信用社、邮政储蓄银行和村镇银行等，但每类金融机构都存在从农村、农业中获取的资金远远大于投放的资金的现象。最突出的就是邮政储蓄机构，虽然目前邮政储蓄银行已开始投放农业贷款，但是与从农村和农业吸收的存款相比，农业贷款的金额和比重较低。截至2011年底，中国邮政储蓄银行新疆分行的存款市场占有率为10.79%，农业贷款市场占有率仅为0.057%，中国邮政储蓄银行新疆分行成为新疆农村市场上最大的资金外流金融机构。

以中国农业银行与农行兵团分行为主的国有商业银行仍然存在从农村、农业获取的资金远远大于投放资金的问题，新疆国有商业银行农业贷款占全部贷款仅有5%左右；贷款对象主要是大型农业企业，而广大农户很难从以上商业银行获得贷款。新疆农村信用社是绿洲农业农户贷款的最主要供给者，从图3-3可以看出，其农业贷款占其贷款总额的50%左右，仍然有近一半的资金流出农业、农村。通过以上金融机构农业贷款的情况分析，农业贷款占贷款总额的比重低，存在大量资金流出农业、农村，造成农业融资困难。

2. 财政收支的矛盾困扰绿洲农业可持续发展的财政投入。新疆财政自足率低，收入小于支出，每年巨大的收支缺口都由中央财政补贴。在这种情况下，财政支农的投入受财力的限制，无法对绿洲农业可持续发展提供长期而稳定的投入。但绿洲农业可持续发展中诸多项目因其公益性，产品具有非排他性和较强的外部性，只能由财政投入解决，所以绿洲农业可持续发展农田水利、防沙治理、防水土流失、土壤改良和道路建设等对财政资金的需要非常大，而且这些投资直接影响到绿洲农业可持续发展。同时，受地方政府投资趋利性的影响，地方政府因农业投资回报周期长、农业风险大等原因，主动把资金投入到高收益的部门，而减少绿洲农业基础设施的建设。

3. 融资供给服务与需要间存在差异。绿洲农业生产的季节性（冬季有几乎占半年时间是农闲时间）、时间性强的特点，对农业融资需求也有季节性，另外新疆绿洲分散在160万平方公里的土地上，各个绿洲农业的发展状况不同，对融资的需求也存在较大差异，农户作为绿洲农业生产的主要群体，对生产性贷款和生活性贷款两类资金的需求在现实中很难区分。农户的生产性贷款具有单笔需求小，借款期限短的特点，商业银行经营这些业务，成本高，风险大，从主观上不愿经营这类业务，农户贷款主要由农村信用社和村镇银行经营。金融机构是不愿提供生活性贷款的，当农户遇到天灾人祸、子女上学时，只能依靠民间借贷，可以说农村的民间借贷是正规金融机构为其主动留下了生存和发展的空间。此外，金融机构从考虑安全性的角度出发，对发放的农业贷款都要求提供资产的抵押和担保，这对农户来说是很困难的，农户对土地仅拥有承包使用权，房屋不能进入市场流通，不符合抵押品的要求，农户无法提供符合金融机构要求的抵押和担保，农业生产又面临诸多的自然风险和市场风险，客观上导致金融机构提供的融资服务条件与农户的实际状况存在较大差异，形成需求与供给无法（或很难）实现的状况。

3.2.3　绿洲农业可持续发展融资制度安排制约

1. 金融机构缺少相应的支农政策支持。金融机构从性质上属于商业性质，其业务以追求利润为目标，而农业属弱质产业，自然风险和市场风险都很大，农业投资的风险高、收益低，所以金融机构不愿主动从事农业贷款业务，从农村吸收的存款大部分流出农业、农村市场，进入高收益的其他产业或行业中。但农业有着很强的外部性，又是国民经济的基础，绿洲农业因为地理位置的特殊性，其可持续发展对新疆和中国的发展及安定有着重要的意义。而绿洲农业可持续发展融资问题是最大的困扰，所以要实现正规金融机构向农业贷款，必须有完善的政策支持，制定正规金融机构向农业贷款的激励制度，使金融机构有足够的主动性，自觉、自愿将资金投放到绿洲农业的生产、环境保护中，实现绿洲农业可持续发展。

2. 民间金融缺少合法的地位和监管。从第四章的绿洲农业可持续发展的资金供需分析中可以看出，资金供给中，农村民间资金比重较大，约在三分之一以上（见表4-8）。民间资金中主要有农民自身经营的积累和民间借贷两部分，由于农业生产的收益低，在解决生活需要性资金需求后，自身积累有限，依靠自身积累进行农业投资无法满足需求，只能依靠民间借贷（包括典当借贷、自由借贷、私人钱庄和民间集资等）来解决农业生产的资金不足问题。

民间借贷在促进绿洲农业可持续发展中起到一定的积极作用，能够根据农户需要提供相应的资金需求，借贷手续简便、灵活、及时，一般在同一地域内，能解决信息不对称的问题，经营成本较低，能较好地满足农业生产的需要。但是，由于民间借贷没有得到合法的承认和认可，人民银行和监管部门无法进行监督和管理，民间借贷也无法实现规范发展，可能造成提高利率、违反金融法规、扰乱金融程序的结果。目前，在绿洲农业可持续发展中不能缺少民间借贷，但是又因民间借贷没有合法的地位，缺少监管，形成潜在的隐患。

3. 财政支农力度缺少制度保证。财政支出中用于农林水务的总额较少、比重较低，支出项目缺乏相关的制度约束，财政支农支出的总额和比重没有保证，造成财政支农政策的不稳定性，农业基础设施建设得不到持续的投资和建设。财政支农补贴，要经过多个中间环节才能到农民手中，减弱财政补贴的有效性，应从制度上保证财政支农补贴能及时、快速地到达农民手中。财政支农的项目，尤其绿洲农业基础设施建设需要优先获得投资，以确保绿洲农业实现可持续发展。财政支农的支出总额、所占比重、支出项目的明确都需要制度给予保证。

3.2.4 绿洲农业可持续发展融资环境制约

1. 缺少有效的信用担保体系。绿洲农业可持续发展中造成融资困难的主要的问题是无法提供符合金融机构要求的抵押物和担保。由于农业生产的自然风险和市场风险，金融机构经营农业贷款的风险较大，要求农户或农业企业提供符合要求的抵押和担保。担保和抵押是金融机构防范贷款损失的重要手段，但是金融机构在发放农业担保或抵押贷款时存在很多问题，如农户无法提供金融机构所要求的抵押物和担保。农民的资产有限，粮食、果树无法成为抵押品，农民的房屋多因其产权问题不符合金融机构的抵押要求，除此之外，农民能够提供的抵押物很少。抵押贷款的手续复杂，增加了抵押贷款的成本。同时，抵押物的流通受到产权交易市场不完善的影响，使抵押物品的处理和回购都非常困难。联保贷款是金融机构为解决农民无法提供抵押物的问题，提供给借款人之间的一种互相担保的融资方式，但联保贷款中存在联保责任的划分和认定等问题，出现不愿与其他人联保，无法满足融资需要。

2. 风险控制和管理不足。农业面临自然灾害和市场波动的双重风险，属高风险产业，绿洲农业因其独特的地理位置和自然环境，面临的自然灾害情况更多，如旱灾、融雪性水灾、冰雹、霜冻、病虫、沙尘等灾害频发。从附表 3 可以看出，1989—2011 年，新疆绿洲农业受自然灾害的影响，平均成灾率51.59%，成灾面积占农作物播种面积平均为 11.08%，尤其是 2001 年和 2008 年，成灾面积占农作物播种的 17.07% 和 29.23%，2008 年约三分之一的播种面积遭受自然灾害。绿洲农业的自然风险造成的损失大，因为新疆绿洲农业生产多为单季生产，受到自然灾害的影响，错过生长周期，将造成当年的绝产或减产。农业自然风险的可控性小，因为新疆面积广大，绿洲又是分散的，虽然近年来天气预测的能力有所提高，但是农业生产的特点，仍无法避免损失。同时，自然风险损失的可测性较低，自然灾害造成的农业损失通常是点多面广，现实的农业产量和由于自然灾害造成的损失准确预测性差。

农业保险是规避和分散农业生产自然风险的有效工具和方法。新疆农业保险经过近三十年的发展，为新疆绿洲农业的发展发挥了重大作用。但是农业风险大，商业保险公司经营农业保险的主观意愿不强，承保面相对农业生产面积较小，市场份额不大，能提供的农业保险的险种较少。从目前新疆农业保险的发展来看，农业保险的发展还缺少明确的保险制度来规范，农业保险的发展规模与绿洲农业经济对农业保险的需求存在差距，尚不能为绿洲农业可持续发展提供足够的保障支持。

绿洲农业生产的市场风险较大，农业生产始于春季，播种后，如果市场行情变化，无法改变种植种类，只能承担市场行情变化造成的经济损失。农业生产的市场风险实际是一种价格风险，由供求关系发生变化引起的。供求关系发生变化是市场经济的特点，农业生产具有季节性，生产周期长，农产品的供给取决于播种，播种后无法调理，由市场价格变化造成的经济损失基本由农民承担。

对绿洲农业生产的市场风险，农业价格政策保护和发展农产品期货市场能够分散农业市场风险，是较好的解决途径。农业价格政策保护一般只有针对粮食和棉花等农作物的，是保证国家粮食安全和调控经济的重要手段。按粮食流通体制改革要求，每年初中央对粮食收购保护价提出指导意见，具体收购价格由省（区、市）人民政府确定。同时，为引导棉花市场价格的合理形成，促进棉花供求平衡，政策还定期发布棉花价格预测信息。经过近30年的价格改革，现在我国对农产品价格进行管理的范围很小，农产品的价格基本由市场决定。农产品期货具有现货市场无法比拟的优点，一是可以及时发现农产品的价格；二是可以实现套期保值，规避由农产品价格变动造成的损失，将农产品市场风险转移给期货交易的投机者。但是目前农产品期货市场的发展还不能分散农产品的市场风险，一是因为农产品期货市场农产品交易的品种和规模有限，无法包括绿洲农业生产的全部农产品；二是由于农产品期货交易投资主体的限制，农产生产者（农民或农户）无法直接参与农产品的期货交易。

3. 法规政策不健全。虽然为改善金融服务、满足农业可持续发展的融资需求，国家已经颁布了一系列的法律法规，但仍然有政策法规不完善的薄弱环节。如为农户农业生产提供资金的主要是农村信用社和村镇银行，我国在合作金融方面仍缺少相关的法律法规。农村信用社和村镇银行的经营和管理只能参照商业银行，但农村信用社和村镇银行在经营和服务方面与商业银行仍有许多差异，形成了当前农村信用社和村镇银行在经营方面的法律缺失。在我国的保险法中没有农业保险的专门规定，农业保险与一般的商业保险业务也存在诸多差异，没有专门的法律法规，对农业保险的发展不利。农业信贷方面缺少法律法规，使金融机构在发放农业贷款时，其债权维护困难。

在绿洲农业可持续发展融资法律法规的约束中，农业信贷的信用体系的缺失是影响绿洲农业可持续发展融资的重要制约因素。建立和完善农业信贷的信用体系，加强农户的信用服务体系建设，公开社会信息，对绿洲农业可持续发展融资具有重要意义。

市场经济条件下一切经济行为以法律法规为依据，法律法规的缺失成为严重影响绿洲农业可持续发展融资的制度约束。

3.3　小结

绿洲农业可持续发展融资机制中存在的问题主要有三个方面：资金供需方面的矛盾、融资制度安排的缺失和融资环境的制约。

资金的供需矛盾主要是绿洲农业投资融资需求不同，投资者有获得更多收益的愿望，而绿洲农业生产受自然风险和市场风险的双重影响，无法提供高回报，形成绿洲农业融资的供需不匹配。资金有追逐利益的本性，也形成农村、农业资金外流的现状，造成绿洲农业融资更加困难。财政支农受财力限制，无法提供更多的投入。

融资制度安排的缺失是在制度安排上没有形成使金融机构将资金投放农业生产的动力，也没有相关制度安排，投资者缺乏发放农业贷款的积极性。各种支农政策缺少稳定性，民间借贷对绿洲农业的发展作用重大，但是没有得到法律认可，监督和管理不到位，容易引起高利贷等不法行为。

融资环境不完善影响了绿洲农业可持续发展融资活动的实现，无法提供抵押和担保，金融机构无法提供农业贷款，使融资行为无法实现。融资行为缺乏相应的法律保护和约束，不能适应绿洲农业可持续发展融资的要求。

以上三个方面存在的问题就是融资困难，融资机制不健全，也是构建适合绿洲农业可持续发展融资机制的切入点。

第四章　新疆绿洲农业可持续发展融资供求分析

融资机制的主体是融资过程的供求双方，对融资供求的研究有利于分析融资机制的构成。本章运用戈德史密斯提出的金融相关率，测算新疆绿洲农业可持续发展的理论资金需求量；根据满足绿洲农业可持续发展各项资金实际需求量，分析绿洲农业可持续发展的资金供给主体和供给量。通过对比绿洲农业可持续发展的理论资金需求量、实际资金需求量和资金供给量，寻找资金需求和供给不足的原因，为构建绿洲农业可持续发展的融资机制提供依据。

4.1　绿洲农业可持续发展资金需求分析

金融是现代经济的核心。美国经济学家戈德史密斯对 35 个国家（发达国家和发展中国家）104 年（1860—1963 年）的实践数据进行金融发展与经济增长关系的实证分析，得出结论如下：经济增长与金融发展是同步进行的，经济快速增长的时期一般都伴随着金融的超常水平发展，反之，经济衰退时期，金融发展也是停滞的。同时，戈德史密斯提出了金融相关率（Financial Interrelation Ratio，FIR）概念，用以量化经济金融化的程度。

4.1.1　金融相关率

金融相关率是指一定时期内金融活动总量与经济活动总量的比值。金融活动总量一般是用金融资产总额表示，经济活动总量一般用国内生产总值 GDP 表示。"金融相关率是度量金融发展的综合指标，不同的金融相关率与不同层次的经济发展水平存在正相关关系，金融相关率值大体能反映一个国家（地区）经济发展所处的阶段和发展水平"（Goldsmith，1969）。

$$FIR = \frac{M}{GDP} \tag{4.1}$$

式中，FIR 表示金融相关率；M 表示金融资产总量；GDP 表示经济活动总量。

金融资产总量包括金融部门发行的金融工具（如通货、活期存款、居民储蓄、金融债券和保险单）和非金融部门发行的金融工具（如国家债券、企业债券和股票等）。本书将新疆的金融资产总量定义如下：

M＝存款（包括单位存款和储蓄存款）＋贷款＋保费收入＋债券。M的具体数据见附表4。

表4－1　　　　　　1989—2011 年新疆的金融相关率（FIR）

年份	新疆金融资产总量（亿元）	新疆 GDP（亿元）	新疆 FIR
1989	310. 3123	217. 29	1. 4281
1990	420. 6462	261. 44	1. 6090
1991	539. 5482	335. 91	1. 6062
1992	678. 4166	402. 31	1. 6863
1993	822. 063	495. 25	1. 6599
1994	1 199. 3229	662. 32	1. 8108
1995	1 601. 4482	814. 85	1. 9653
1996	1 965. 1558	900. 93	2. 1813
1997	2 347. 1382	1 039. 85	2. 2572
1998	2 556. 0468	1 106. 95	2. 3091
1999	2 781. 5059	1 163. 17	2. 3913
2000	3 044. 0495	1 363. 56	2. 2324
2001	3 305. 4604	1 491. 60	2. 2161
2002	3 699. 6208	1 612. 65	2. 2941
2003	4 298. 5075	1 886. 35	2. 2787
2004	4 654. 6666	2 209. 09	2. 1071
2005	5 071. 9505	2 604. 14	1. 9476
2006	5 640. 9593	3 045. 26	1. 8524
2007	6 298. 3304	3 523. 16	1. 7877
2008	7 003. 5755	4 183. 21	1. 6742
2009	9 038. 5277	4 277. 05	2. 1133
2010	11 670. 4283	5 437. 47	2. 1463
2011	16 471. 3914	6 610. 05	2. 4919

资料来源：1990—2012 年《新疆统计年鉴》，1990—2012 年《中国金融年鉴》。

从附表4 和表4－1 可以看出，1989—2011 年新疆区域金融相关率不断提高，从 1989 年的 1.4281 到 2011 年的 2.4919，提高了 1.0638。同期

GDP 增长了 29.42 倍，金融资产总量增长了 52.08 倍，再一次验证了戈德史密斯的结论，即经济快速增长时期一般都伴随着金融超常水平发展的结论，新疆经济在迅速增长的同时金融资产的需求量急剧增长。

根据世界银行和国际货币基金组织的报道，新疆金融相关率处于发展中国家的水平（平均为 1.6）。新疆金融相关率 2000—2008 年是不断下降的，2009—2011 年有所提高，更说明新疆经济处于发展中地区，经济、金融发展在一定时期内存在波动性和不稳定性。

4.1.2 理论资金需求量

根据公式（4.1）、新疆金融相关率和新疆绿洲农业生产总值，可以计算出新疆绿洲农业可持续发展的理论资金需求量。从 1984 年开始新疆农业采用分田到户、家庭联产承包，生产的粮、棉、油、蔬菜和水果等农产品是农户留下自己消费后的剩余部分才进行销售，农产品的商品化程度相对其他行业较低，所以需要将新疆地区金融相关率修正为新疆绿洲农业金融相关率，以绿洲农业金融相关率来计算绿洲农业可持续发展的理论资金需求量。

1. 新疆绿洲农业农产品商品化率。农户生产的农产品中留下满足自己消费的那部分农产品没有进入市场流通，农产品的商品化率与其他行业相比较低，这是当前我国农业生产消费的现状，使用农产品商品化率作为农业金融相关率的修正系数是必要的，目前统计年鉴和统计公告中没有公布农产品商品化率指标，需要用一定的方法来测算绿洲农业农产品商品化率。新疆绿洲农业农产品种类较多，本书选择其中四种农产品的人均生产量和销费量计算不同种类的农产品商品化率，再以不同种类农产品在绿洲农业生产总值中所占比重为权重进行加权，计算出绿洲农业农产品的商品化率。

$$s_i = \frac{q_{is}}{q_{ip}} \qquad\qquad (4.2)$$

$$S = \sum s_i \times W_i \qquad\qquad (4.3)$$

式中，s_i 表示第 i 种农产品的商品化率；q_{is} 表示第 i 种农产品的出售数量；q_{ip} 表示第 i 种农产品的生产数量。S 表示绿洲农业农产品的商品化率；W_i 表示第 i 种农产品在农业生产总值中的比重。原始数据和计算结果见表 4-2。

表 4-2　　　　　**1989—2011 年农民主要农产品生产和出售情况** 单位：公斤/人

年份	生产粮食	生产油料	生产蔬菜	生产水果	出售粮食	出售油料	出售蔬菜	出售水果	农产品商品率
1989	657.17	47.35	356.99	68.34	229.97	26.92	226.55	33.93	0.4273
1990	738.44	56.29	356.25	72.39	296.82	35.53	242.38	33.98	0.4696
1991	668.29	56.18	307.20	88.33	262.08	32.63	197.31	44.69	0.4542
1992	679.05	48.81	329.70	91.37	261.88	29.25	189.72	45.74	0.4392
1993	686.18	51.76	316.07	117.64	215.10	31.22	198.02	56.86	0.3951
1994	603.65	75.98	255.56	87.42	211.36	48.78	173.85	59.82	0.4598
1995	668.89	66.23	269.19	103.19	224.27	33.15	179.65	59.24	0.4374
1996	746.00	29.56	231.28	106.28	297.88	19.28	155.20	65.14	0.4849
1997	765.38	28.40	248.77	87.33	349.07	16.45	154.67	58.51	0.5136
1998	769.39	45.35	251.46	117.69	290.72	27.54	167.27	78.40	0.4769
1999	765.29	63.50	276.86	120.13	299.81	35.79	199.01	78.73	0.5167
2000	750.64	62.77	303.37	135.10	316.30	36.52	208.37	85.98	0.5391
2001	720.61	39.05	226.13	136.57	267.51	27.99	154.97	78.19	0.5056
2002	828.14	40.15	230.97	151.14	348.48	30.48	145.79	86.45	0.5260
2003	756.68	49.73	199.89	121.51	320.00	34.37	152.95	94.99	0.6126
2004	804.34	43.17	191.29	142.66	304.73	30.72	150.59	106.58	0.6107
2005	918.35	27.13	277.87	193.95	487.23	21.54	243.57	163.01	0.7191
2006	879.94	20.38	288.04	215.11	442.98	18.11	256.03	156.11	0.7081
2007	861.91	33.17	261.26	207.87	422.09	28.13	221.27	137.74	0.6932
2008	870.26	56.97	277.78	183.88	424.18	26.88	237.96	125.01	0.6734
2009	1 021.05	52.3	294.24	250.72	564.81	68.21	263.09	205.78	0.7638
2010	1 097.54	39.39	297.28	190.06	628.05	33.52	259.65	143.28	0.7553
2011	1 314.36	68.71	251.72	160.02	812.64	35.68	228.09	137.24	0.7961

　　资料来源：《改革开放 30 年（1978—2008 年）新疆城乡人民生活统计年鉴》，《2009—2012 年新疆调查年鉴》。

　　从表 4-2 中可以看出 1989—2011 年绿洲农业农产品商品化率有所提高，在 0.4273～0.7961，个别年份有些波动，也属正常情况。新疆绿洲农业农产品商品化率较低的原因主要是新疆地域广阔，农产品的运输、储存费用较高，对道路、运输工具的要求较高。近年来新疆政府采用各种政策促进农产品的运输和销售，如 2008 年出台《鲜活农产品运输"绿色通道"管理办法》规定："对鲜活农产品主要指新鲜蔬菜、水果，鲜活水产品，活的畜禽，新鲜的肉、蛋、奶，整车合法装载的鲜活农产品运输车辆（货车），在经过公路收费站'绿色通道'时，给予免收通行费优惠"①。通过各种优惠促农政策，新疆绿洲农业农产品的商品化率不断提高。

2. 新疆绿洲农业金融相关率。根据表 4-2 测算的新疆绿洲农产品商品化率乘以表 4-1 中新疆的金融相关率，就能计算出新疆绿洲农业发展的金融相关率（见图 4-1）。绿洲农业金融相关率乘以农业生产总值就是绿洲农业可持续发展的理论资金需求量，如表 4-3 所示。

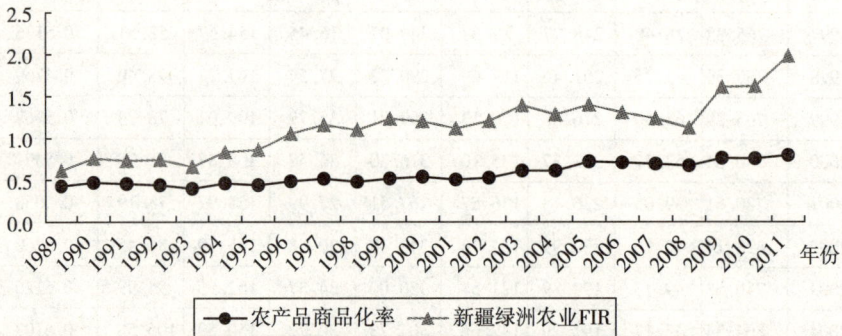

图 4-1　绿洲农业农产品商品化率和金融相关率

表 4-3　　　1989—2011 年新疆绿洲农业发展资金理论需求量

年份	新疆农业生产总值（万元）	绿洲农业主要农产品商品化率	绿洲农业 FIR	绿洲农业发展理论资金需求量（万元）
1989	840 690	0.4273	0.6102	513 010.0175
1990	1 104 742	0.4696	0.7556	834 690.4812
1991	1 245 437	0.4542	0.7296	908 655.5717
1992	1 312 184	0.4392	0.7406	971 837.7840

① 《鲜活农产品运输"绿色通道"管理办法》，http://www.snxingping.gov.cn/Item/5190.aspx。

续表

年份	新疆农业生产总值（万元）	绿洲农业主要农产品商品化率	绿洲农业FIR	绿洲农业发展理论资金需求量（万元）
1993	1 468 176	0.3951	0.6557	962 751.2195
1994	2 337 813	0.4598	0.8326	1 946 567.2341
1995	3 150 055	0.4374	0.8595	2 707 613.4882
1996	3 340 735	0.4849	1.0576	3 533 137.3403
1997	3 738 602	0.5136	1.1593	4 334 290.6582
1998	3 873 616	0.4769	1.1012	4 265 598.5020
1999	3 409 380	0.5167	1.2356	4 212 780.8826
2000	3 605 405	0.5391	1.2036	4 339 432.7699
2001	3 488 409	0.5056	1.1205	3 908 620.6310
2002	3 627 669	0.5260	1.2066	4 377 298.6004
2003	4 827 597	0.6126	1.3960	6 739 092.5699
2004	5 150 018	0.6107	1.2868	6 627 142.4253
2005	5 958 464	0.7191	1.4006	8 345 531.0399
2006	6 385 954	0.7081	1.3117	8 376 556.5646
2007	7 669 468	0.6932	1.2392	9 503 879.7939
2008	7 841 922	0.6734	1.1274	8 840 876.7051
2009	8 986 167	0.7638	1.6142	14 505 537.7164
2010	13 768 852	0.7553	1.6211	22 321 137.9773
2011	14 378 900	0.7961	1.9838	28 525 089.2006

资料来源：1990—2012 年《新疆统计年鉴》。

从图 4 - 1 和表 4 - 3 可以看出，1989—2011 年新疆绿洲农业金融相关率不断上升，从 1989 年的 0.6102 到 2011 年 1.9838，提高了 2.25 倍，新疆绿洲农业生产总值从 1989 年的 84 亿元到 2011 年 1 438 亿元，提高了 16.12 倍。理论资金需求量从 1989 年的 51 亿元提高到 2007 年的 2 853 亿元，提高了 54.94 倍，进一步验证了戈德史密斯的经济快速增长的时期一般都伴随着金融的超常水平增长。1989—2011 年，农业生产总值在新疆生产总值的比重不断下降，1989 年为 35.9%，2011 年为 17.2%，绿洲农业在新疆生产总值中的比重不断下降，新疆绿洲农业商品化率有所提高，绿洲农业可持续发展的理论资金需求总量也不断增加。

4.1.3　实际资金需求量

　　绿洲农业可持续发展的资金需要包括满足基本生产需要的种子、农药、化肥等家庭农业生产经营费用；农机、家具、生产用房和其他一些建筑材料的生产性固定资产费用；农田水利设施、土壤改良、灌溉、电力、道路、通讯和农业新技术的研究费用等农业基础设施投入，因此农业可持续发展所需资金是多层次、多方面的。

　　1. 生产经营费用投入资金。1984 年绿洲农业开始实行分田到户、家庭联产承包的形式进行生产，生产经营费用主要是以家庭为基本生产经营单位从事生产经营活动而消费的商品和服务、自产自用产品，如种子、化肥、农药和地膜等；满足基本生产和收获过程的各种基本生产费用支出，所以本书选择家庭经营费用支出作为此项的资金数额。

　　2. 生产性固定资产投入资金。购买生产性固定资产支出是指农民用于建造和购置生产性固定资产所支出的费用。生产性固定资产支出项目使用期限超过 1 年，如生产中的建筑材料、生产用房、役畜和农机、农具等项支出。在绿洲农业生产中灌溉是生产的重要保证，所以打井灌溉也是一项重要的生产性固定资产投资。

　　3. 农村居民的生活消费资金。农民的生活消费资金需求是指农村居民在日常生活中必须要满足的食品、服装、居住、交通、通讯、文化教育等方面的资金需求，这部分的资金需求（现金需求）是农村劳动力要维持生产、生活可持续发展必须的资金需求。

　　4. 农业公共基础建设资金。农业基础设施建设是服务于农业生产、农民生活的公共物品生产，具体包括：（1）农田水利和气象建设，新疆绿洲农业生产中需要引水、灌溉等设施建设，以改善农业生产条件、保证农业生产的稳定发展；（2）农产品流通重点设施建设，商品粮棉生产基地、农田防护林生产和建设；（3）农业教育、科研、技术推广等，有利于提高劳动者素质、劳动技能和物质生产要素的生产率，增加农民收入；（4）农业科技三项费用投入，如新产品试制费、中间试验费和重大科学项目研究补助费。农业基础设施建设可以推动农业生产，降低农业生产成本，提高农民的农业收入。具体数据见表 4－4 和图 4－2。

表4-4　　　1989—2011 年新疆绿洲农业生产实际资金需求量

年份	家庭经营费用支出（元/人）	购买生产性固定资产支出（元/人）	生活消费现金支出（元/人）	农业人口（万人）	农业公共基础设施投入（万元）	绿洲农业可持续发展实际资金需求量（万元）
1989	214.44	50.19	314.02	797.08	18 841	480 071.34
1990	294.07	57.71	333.88	843.2	20 578	598 726.51
1991	296.62	62.74	367.64	855.78	26 946	649 098.06
1992	358.6	68.04	382.4	864.99	33 202	733 013.51
1993	443.97	59.84	459.55	862.22	40 738	871 366.26
1994	734.24	128.72	582.38	847.27	70 349	1 294 942.22
1995	940.4	144.33	682.13	838.82	92 118	1 574 195.51
1996	1 100.39	211.21	1 003.5	843.12	111 936	2 063 843.11
1997	1 203.33	163.6	1 019.34	857.32	131 063	2 176 860.00
1998	1 337.93	169.33	1 027.8	871.93	136 402	2 346 796.87
1999	1 021.32	156.12	874.52	846	150 744	1 886 702.16
2000	1 100.43	115.19	871.37	1 225.23	171 862	2 728 904.76
2001	1 078.36	157.18	950.58	1 242.98	210 040	2 927 343.44
2002	1 037.48	162.31	1 033.87	1 260.47	252 891	3 068 352.42
2003	1 085.83	222.05	1 108.04	1 268.84	327 137	3 392 552.93
2004	1 205	238.5	1 283.9	1 273	463 359	3 935 339.20
2005	1 823.9	258.6	1 582.17	1 263.5	716 917	5 347 227.55
2006	2 122.2	293.7	1 696.4	1 272.23	791 327	6 023 118.43
2007	2 531.2	456.8	1 965.58	1 274.92	1 080 611	7 396 029.21
2008	2 918.4	338.5	2 240.55	1 286.16	1 412 796	8 483 396.29
2009	3 100.9	462.4	2 459.1	1 298.42	1 039 386	8 858 990.61
2010	3 800.2	563.6	2 838.29	1 248.01	1 185 414	10 173 694.34
2011	5 621	769.8	3 889.69	1 247.04	1 871 564	14 691 746.25

　　资料来源：1990—2012 年《新疆统计年鉴》，《改革开放 30 年（1978—2008 年）新疆城乡人民生活统计年鉴》，1990—2012 年《中国农村统计年鉴》。

　　从表4-4 中可以看出，农村居民家庭人均经营费用支出从 1989 年的214.44 元，增加到 2011 年的 5 621 元，增长了 25.21 倍；购买生产性固定资产的支出从增长的绝对数值上看，1989 年人均生产性固定资产支出仅有50.19 元，增加到 2011 年的 769.8 元，增长了 14.34 倍，比人均经营费用

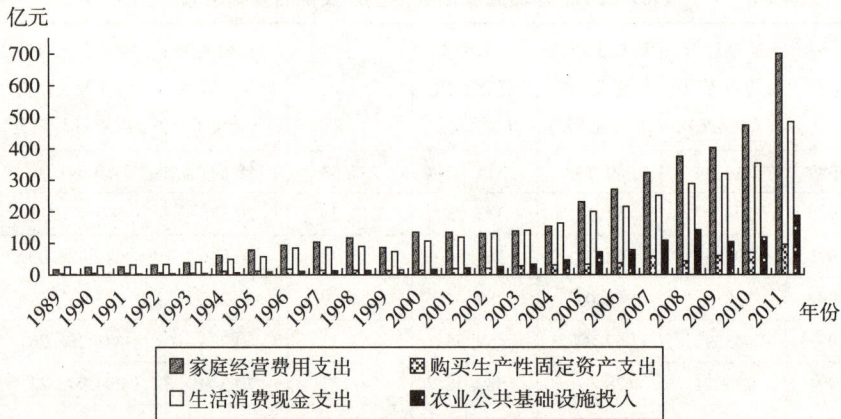

资料来源：1990—2012 年《新疆统计年鉴》，《改革开放 30 年（1978—2008 年）新疆城乡人民生活统计年鉴》，1990—2012 年《中国农村统计年鉴》。

图 4 - 2　1989—2011 年绿洲农业可持续发展所需资金的构成

支出减少了 6.3 倍。说明农民的生产投入资金主要集中在经营费用支出上，生产性固定资产支出相对较小，一方面因为生产性固定资产支出一次投资支出额较大，农民收入积累有限；另一方面生产经营费用支出是必须的，如果不满足这部分支出当年的生产无法正常进行，而生产性固定资产支出一般不是那么紧迫，在资金有限的条件下，推后支出是很普遍的情况。

从图 4 - 2 中可以看出，农业公共基础设施投入由 1989 年的 18 841 万元，到 2011 年的 1 871 564 万元，增长了 98.33 倍。从增长的整体趋势上看，波动幅度较大，在 2001 年前增长缓慢，投入资金较少，在 20 亿元以下，在 2001 年以后，增长迅速。主要原因是 2001 年后，国家预算内资金的农业基础设施投入增加迅速，带动整个绿洲农业公共基础设施投入的增加。

4.1.4　资金需求缺口分析

通过以上测算和研究，绿洲农业可持续发展理论资金需求量和实际需求资金之间存在较大的缺口，表示为资金需求不足。需求不足主要表现为实际需求量小于一定经济条件下的理论资金需求量，实际需求量和理论资金需求量之间的差额称为资金需求缺口。

从图 4 - 3 可以看出，1989 年资金需要缺口为 3.29 亿元，1989 年以后资金需要缺口迅速扩大，到 2007 年达到 211 亿元，在 2008 年以后资金需求缺口缩小，2009 年后需求缺口迅速扩大，总体而言需求缺口有不断扩大的趋势，各年份波动较大。

万元

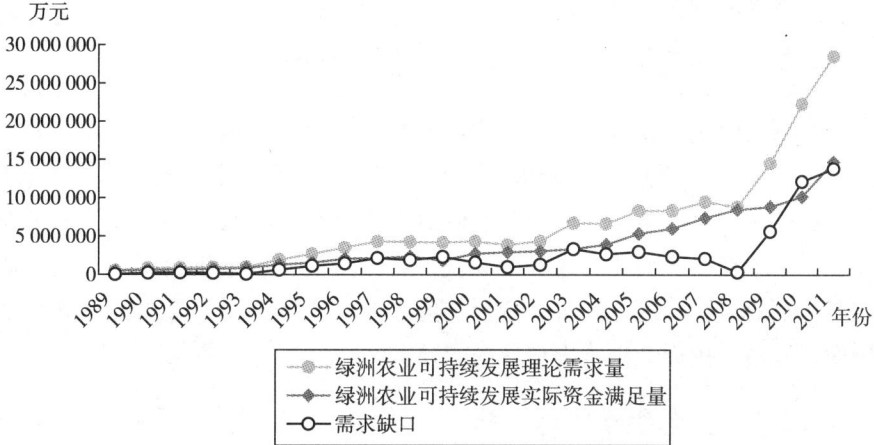

图 4 - 3　绿洲农业可持续发展理论资金需求量和实际需求量

资金需要缺口迅速扩大的主要原因有：

1. 从资金需求量的增长来分析，随着经济的发展，1989—2011 年绿洲农业生产总值增长了 16.12 倍，理论资金需求量增长了 54.94 倍，实际资金需求量增长了 29.6 倍，实际资金需求量低于理论资金需求量的增长，这是资金需求缺口不断扩大的主要原因。

2. 从实际资金需求量构成来看，1989—2011 年家庭生产经营费用支出增长了 25.21 倍和生产性固定资产支出增长了 14.34 倍，生产性固定资产支出的绝对数远远小于生产经营费用支出。主要原因还是农民收入增长有限、积累慢，在资金有限的情况下，只能优先满足生产经营费用支出，造成生产性固定资产支出的绝对数额较小。

相对于工业和其他行业来说，农业基础公共设施投入的资金较少，主要由于农业生产产出规模低，收益不稳定，大部分的农业公共基础设施投入资金只能由财政预算来满足，在财政预算有限的条件下，农业投入规模就受到限制。从财政支农预算的比例可以看出，财政支农支出占预算的比例不足 10% 左右，2002 年仅有 5.64%。

3. 长期城乡二元经济的现状造成农村居民收入、消费与城镇居民相比有较大差距，同时农民能享受的社会保障项目少、范围窄。在有限的收入中，要优先满足农业生产经营费用支出、生活消费支出、子女教育、婚嫁、医疗、养老支出等，长期以来绿洲农业自身积累缓慢，无法向农业再投入更多资金，形成日益扩大的资金需求缺口。

4.2　绿洲农业可持续发展资金供给分析

绿洲农业生产资金主要供给来源有财政、金融机构、外资、农户和民间金融，前三者是正规渠道资金供给者，后二者属民间资金。与其他行业的发展相比，农业生产发展资金的供给者相对较少，因为小规模生产的农业企业很难在股票市场和债券市场获得直接融资，资金供给渠道有限。通过对资金的供给者进行分析，分析其为绿洲农业提供的资金供给量和资金用途，进而寻找资金供给中存在的问题。

4.2.1　资金供给主体分析

1. 财政支农投入。政府每年从财政预算中安排专项资金用于农业、农村、农民的生产发展和社会救济，具体包括农业基础设施建设，农田水利、农机具购买补贴、退耕还林补贴、村村通道路建设、农村义务教育、农业科技三项费用投入、农村自然灾害救济和社会救济等。基本可以分为三类：生产支出、农业公共基础设施投入、农业科技三项费用投入（四项合计在表 4-5 中用财政支农投入表示），农村自然灾害救济和社会救济。

表 4-5　　　　　　财政用绿洲农业发展的支出　　　　　　单位：万元

年份	财政支农投入	农村自然灾害救济费	农村社会救济	财政用于绿洲农业的支出
1989	50 300	879.3	467.2	51 646.5
1990	56 200	1 578.5	544.2	58 322.7
1991	58 300	1 469.4	434.7	60 204.1
1992	63 800	1 220.6	265.9	65 286.5
1993	67 500	2 056.9	225.1	69 782
1994	77 100	1 758.7	185.2	79 043.9
1995	84 500	3 304.0	268.0	88 072
1996	110 900	6 607.0	295.0	117 802

续表

年份	财政支农投入	农村自然灾害救济费	农村社会救济	财政用于绿洲农业的支出
1997	108 400	14 958.0	285.0	123 643
1998	110 800	237 299.0	19 731.0	367 830
1999	127 700	30 489.0	2 619.0	160 808
2000	128 200	237 895.0	19 425.0	385 520
2001	185 200	19 089.8	1 839.9	206 129.7
2002	203 600	19 261.8	2 162.2	225 024
2003	231 983	30 501.3	1 736.36	264 220.7
2004	338 104	16 587.9	1 159.9	355 851.8
2005	341 399	33 867.9	5 306.3	380 573.6
2006	692 632	55 600.6	24 904.0	773 136.6
2007	984 255	31 001.8	25 284.9	1 040 541.7
2008	1 431 573	9 228.3	40 692.4	1 481 493.7
2009	1 967 828	124 144.9	41 248.1	2 133 221.0
2010	2 204 962	128 947.4	83 726.5	2 417 635.9
2011	2 975 868	203 633.1	61 642.2	3 241 143.3

资料来源：1990—2012 年《新疆统计年鉴》，1990—2012 年《中国农村统计年鉴》。

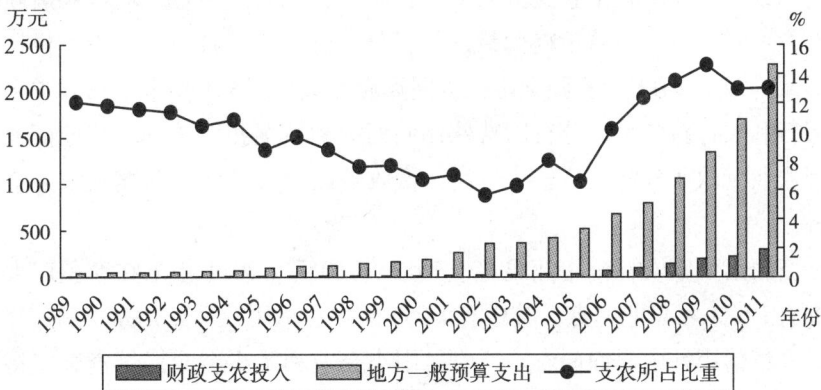

资料来源：1990—2012 年《新疆统计年鉴》，《新中国五十五年统计资料汇编——新疆篇》。

图 4 - 4　新疆财政支农投入额和占地方一般预算支出的比重

从表 4 - 5 和图 4 - 4 可以看出，1989—2011 年财政支农投入的资金总

额不断增加，从 1989 年的 5.03 亿元到 2011 年的 297.59 亿元，增长了
58.16 倍。但财政支农投入资金在地方财政预算的比重很低，最低年份是
2002 年，为地方一般预算支出的 5.64%，最高年份是 2009 年为 14.61%，
平均为 9.89%，不足 10%。1989—2002 年财政支农的比重逐年下降，到
2002 年达到最低；2002 年以后，财政支农投入的比例有所提高，但是比重
仍然较低。财政支农投入占地方财政预算的比重与绿洲农业在新疆发展中
的重要地位不相适应，财政支农的项目，如农业公共基础设施建设、农村
义务教育、农田水利和退耕还林补贴支出等具有公益性、收益低的特点，
决定了这些项目支出需要由财政预算支出满足。

农村自然灾害救济的财政支出主要是为减少灾害损失、恢复生产；社
会救济的财政支出是为生活困难和疾病而丧失劳动能力的农民给予照顾和
关爱。这两部分支出根据实际情况进行调整，属于公益性质，对恢复农业
生产和保障农民劳动能力有重要作用。

2. 金融机构农业信贷资金。金融机构的农业信贷资金主要包括政策性
银行、商业银行和农村信用社农业贷款。

新疆国有商业银行有中国农业银行、中国工商银行、中国建设银行、
中国银行和农行新疆兵团分行，由于商业银行的逐利本性，追求商业利润
和金融资源的增值，而农业、农村和农民是低收益行业、地区和人群，所
以商业银行农业贷款主要支持大中型农业产业化龙头企业。2001 年后新疆
国有商业银行进行经营策略调整，基层分支机构经营管理权上收，机构大
量缩减，截至 2011 年新疆金融机构网点撤并减少了 1 144 个。只有中国农
业银行和农行新疆兵团分行因特殊体制而盈利情况相对较好，其他商业银
行因农业贷款业务不良贷款率较高，低收益或无收益而不断缩减农业贷款
业务。

新疆第一家农村信用社成立于 1952 年 10 月，2011 年末在新疆广大农
村拥有 1 073 家营业网点，其中有 1 055 家农村信用社网点开办小额信贷业
务。农村信用社主要面向农户、农村中小企业和微小企业提供资金支持服
务。至 2010 年末，农村信用社（包括农村商业银行和农村合作银行）农
业贷款余额为 410.64 亿元，农村信用社小额信贷年均累放额已由 1999 年
的 27 亿元到 2011 年末增加到 240 亿元，年均增长率为 10.44%。农村信用
社在支持绿洲农业可持续发展、缓解农民贷款难方面发挥了重要作用，成

为服务新疆农业、农民的主要金融机构。

中国农业发展银行新疆分行承担国家规定的农业政策性金融业务、代理财政支农资金的拨付，为农业和农村经济发展服务。主要业务有：粮棉油收购贷款、农业产业化龙头企业贷款、农业基础设施建设贷款（仅限于农村路网、电网、水网和信息网的建设，农业能源和环境设施建设和农业综合开发贷款。中国农业发展银行新疆分行在 2005 年以前主要提供"粮棉油收购贷款"，2005 年后业务不断扩大，涉及大型农业企业贷款、部分农业基础设施建设和农业综合开发贷款。

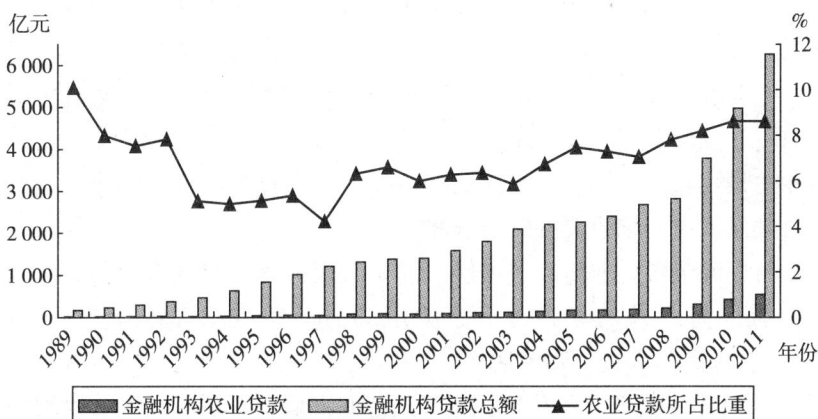

资料来源：1989—2012 年《新疆统计年鉴》，2010—2012 年《新疆调查年鉴》。

图 4 - 5　金融机构农业贷款总额与比重

从图 4 - 5 中可以看出，1989—2011 年金融机构农业贷款总额增长迅速，从 1989 年 17.46 亿元到 2011 年的 540.36 亿元，增长了 29.95 倍。但是农业贷款占金融机构全部贷款的比重有所下降，从 1989 年的 10.09% 下降到 1997 年的 4.22%，1997 年后增长缓慢，说明金融机构对绿洲农业生产的资金支持力度受信贷政策的影响，同时也体现金融机构"嫌贫爱富"、以追求经济利益为首要目标的特性。

3. 外商投入资金。农业利用外商投资一直是国家重点鼓励的，但由于农业的弱质性，农业投资环境跟不上，国内配套资金不足，农业产业化水平低，农业利用外商投资资金主要集中在中国的东部地区。新疆外商投资主要投向农产品深加工和一些重要基础设施建设，由于数据所限，本书只限于外商投资在新疆农村的固定资产投资（具体数据见附表2）。从附表2

可以看出，外资投入的资金规模很不稳定，有些年份很少，甚至没有。说明农业还缺乏吸引外资投入的项目和能力，不能吸引更多的外资投入，这也说明绿洲农业发展不能完全依赖外资，外资在绿洲农业可持续发展中发挥的仅是补充作用。

4. 资本市场融资。农业利用资本市场通过股票、债券获得资金，转化为农业发展的资本，也是农业可持续发展融资的重要渠道。但是由于能从资本市场获得融资的农业主体主要是大型龙头企业，新疆在西部、属欠发达地区，农业大型龙头企业较少，而资本融资也主要是针对农产品的深加工，所以从总量来看，农业从资本市场融资金额数量不大，用于农业、种植业规模更小，本书对于利用资本市场的融资渠道未加考虑。

5. 民间资金。对以上绿洲农业可持续发展资金供给者的分析可以看出，财政、金融、外资和资本市场对绿洲农业发展的资金支持力度与其他行业相比是比较薄弱的，在目前这种情况下，农村民间资金就成为绿洲农业可持续发展中一项重要的资金来源。

农村民间金融是农村经济主体为满足融资需求，自发形成的、游离于政府金融监管之外的非官方资金融通的活动和组织（孟凡杰和张扬，2007）。农村民间资金主要包括：

（1）农民手存现金和存款。随着经济的发展，新疆农民收入实现增长和积累，农民的现金和存款不断增加，具体数据见表4－6。

表4－6　　　　　　　1989—2011年新疆农民自有资金额

年份	期末银行存款（元/人）	期末手存现金（元/人）	乡村人口（万人）	农民自有资金（万元）
1989	91.40	321.87	797.08	329 409.2516
1990	116.69	450.78	843.20	478 490.7040
1991	135.21	348.86	855.78	414 257.4246
1992	148.79	453.10	864.99	520 628.8311
1993	128.61	507.26	862.22	548 259.8314
1994	174.45	562.19	847.27	624 132.9728
1995	227.89	585.02	838.82	681 885.1662
1996	363.78	518.65	843.12	743 994.3816

续表

年份	期末银行存款 （元/人）	期末手存现金 （元/人）	乡村人口 （万人）	农民自有资金 （万元）
1997	379.27	736.75	857.32	956 786.2664
1998	481.98	870.52	871.93	1 179 285.3250
1999	551.79	913.80	846.00	1 239 889.1400
2000	600.06	715.37	1 225.23	1 611 704.2989
2001	472.97	485.35	1 242.98	1 191 172.5936
2002	538.00	645.13	1 260.47	1 491 299.8711
2003	677.24	1 318.55	1 268.84	2 532 338.1836
2004	824.98	677.89	1 273.00	1 913 153.5100
2005	591.62	536.51	1 263.50	1 425 392.2550
2006	908.53	510.17	1 272.23	1 804 912.7010
2007	992.37	587.46	1 274.92	2 014 156.8636
2008	954.38	667.91	1 286.16	2 086 524.5064
2009	1 361.94	737.50	1 298.42	2 725 954.8848
2010	1 658.03	804.61	1 248.01	3 073 399.3464
2011	2 088.54	904.03	1 247.04	3 731 854.4928

资料来源：《改革开放30年（1978—2008）新疆城乡人民生活统计年鉴》，2010—2012年《新疆调查年鉴》。

（2）在农村流通的民间金融资本。主要以民间借贷、私人钱庄、农村合作基金会或合会的形式出现，农村民间金融是一种直接融资形式，具有互济互助的保障性质（如私人借贷），也有商业性质的资金融通。民间金融为绿洲农业的发展提供了资金融通服务。

民间金融的存在有其必然性：①正规金融体系不能满足农村、农业、农民对金融服务的需求，为农村民间金融发展留下了广阔的生存空间。②农村民间金融本身的比较优势使其具有不可替代性，如农村民间借贷方便快捷，适合农业经济主体的需求；民间借贷受到乡规民俗的约束和本土文化习俗的影响，具有预算硬约束的优势等也是正规金融无法比拟的优点（李明贤，2003）。

虽然民间金融没有取得合法的地位，但在农村经济的发展发挥着调剂资金余缺，优化资源配置的功能。同时，农村民间金融具有较大的自发性和分散性，对经济金融运行存在一定的负面影响，如增加了宏观调控的难度、影响了货币政策的效果。农村民间金融运作不规范也存在一定的风险隐患，而且农村民间金融脱离政府的监管体系，容易成为诈骗和洗钱等犯罪活动的工具和渠道（陈时兴和蔡祖森，2007）。

如何利用合适的渠道和法规引导民间金融发展，使其合法化成为民间金融研究的重点。如吸收民间资本入股农村信用社，逐步实现农村信用社的民有化；对民间借贷进行合法化和规范化，重新构建农村合作金融组织（张乐柱，2006）；出台有关的民间借贷法规，使民间借贷合法化。

民间借贷一直游离于国家法律和法规的边缘，这部分资金没有统计数据可查，只能通过供需理论对其资金量进行估算。

4.2.2 实际资金供给分析

1. 正规金融渠道资金供给。通过前述分析，绿洲农业可持续发展正规金融的资金供给由财政支农投入、金融机构的农业贷款和外资农业投入，具体数据见表 4 – 7。

表 4 – 7　　　　　绿洲农业可持续发展正规渠道资金供给额　　　单元：万元

年份	财政用于绿洲农业的支出	金融机构农业贷款	外资投入	正规渠道农业资金供给额
1989	51 646. 50	174 550	0	226 196. 50
1990	58 322. 70	186 644	49	245 015. 70
1991	60 204. 10	225 809	123	286 136. 10
1992	65 286. 50	297 612	52	362 950. 50
1993	69 782. 00	239 289	533	309 604. 00
1994	79 043. 90	315 271	1 933	396 247. 90
1995	88 072. 00	433 352	2 602	524 026. 00
1996	117 802. 00	545 075	1 583	664 460. 00
1997	123 643. 00	513 050	159	636 852. 00
1998	367 830. 00	834 121	819	1 202 770. 00

续表

年份	财政用于绿洲农业的支出	金融机构农业贷款	外资投入	正规渠道农业资金供给额
1999	160 808. 00	915 058	736	1 076 602. 00
2000	385 520. 00	841 278	0	1 226 798. 00
2001	206 129. 70	994 619	41	1 200 789. 70
2002	225 024. 00	1 144 500	542	1 370 066. 00
2003	264 220. 66	1 230 300	1 347	1 495 867. 66
2004	355 851. 80	1 492 000	12 402	1 860 253. 80
2005	380 573. 60	1 697 800	12 396	2 090 769. 60
2006	773 136. 60	1 758 600	7 751	2 539 487. 60
2007	1 040 541. 70	1 892 400	10 978	2 943 919. 70
2008	1 481 493. 7	2 207 700	8 538	3 697 731. 70
2009	2 133 221. 0	3 098 100	10 291	5 241 612. 00
2010	2 417 635. 9	4 285 800	1 294	6 704 729. 90
2011	3 241 143. 3	5 403 600	6 308	8 651 051. 30

资料来源：1990—2012 年《新疆统计年鉴》；1990—2012 年《中国农村统计年鉴》。

从表 4 - 7 中可以看出，1989—2011 年绿洲农业可持续发展的正规渠道资金供给额从 23 亿元增加到 865 亿元，增长了 36.61 倍，低于实际资金需要量的增长速度（16.33 倍）。从正规渠道资金供给的构成看，金融机构农业贷款占比最大，平均占绿洲农业可持续发展正规金融资金供给的75%，是绿洲农业可持续发展正规渠道资金供给中的中坚力量。

正规金融实际资金供给量在 1989—2011 年迅速增长，但仍不能满足绿洲农业可持续发展的实际资金需求，两者之间的缺口逐渐增加，具体数据见表 4 - 8。

2. 金融实际资金供给缺口。根据供需平衡理论，绿洲农业可持续发展的实际资金供给量等于实际资金需要量。实际资金需求量与正规金融供给之间的缺口就是由民间金融补充的，也就是农村民间金融的估算方法。

表 4 – 8　　　　1989—2011 年绿洲农业可持续发展资金供给需求　　　单位：万元

年份	正规金融农业资金供给量（万元）	绿洲农业可持续发展实际资金需求量（万元）	供给缺口（万元）	农村民间金融资本（万元）
1989	226 196.50	480 071.34	253 874.84	253 874.84
1990	245 015.70	598 726.51	353 710.81	353 710.81
1991	286 136.10	649 098.06	362 961.96	362 961.96
1992	362 950.50	733 013.51	370 063.01	370 063.01
1993	309 604.00	871 366.26	561 762.26	561 762.26
1994	396 247.90	1 294 942.22	898 694.32	898 694.32
1995	524 026.00	1 574 195.51	1 050 169.51	1 050 169.51
1996	664 460.00	2 063 843.11	1 399 383.11	1 399 383.11
1997	636 852.00	2 176 860	1 540 008.00	1 540 008.00
1998	1 202 770.00	2 346 796.87	1 144 026.87	1 144 026.87
1999	1 076 602.00	1 886 702.16	810 100.16	810 100.16
2000	1 226 798.00	2 728 904.76	1 502 106.76	1 502 106.76
2001	1 200 789.70	2 927 343.44	1 726 553.74	1 726 553.74
2002	1 370 066.00	3 068 352.42	1 698 286.42	1 698 286.42
2003	1 495 867.66	3 392 552.93	1 896 685.27	1 896 685.27
2004	1 860 253.80	3 935 339.2	2 075 085.40	2 075 085.40
2005	2 090 769.60	5 347 227.55	3 256 457.95	3 256 457.95
2006	2 539 487.60	6 023 118.43	3 483 630.83	3 483 630.83
2007	2 943 919.70	7 396 029.21	4 452 109.51	4 452 109.51
2008	3 697 731.70	8 483 396.29	4 785 664.59	4 785 664.59
2009	5 241 612.00	8 858 990.61	3 617 378.61	3 617 378.61
2010	6 704 729.90	10 173 694.34	3 468 964.44	3 468 964.44
2011	8 651 051.30	14 691 746.25	6 040 694.95	6 040 694.95

　　资料来源：1989—2012 年《新疆统计年鉴》，1990—2012 年《中国农村统计年鉴》，《改革开放 30 年（1978—2008 年）新疆城乡人民生活统计年鉴》。

　　从表 4 – 8 和图 4 – 6 中可以看出，正规金融的资金供给缺口不断扩大，一方面反映正规金融的资金供给无法满足绿洲农业可持续发展的实际资金需求；另一方面也为民间金融的存在留下合理的空间。1989—1997 年与 2000—2008 年，民间金融为绿洲农业可持续发展提供的资金超过正规金融

亿元

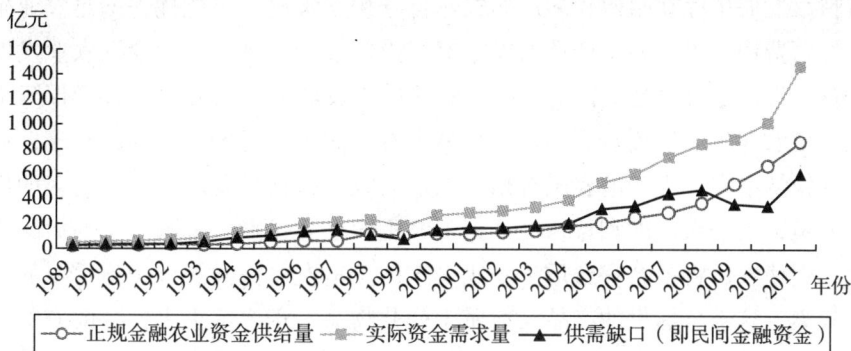

图4-6　绿洲农业可持续发展的资金供需量

的资金供给，也正是由于民间金融的支持，为绿洲农业可持续发展提供了资金保证。

3. 资金供给构成和缺口分析。从绿洲农业可持续发展的供给构成上分析，1989—2011年民间金融提供的资金平均占绿洲农业可持续发展资金供给总量的56%，成了最重要的生产资金来源，近三年来有下降的趋势；金融机构的农业信贷资金仍是最重要的正规渠道资金供给来源，平均占农业可持续发展资金供给的33%，且从近年的趋势上看，有提高的趋势；财政支农平均占资金供给总量的11.33%，近年来有略微增加的趋势。

正规金融的资金供给不足是民间金融规模不断扩大的主要原因。正规金融资金供给不足的原因主要有：（1）农业经济效益低，在市场风险和自然风险（新疆绿洲农业的单季生产，自然风险比内地的其他复种的风险要更大）的双重影响下，各家商业银行纷纷撤销和合并在农村的分支机构，并减少和降低农业贷款的规模和比重，以经济利益为首要经营目标的金融机构和商业资本不愿为绿洲农业发展投入资金。（2）金融机构为提高资产质量，将其在农村的储蓄存款资金转移到其他产业，即农村资金的外流，使得农业发展资金进一步减少。（3）财政资金投入的比例低，新疆财政的自给率一直很低，受财力的限制，在有限的资金条件下，无法进一步增加财政支农投入。

4.3　小结

1. 从资金需求上看，实际资金需求小于理论资金需求，说明绿洲农业可持续发展中存在阻碍较多，如农业自身积累缓慢，只能优先满足农业生产经营费用支出，而生产性的固定资产投资较少，进一步使绿洲农业发展缓慢，形成不良循环。同时，绿洲农业的农民收入增长较慢，社会保障不足，使农业生产投资意愿不足。总体来看，需求不足的关键问题在于，一是要使从事农业生产的农民有相对稳定的收益，这需要政府提供更多的优惠政策，维护农民的利益；二是完善农民的社会保障，解除农民的后顾之忧，促使农民将多余资金用于农业生产；三是农业公共基础设施需要的资金较大，这部分提供的产品大都属于公共物品，资金需求大，受政府财力的限制，需求的满足程度不高。

2. 从资金供给上看，供给渠道可以分为正规渠道资金供给和民间资金。正规渠道资金中除财政支农投入，其他供给主体主要从收益和风险的角度来确定投入。农业的自然风险和市场风险都较高，收益低，所以正规渠道资金供给主体大都不愿提供资金。财政支农是政府的一项责任，财政支农投入是必须支出，但是受财力限制（新疆地方财政自给率平均不足40%）的情况下，农业投入不足。民间资金是绿洲农业可持续发展中重要的资金供给主体，约占资金供给的半数以上，民间借贷的法律地位影响其为绿洲农业发展进一步提供金融服务，同时由于民间借贷没有合法化的现状，也使其对绿洲农业的生产可能存在负面的影响。

3. 从资金供求上看，存在结构性差异，农业公共基础设施所需的资金财政无法满足；金融机构受宏观信贷调控和其商业性质的影响，农业贷款增长也小于其他行业的贷款增速；民间借贷在绿洲农业可持续发展中占据重要的位置。资金需求不足主要是由于正规渠道资金供给不足造成的，这对绿洲农业实现可持续发展形成了重要阻碍。

第五章　新疆绿洲农业可持续发展融资实证分析

新疆绿洲农业发展的财政性融资和金融性信贷融资是本书的主要研究内容。本章主要内容：一是运用主成分分析法和协调性指数对 1989—2011 年新疆绿洲农业可持续发展状况和协调性进行评价和分析。二是利用协整分析和可变参数状态空间模型分析财政支农资金和金融信贷资金对绿洲农业可持续发展的长期均衡关系和拉动效应进行了实证分析，分析结果显示：财政资金、金融信贷资金与绿洲农业可持续发展之间存在长期均衡关系；同时，在不同时期不同的财政金融政策对绿洲农业可持续发展的拉动效应不同，定量地阐述了财政、金融政策对绿洲农业可持续发展的拉动效应。

5.1　新疆绿洲农业可持续发展状况评价与分析

对农业可持续发展状况进行评价是认识农业可持续发展的内涵、实现农业可持续发展的前提。研究绿洲农业可持续发展的融资机制，首先需要对绿洲农业可持续状况进行综合评价，以了解和认识绿洲农业发展进程的相关信息，为分析财政支农资金、金融信贷资金对绿洲农业可持续发展的长期均衡关系和拉动效应提供相关数据来源。本节在总结国内外对农业可持续发展状况评价的基础上，构建了包括经济、资源环境和社会人口系统的绿洲农业可持续发展的综合评价指标体系，应用主成分分析法和协调性指数对绿洲农业可持续发展水平和各子系统间的协调性进行了评价与分析，指出影响绿洲农业可持续发展和各子系统中重要指标和信息，指导农业发展，以实现绿洲农业长期、稳定的持续发展。

5.1.1　国内外农业可持续发展评价研究

5.1.1.1　国外农业可持续发展评价研究

1. 联合国可持续发展委员会的压力—状态—响应（Pressure – State – Response，PSR）框架。对农业可持续发展而言，"压力"是指人类社会活动以及对农产品需求给自然资源和生态环境所造成的压力，对农业生产的演变和发展形成了影响。"状态"指农业生产必不可少的要素自然条件，如水资源、土壤、气候等环境条件。"响应"是人类为满足不断提高的各种需求，只能不断提高农业生产水平，保护农业生态环境，为实现农业的持续生产能力所做的各种努力。

2. 农业可持续发展评估指标体系。1996 年，在联合国可持续发展委员会牵头下提出的可持续发展的核心指标框架，即 DSR（Driving – State – Response）模型的基础上，确定了经济、环境、社会和制度四个方面 147 个指标以评价农业可持续发展。欧洲环境组织在 PSR 框架上，增加驱动力和影响方面的指标，提出驱动力—压力—状态—影响—响应模型（DPSIR 框架），以分析社会发展进步的驱动力对农业可持续发展的负面影响，如土壤盐碱化、风蚀沙化状况、水资源承载力变化等，指标选用更多更全面。

3. 能值分析方法和生态足迹方法。美国著名生态学家、系统能量分析家 Odum H. T. 创立的能值分析理论。能值分析方法是将所有资源（包括产品、服务、资源和能源）都转化为一种能值表示并进行分析。生态学家 William E. Rees 和 Mathis Wackernagel（1992）提出生态足迹方法和模型，用来测量人类对自然资源、能源的利用状况，并与本地区所拥有的生态能力进行比较，以考察本地发展与生态承载能力的适应性。

5.1.1.2 国内农业可持续发展评价研究

国内对农业可持续发展的研究主要包括两类：一是从人口、资源环境与经济发展之间的物理化学影响方面构造相关指标，从自然科学的视角研究经济发展与土壤退化、生物多样性减少、空气污染、水污染等环境问题的相关程度；二是经济学者运用现代经济增长模型构造指标，研究在人口、资源环境相关交易约束条件下，农业经济能否持续发展，即农业经济与人口、资源环境协调发展的条件。不论哪一类的研究，都需要解决两个方面的问题：

1. 指标体系的构建。国内农业可持续发展主要从经济发展、生态环境和社会人口系统方面选择相关指标对农业可持续发展进行评价，由于认识不同，存在指标选取的差异，指标的量化方法不同，还有混淆农业可持续发展和农村可持续发展的概念。但是近年来国内学者在农业可持续发展指标体系研究方面取得了大量成果，推进了农业可持续发展理论研究，为政府制定和实施农业可持续发展战略发挥了作用。

2. 指标权重的确定。农业可持续发展评价选用的是多个指标综合评价模型，必须确定各指标的权重。权重的确定有主观法和客观法两类，主观法是根据评估者对各指标的主观重视程度而赋予权重的一种方法，有专家调查法、层次分析法和循环评分法等。客观法是根据指标自身在系统中的作用和影响来确定权重的方法，如主成分分析法、熵值法、因子分析和聚类分析法等。每种方法都有优缺点和局限性，具体使用时可根据评价目的和指标数据情况有选择地使用。

5.1.2 绿洲农业可持续发展评价指标和数据

指标是反映总体现象的特定概念和具体数值，通过具体指标可以认识和说明研究对象的特征和规律。依据绿洲农业可持续发展评价指标的选取原则，构建评价指标体系。

5.1.2.1 绿洲农业可持续发展指标选取原则

1. 研究的需要和数据的可得性原则。根据研究需要和现有统计核算的要求，突出绿洲农业可持续发展研究的特殊性和一般性，可持续发展特定的内涵，选取的指标体系应保持统一和规范。同时，结合数据的可获得性，便于理解、接受的基本原则，如指标不能量化或无法获得，将不被列入本研究中。

2. 全面与简洁相结合的原则。指标的选择需要反应绿洲农业可持续发展的基本面貌，如指标应包括经济、资源、环境、社会和人口等方面，但是指标太过庞杂，无法体现研究的重点，所以在指标的选取方面，既要全面，又要能体现研究的重点，遵循简洁明了、不重复的基本原则。

3. 资源的可持续利用和经济发展、社会进步相结合的原则。绿洲农业具有相对的独立性和封闭性，区域内资源的利用与经济发展相结合，要满足当代人的需求，也为后人的需求考虑。指标设计上既考虑资源环境发展的可持续性，也考虑要为后人生产留下发展空间，资源环境指标既包括资源可利用数量指标，如水资源总量；也包括资源质量改善指标，如治碱面积。

5.1.2.2 绿洲农业可持续发展指标体系

1. 指标体系。根据绿洲农业可持续发展的特点和指标选取原则，结合国内外相关最新研究成果（张丽，2006），本书选取经济、资源环境和社会人口三类18项具体指标（其中有四个负向指标），分别从经济、资源环境、社会人口三个方面对1989—2011年新疆绿洲农业可持续发展状况进行评价与分析，指标体系见表5-1。

表5-1　　　　　　　　新疆绿洲农业可持续发展指标体系

第一层次	第二层次	具体指标
新疆农业可持续发展指标体系	经济指标	A1：农业劳动生产率＝农业总产值（1989年不变价格）/农业从业人数
		A2：农民人均纯收入＝农民人均纯收入/农村居民消费价格指数
		A3：农村固定资产投资＝农村固定资产投资额/固定资产投资价格指数
		A4：土地生产率＝农业总产值（1989年不变价格）/耕地面积
		A5：农机总动力（千瓦）
		A6：农村居民家庭人均消费支出中食品的货币化率
	资源环境指标	B1：水资源总量（亿立方米）
		B2：耕地面积（千公顷）
		B3*：受灾面积（千公顷）
		B4：森林覆盖率（%）
		B5*：化肥使用量（吨，折纯量）
		B6：治碱面积（千公顷）
	社会人口指标	C1：农业就业人数（万人）
		C2*：城乡收入差距（倍）＝城镇居民人均可支配收入/农村居民人均纯收入
		C3：农村劳动力受教育年限（年）
		C4：农业技术人员（人）
		C5：农村医护人员（人）
		C6*：农村居民恩格尔系数

注：* 为负向指标。农业总产值仅指种植业总产值，农业总产值是剔除价格影响，以1989年不变价格计算的农业总产值。

2. 具体指标的相关描述。农业劳动生产率是对农业产出效益的度量，指在占用相同数量的劳动力和生产要素条件下，农业产出效益。农民人均纯收入是衡量农民从事生产活动的最终结果指标，农民人均纯收入的高低直接影响农民生产的投入、生产的积极性和生产的可持续性。农村固定资产投资是农村经济增长的基础，是农业可持续发展的后盾。土地生产率是反应耕地的经济生产率。农机总动力是指农业机械投入的指标，用以衡量农业持续发展的物质条件。农村居民家庭人均消费支出中食品的货币化率是反映农产品市场化和商品化的程度。

水资源对于绿洲农业来说是最重要的自然资源生产要素，是农业可持续发展的"血液"。耕地面积是指用来从事农业生产的土地面积，用来衡量一个地区可用于农业生产的土地资源的丰富程度。受灾面积是衡量一个地区农业受自然灾害影响的广度，自然灾害受灾面积越大，说明当地生态环境越恶劣。森林覆盖率是衡量农业环境容量与自净能力的指标，森林对于保持水土、涵养水源、净化大气质量有重要的意义。化肥使用量是反映农业环境的负向指标，单位面积的土地随着使用化肥量的增加，增产的效果会降低，同时加重耕地的板结，使耕地的生产能力下降。治碱面积是一个地区对不良耕地的改善能力。

农业就业人数反映农业生产所需要的劳动力人数。城乡收入差距反映城乡收入差异的程度，体现农村与城市的协调发展水平。农村劳动力受教育年限是反映农村人力资本的素质和质量的指标。农业技术人员反映农业发展的科技支持与服务能力，此能力越强，说明农业可持续发展的科技保障能力越强。农村医护人员衡量农村医疗卫生条件与水平，医疗卫生条件与水平较高，农民受疾病而影响农业生产的概率就小，则有利于劳动力发挥较高的生产水平。农村居民恩格尔系数反映农民生活消费结构的指标，恩格尔系数越大，说明农民生活水平较低，消费结构处于低层次状态。恩格尔系数 = 食品支出总额/家庭或个人消费支出总额 × 100%。国际上常用恩格尔系数来衡量一个国家或地区人民生活水平的状况。根据联合国粮农组织提出的标准，恩格尔系数在 60% 以上为绝对贫困，50% ~ 60% 为温饱，40% ~ 50% 为小康，30% ~ 40% 为富裕，30% 以下为最富裕。

5.1.2.3 数据来源

指标数据来源于 1990—2012 年《新疆统计年鉴》、1990—2012 年《中国农村统计年鉴》，1990—2012 年《中国统计年鉴》、《新中国五十五年统计资料汇编——新疆篇》、《新中国五十年农业年鉴》。经济指标、资源环境指标和社会人口指标的数据分别见附表 5、附表 6 和附表 7，部分指标的数据经过计算而得，具体计算过程见附表 8、附表 9、附表 10、附表 11、附表 12 和附表 13。

1. 经济指标。从附表 5 的数据可以看出，由于实行改革开放政策，在农村实行家庭联产承包责任制，政府增加农业补贴，减免农业税等政策下，农业生产得到了快速地发展，从 1989—2011 年经济指标的数据来看，经济指标有一个共同的特点就是快速增长。农业劳动生产率和土地生产率提高，农民人均收入增加，农民食品的货币化率提高，农业投资增加，农业机械化发展较快。

2. 资源环境指标。从附表 6 的数据可以看出，水资源与耕地面积之间的矛盾（1989 年每公顷耕地平均水资源拥有量 28 767 立方米，2011 年下降到 27 251. 13 立方米）表现在耕地面积不断扩大，水资源的增量缓慢，而且随着工业发展、人口的增加，城市化进程不断加快，水资源的紧缺和不足将是绿洲农业可持续发展中最大的瓶颈。森林覆盖率提高和治碱面积不断扩大，说明生态治理与环境保护向良性发展；化肥使用量增长迅速，对水资源和土壤环境造成破坏（方炎和陈洁，2005）；农业受灾面积较大，极端气候变化增加了绿洲农业生产的风险性。

3. 社会人口指标。从附表 7 的数据可以看出，农业就业人数、农民受教育年限、农业技术人员数量和农民生活水平不断提高；但城乡收入差距不断扩大，90 年代中期后，农民增收缓慢，使城乡收入差距进一步扩大；医护人员在 2000 年后有所减少，农民看病难的问题也越来越突出，2008 年后医护人员有所增加。

5.1.3　绿洲农业可持续发展评价方法

农业可持续发展评价中最重要的是确定指标的权重，权重的确定方法有主观法和客观法两类，两种方法各有优缺点。本书选择主成分分析法，从客观的角度来确定指标的权重。主成分分析法是一种成熟、规范的确定指标权重的方法，其分析步骤可以借助 SPSS 软件和 Excel 软件完成，各指标权重的确定避免主观人为因素的影响，比较客观科学，便于提高评价结果的可靠性和准确性。

5.1.3.1　主成分分析法

主成分分析法是研究多变量族的少数线性组合（新的变量族）来解释全部变量的协方差结构，是挑选最佳变量子集、简化数据、提取变量间关系的一种多元统计分析法（何亮，2007）。新变量之间不相关，新变量方差尽可能大，但新旧变量方差和保持不变（吴亚非和李科，2009）。主成分分析法的优点可剔除重复的信息，同时可以避免主观人为因素确定指标权重的缺点。其具体步骤如下：

1. 指标标准化。对数据标准化的方法有许多种，常用的有 Z – score 法、极值法和比重法。比重法可以对同一地区进行纵向评估，所以本书采用比重法对数据进行标准化，可以增强新疆绿洲农业可持续发展评价值的可比性和稳定性。采用如下标准化公式：

正向指标的标准化公式：$\quad P_i = \dfrac{c_i}{c_0}$ （5.1）

负向指标的标准化公式：$\quad P_i = \dfrac{c_0}{c_i}$ （5.2）

2. 计算标准化后变量的相关系数矩阵 R，求特征方程 $|\lambda I - R| = 0$ 的非负特征根 $\lambda_i\,(i = 1,\ \cdots,\ m)$ 及特征向量 $y = (y_1,\ \cdots,\ y_m)$。

3. 通过 λ_i 计算各主成分的贡献率，$\lambda_i / \sum\limits_{i=1}^{m} \lambda_i$ 为第 i 个主成分的贡献率，该值越大，则说明该主成分概括各指标数据的能力越强，m 为全部主成分的个数。主成分的个数 k 的选择依据：一般是主成分的累计贡献率大于 85%，就认为前 k 个主成分已基本反映了原始变量的主要信息。

4. 主成分 $F_i\,(i = 1, 2, 3, \cdots, k)$ 表达式，特征向量 = 主成分矩阵/SQRT（主成分对应的特征值）（李朝逢和杨中宝，2007）。将得到的特征向量与标准化后的数据相乘，然后就可以得出每个主成分得分值。

5. 以每个主成分所对应的特征值占所提取主成分总的特征值之和的比例作为权重乘以每个主成分的得分值，可以计算主成分综合评价模型：

$$F_{综} = \sum_{i=1}^{m} \frac{\lambda_i}{\lambda_1 + \lambda_2 + \cdots + \lambda_m} \times F_i \qquad (5.3)$$

5.1.3.2　可持续发展的协调性

用可持续发展协调性指数（CI）来反映绿洲农业系统内各子系统（经济系统、环境系统和社会系统）之间的协调性。公式如下：

$$CI = \frac{F_1 + F_2 + F_3}{\sqrt{F_1^2 + F_2^2 + F_3^2}} \qquad (5.4)$$

式中，F_1、F_2 和 F_3 分别是经济、资源环境和社会人口子系统的评分，CI 指数是指农业环境、经济和社会变化速率应相互协调，即农业经济增长应和环境保护相协调，最终促进社会进步。"其数学内涵为经济增长、社会进步和资源环境保护应相互均衡，任何一方面的偏颇将影响农业可持续发展。*CI* 数值越大，则各子系统之间协调发展的越好；反之，则各子系统缺乏协调性"。

本章应用主成分分析法和协调性指数对 1989—2011 年新疆绿洲农业可持续发展状况和协调性进行评价和分析，分析影响绿洲农业可持续发展和各子系统中的重要指标和信息，指导农业发展，以实现绿洲农业长期、稳定的持续发展。

5.1.4 绿洲农业可持续发展的评价与分析

应用 SPSS16.0 软件进行主成分的选取和用 Excel 进行主成分分值的计算。表 5 - 6 是应用主成分分析法计算的绿洲农业可持续发展的经济系统、资源环境系统、社会人口系统和综合评价分值。

5.1.4.1 绿洲农业可持续发展各子系统和综合评价测算

1. 经济系统可持续发展评分。将经济系统的原始数据应用 SPSS16.0 中 Data Reduction—Factor 计算而得表 5 - 2 的结果。

表 5 - 2　　　经济指标主成分矩阵、特征值、累积方差贡献率

指标	第 1 主成分矩阵	主成分	特征值	累积方差贡献率（%）
A1	0.975	第一主成分	5.647	94.112
A2	0.980	第二主成分	0.186	97.219
A3	0.967	第三主成分	0.134	99.449
A4	0.966	第四主成分	0.022	99.815
A5	0.996	第五主成分	0.010	99.979
A6	0.936	第六主成分	0.001	100.00

从表 5 - 2 可以看出，对各经济指标进行主成分分析，选择一个主成分，特征值为 5.647，方差贡献率达到 94.112%，说明第一主成分能反映六项经济指标 94.112% 的信息量。选择第一主成分也说明从经济系统各指标上看，1989—2011 年绿洲农业经济系统拥有一致性表现，即快速增长。

根据第一主成分矩阵和对应的特征值计算特征向量，用标准化的数据乘特征向量，计算了主成分的得分值；以主成分的特征值占全部特征值之和的比例为权重计算经济系统的评分值，结果见表 5 - 6。

2. 资源环境系统可持续发展评分。资源环境系统主成分的选择和计算

同上，结果见表5-3。

表5-3　　资源环境指标主成分矩阵、特征值、累积方差贡献率

指标	第一主成分矩阵	第二主成分矩阵	主成分	特征值	累积方差贡献率（%）
B1	0.0416	0.9611	第一主成分	4.1802	69.6703
B2	0.9746	-0.0312	第二主成分	1.1160	88.2706
B3	-0.7150	0.3926	第三主成分	0.5012	96.6246
B4	0.9494	0.0381	第四主成分	0.1545	99.2004
B5	0.9789	0.0758	第五主成分	0.0258	99.6304
B6	0.9262	0.1735	第六主成分	0.0222	100

对资源环境指标进行主成分分析，选择两个主成分，特征值分别为4.18和1.116，两个主成分的方差累积贡献率分别达到69.67%和88.27%，两个主成分的信息量基本反映了资源环境指标的信息。第一主成分的信息量代表资源环境指标的耕地面积、受灾面积、森林覆盖率、化肥使用量和治碱面积，第二主成分的信息量代表水资源总量，从主成分的分析上看出，受灾面积对农业可持续发展有重要的负面影响。

根据第一、第二主成分矩阵和对应的特征值计算特征向量；用标准化的数据乘特征向量，计算了主成分的评分值；以主成分的特征值占特征值之和的比例为权重计算资源环境评价得分，见表5-6。

3. 社会人口系统可持续发展评分。社会人口系统主成分的选择和计算同经济指标，计算结果见表5-4。

表5-4　　社会人口指标主成分矩阵、特征值、累积方差贡献率

指标	第一主成分矩阵	第二主成分矩阵	主成分	特征值	累积方差贡献率（%）
C1	0.8719	0.3609	第一主成分	4.5509	75.8476
C2	-0.7025	0.6589	第二主成分	0.9417	91.5424
C3	0.9825	-0.0257	第三主成分	0.2073	94.9975
C4	0.9068	0.2524	第四主成分	0.1896	98.1581
C5	0.8409	-0.4373	第五主成分	0.0807	99.5036
C6	0.8958	0.3488	第六主成分	0.0298	100

对社会人口指标进行主成分分析，选择两个主成分，特征值分别为4.55和0.941，两个主成分的方差累积贡献率分别达到75.85%和91.54%，两个主成分的信息量已反映了社会人口指标的基本信息。根据表

5-4 提供的信息，计算社会人口系统的评分（过程同上），结果见表 5-6。

4. 绿洲农业可持续发展综合评分。对绿洲农业可持续发展进行综合评价需要对三个子系统进行二次主成分的选择，方法同上，相关信息见表 5-5。

表 5-5　　综合评价指标主成分矩阵、特征值、累积方差贡献率

指标	第一主成分矩阵	主成分	特征值	累积方差贡献率（%）
F1	0.9790	第一主成分	2.8889	96.2953
F2	0.9950	第二主成分	0.0972	99.5369
F3	0.9700	第三主成分	0.0139	100

对经济、资源环境和社会人口系统的得分进行二次主成分选择，依据累积方差贡献率85%和特征值大于1，选择一个主成分计算绿洲农业可持续发展综合评分，见表 5-6。

5.1.4.2　绿洲农业可持续发展分析

将表 5-2、表 5-3、表 5-4 和表 5-5 中数据代入主成分分析法的第 4 步和公式（5.3），用 Excel 计算得到各子系统评分和绿洲农业可持续发展综合评分，见表 5-6。

表 5-6　　　　　　新疆绿洲农业可持续发展状况评价分值

年份	经济指标评分	资源环境指标评分	社会人口指标评分	绿洲农业可持续发展评分
1989	2.3050	1.3984	1.4259	1.6679
1990	2.5495	1.4281	1.4683	1.7551
1991	2.5923	1.6397	1.5184	1.8700
1992	2.6311	1.7701	1.5811	1.9561
1993	2.6110	1.7938	1.6154	1.9740
1994	2.9476	1.8791	1.6971	2.1209
1995	3.1761	2.0474	1.7901	2.2795
1996	3.3836	2.1394	1.7591	2.3546
1997	3.6480	2.2739	1.8463	2.5061
1998	3.8834	2.2757	1.8870	2.5791
1999	3.9682	2.2563	1.8607	2.5816
2000	4.1290	2.4104	1.9171	2.7041

年份	经济指标评分	资源环境指标评分	社会人口指标评分	绿洲农业可持续发展评分
2001	4.3166	2.4914	1.9657	2.8006
2002	4.6019	2.4930	1.9803	2.8756
2003	5.0417	2.6401	1.9754	3.0388
2004	5.4386	2.9885	2.0018	3.2849
2005	6.1251	3.1084	2.0345	3.5111
2006	6.6050	3.2740	2.0917	3.7153
2007	7.4228	3.4445	2.1065	3.9866
2008	7.8131	3.7463	2.1169	4.2062
2009	8.9872	4.0464	2.1571	4.6252
2010	9.9818	4.1573	2.2332	4.9385
2011	11.9353	4.3449	2.3746	5.5387

资料来源：作者计算整理而得。

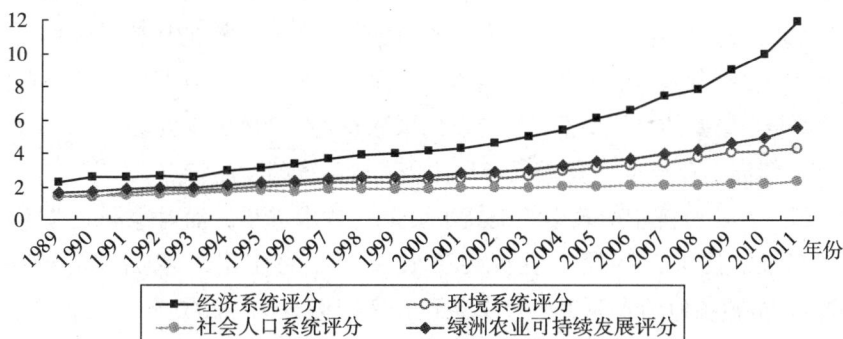

图 5 - 1　新疆绿洲农业 1989—2011 年各子系统评分

从表 5 - 6 和图 5 - 1 可以看出，1989—2011 年绿洲农业可持续发展有如下特点：

1. 绿洲农业可持续发展综合水平不断提高。绿洲农业可持续发展综合评分在 1989—2011 年不断提高，从 1989 年的 1.67 到 2011 年的 5.54，提高了 2.32 倍，年均增长率是 5.61%。经济系统可持续发展评分提高迅速，从 1989 年的 2.31 到 2011 年的 11.94，提高了 4.18 倍，年均增长率为 7.76%。经济系统全部六项指标的快速增长支持了经济系统得分的快速提高。资源环境系统的可持续发展评分存在不断提高的趋势，从 1989 年的 1.40 到 2011 年的 4.34，提高了 2.11 倍，年均增长率为 2.11%。社会人口系统的可持续发展评分在 1989—2011 年提高缓慢，从 1989 年的 1.43 到 2011 年的 2.37，提高了 0.67 倍，年均增长率为 2.35%。在三个子系统中，社会人口系统评分提高最为缓慢。

从以上评分可以看出，经济系统评分年增长率最高，其次是资源环境系统和社会人口系统。绿洲农业可持续发展综合水平不断提高的主要原因是经济系统指标高速增长，如农村固定资产投资额年均增长率为 13.48%，农业劳动生产率年均增长率为 5.88%，土地生产率年增长率为 5.57%。而资源环境和社会人口系统指标的增长率较低，如资源环境中水资源总量的年均增长率仅为 0.11%，同时受灾面积和化肥使用量负面指标的影响，城乡收入差距却以每年 1.78% 的速度扩大。从新疆绿洲农业可持续发展综合水平上看，经济系统的快速发展是最重要的因素。资源环境和社会人口系统中都有负向指标，而且负向指标中如城乡收入差距、化肥使用量都在增加，农业受灾面积受自然灾害的影响波动较大，负向指标的增加，对绿洲农业可持续发展起到阻碍作用。水资源总量虽有增加，但和经济的快速增长相比增加量有限，随着人口的增加，人均水资源总量不断下降。在绿洲农业生产中水资源是最重要的自然要素，也是制约绿洲农业生产的关键因素。

2. 绿洲农业经济、资源环境和社会人口系统的发展特点。

（1）农业经济生产效率的提高主要来自技术进步，而对绿洲农业生产效率来说，技术效率没有发挥促进农业生产的作用（罗剑朝和徐敏，2009），全疆各地的农业生产效率差距较大，以 2004—2007 年的数据来看，新疆吐鲁番地区和塔城地区的技术效率差距达到三倍以上。要进一步提高农业生产效率，需要充分挖掘已有技术的潜力，增加农业技术推广方面的投入，建立专门农业科技推广基金，对农民进行科技实用技术培训，使农业科技创新成果能够有效地转化，提高农业劳动生产率（姚振明和李宁，2009）。

（2）在资源环境方面，影响绿洲农业环境系统可持续发展的主要因素是水资源的短缺和自然灾害的频发。新疆是干旱地区，年降水量 150mm。随着人口和经济的快速发展，对水资源的需求量急剧增加。发展节水灌溉农业，节约水资源，在合适的区域建水库，调节水资源的时空分布。自然灾害的频发增加了绿洲农业生产的脆弱性，农业气象监测和农业保险对绿洲农业生产有着重要的保障作用。环保知识的普及，能减轻由于过度使用农药、化肥等化学物质造成水资源的再次污染（徐敏等，2011）。

（3）在社会人口系统中，最主要的问题是城乡收入差距不断扩大，农村基础设施建设缓慢。新疆地域广阔和部分地州自然条件严峻，农村基础设施建设的投入需求较大。农村基础设施建设如农田水利、道路建设、防沙治理、防水土壤改良、技术推广等属公共产品，具有强外部性和公益性的特点，决定了农村基础设施建设中大多数项目只能由财政投入，以改善农民生存环境，为农民增收创造条件；增加教育投入、提高农村人力资本在农业发展中的作用；增加农村社会保障支出，解决农民看病难和因病致贫的问题。在社会人口系统中，通过增加农村基础设施建设，切实提高农民生活水平，缩小城乡收入差距。社会人口系统的稳定发展是绿洲农业实现可持续发展必不可少的前提，需要政府的财政投入和支持。

5.1.4.3　绿洲农业可持续发展的协调性分析

将表 5 - 6 中的数据代入公式（5.4）中，可得绿洲农业可持续发展综合协调性（CI）和各两子系统间的协调性（CI - 12，CI - 13，CI - 23），具体见表 5 - 7。

表 5 - 7　　　　绿洲农业可持续综合发展的协调性指数

年份	CI - 12	CI - 13	CI - 23	CI
1989	1. 3737	1. 3765	1. 4141	1. 6818
1990	1. 3611	1. 3656	1. 4141	1. 6652
1991	1. 3797	1. 3683	1. 4132	1. 6801
1992	1. 3879	1. 3722	1. 4120	1. 6883
1993	1. 3905	1. 3765	1. 4123	1. 6930
1994	1. 3808	1. 3656	1. 4124	1. 6789
1995	1. 3823	1. 3622	1. 4110	1. 6773
1996	1. 3796	1. 3485	1. 4075	1. 6654
1997	1. 3776	1. 3438	1. 4067	1. 6604
1998	1. 3684	1. 3365	1. 4081	1. 6486
1999	1. 3636	1. 3300	1. 4077	1. 6402
2000	1. 3678	1. 3281	1. 4051	1. 6417
2001	1. 3660	1. 3245	1. 4045	1. 6376

续表

年份	CI－12	CI－13	CI－23	CI
2002	1.3556	1.3138	1.4050	1.6218
2003	1.3498	1.2959	1.3998	1.6031
2004	1.3580	1.2839	1.3874	1.5994
2005	1.3443	1.2642	1.3844	1.5729
2006	1.3401	1.2552	1.3811	1.5622
2007	1.3280	1.2350	1.3748	1.5354
2008	1.3341	1.2267	1.3626	1.5333
2009	1.3224	1.2058	1.3529	1.5056
2010	1.3076	1.1942	1.3542	1.4828
2011	1.2817	1.1759	1.3571	1.4437

注：CI－12代表经济与资源环境系统间协调性指数，CI－13代表经济与社会人口系统间协调性指数，CI－23代表资源环境与社会人口系统间协调性指数，CI代表绿洲农业可持续发展综合协调性指数。

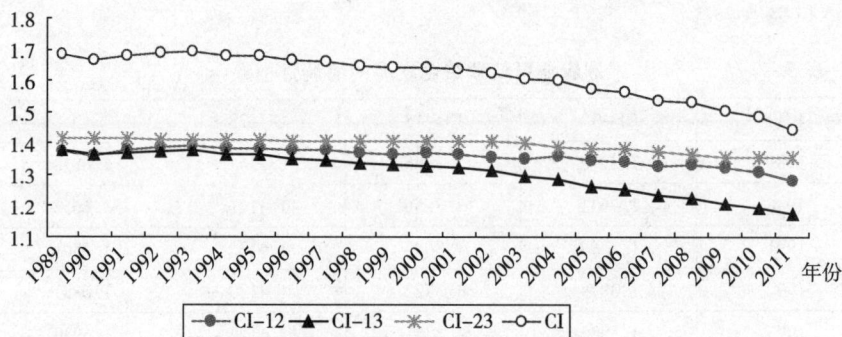

图5－2 绿洲农业可持续综合发展的协调性

从表5－7和图5－2中可以看出，1989—2011年绿洲农业可持续发展各子系统间协调性有如下特点：

1. 绿洲农业可持续发展协调性不断降低。绿洲农业可持续发展综合水平不断提高，但各子系统间的协调性不断降低，综合协调性（CI）不断下降，从1989年的1.68下降到2011年的1.44，年均下降率0.69%。协调性指数不断下降的主要原因是三个子系统之间的发展速度差异较大，经济系统、资源环境系统和社会人口系统可持续发展评分年均增长率分别是

7.76%、5.29%、2.35%，发展速率的差异使三个子系统协调性不断降低。协调性的下降将最终影响到绿洲农业可持续发展综合水平的进一步提高。

2. 绿洲农业可持续发展子系统之间的协调性降低或不变。经济系统与资源环境系统的协调性（CI-12）不断下降，说明经济的快速发展与资源环境的承载能力没有形成同等的可持续发展能力，系统间的协调性不断降低。在经济快速增长时，资源环境所提供的水资源和森林资源等有限，水资源总量为满足人口增加和经济快速增长的压力较大，人均水资源拥有量不断下降。自然灾害频发，化肥、农药的过度使用对资源环境可持续发展造成负面影响，资源环境不能满足快速经济发展的需求，进而影响绿洲农业的可持续发展。

经济系统与社会人口系统的协调性（CI-13）不断降低，在经济快速发展中，城镇与农村的生活水平、贫富差距越来越大，农民受教育年限、农村医疗人员和农村技术人员与城镇相比都有较大差距。城乡收入差距不断扩大，农村医护人员增长缓慢，个别年份医护人员减少，农民看病难。在1989—2011年CI-13值不断降低，说明绿洲农业可持续发展中经济系统与社会人口之间协调性不断降低。

资源环境系统与社会人口系统的协调性（CI-23）基本没有变化。从图5-2看，CI-23基本是一条水平线，社会人口系统比资源环境系统的增长慢。在1989—2011年资源环境与社会人口系统协调水平在缓慢下降。资源环境和社会人口的限制因素，需要通过财政和金融投入进行改善和优化，如建水库，调节全年水资源余缺，更有效利用水资源；通过科技推广，使农民认识到化肥和农药使用量对生态和农产品安全的影响，适量使用化肥和农药；增加农村社会保障，解决农民看病难的问题。资源环境和社会人口方面的协调水平不断下降与资金投入不足有关，说明在经济发展的条件下，资源环境和社会人口没有同步的优化和进步。

5.2　财政金融投入与绿洲农业可持续发展的长期均衡分析

绿洲农业可持续发展的外部资金来源主要有财政支农投入、金融机构农业贷款和民间资金。民间资金因无官方统计数据，无法列入本节实证分析。在上一节的基础上，对财政支农资金和金融机构农业贷款资金与绿洲农业可持续发展是否存在的长期均衡关系进行分析，探索财政支农和金融信贷资金对绿洲农业可持续发展的影响。

1989—2011 年绿洲农业可持续发展水平、财政支农投入和金融机构农业贷款数据都是时间序列数据。对于平稳的时间序列数据，其均值、方差和协方差等特征不随时间的变化而变化，各时间的数据随机性服从一定概率分布。所以平稳时间序列数据可以通过过去时间点上的信息，建立模型拟合过去信息，进而预测未来的信息。而对非平稳时间序列数据，其数字特征随时间的变化而变化，非平稳时间序列数据在各个时间点上的随机规律不同，难以通过已知数据信息掌握整体的随机性。所以对于时间序列数据，首先需要检验确定其平稳性。

回归方程的残差序列如果不是平稳序列，则说明因变量除了能被解释变量解释的部分外，其余部分仍存在不规则的变化，随时间变化有越来越大的偏离因变量均值的趋势，这样情况下模型不能预测未来的信息。残差序列是非平稳时间序列的回归，被称为伪回归。

为避免伪回归，首先对财政支农资金、金融机构农业贷款资金和绿洲农业可持续发展水平的时间序列数据进行平稳性检验。

5.2.1 数据的描述和说明

在表 5 - 8 中，y 表示绿洲农业可持续发展综合水平；y_1 表示绿洲农业经济系统发展水平；y_2 表示资源环境系统发展水平；y_3 表示社会人口系统发展水平；x_1 表示财政支农支出金额；x_2 表示金融机构农业贷款金额。对上述时间序列原始数据取对数以消除异方差。

表 5 - 8　　绿洲农业可持续发展水平与财政、金融支持的数据

年份	$\ln y$	$\ln y_1$	$\ln y_2$	$\ln y_3$	$\ln x_1$	$\ln x_2$
1989	0.5116	0.8351	0.3353	0.3548	10.8522	12.0700
1990	0.5625	0.9359	0.3563	0.3841	10.9737	12.1370
1991	0.6259	0.9525	0.4945	0.4177	11.0055	12.3274
1992	0.6709	0.9674	0.5710	0.4581	11.0865	12.6035
1993	0.6801	0.9597	0.5843	0.4796	11.1531	12.3854
1994	0.7518	1.0810	0.6308	0.5289	11.2778	12.6612
1995	0.8240	1.1556	0.7166	0.5823	11.3859	12.9793
1996	0.8564	1.2189	0.7605	0.5648	11.6768	13.2087

续表

年份	$\ln y$	$\ln y_1$	$\ln y_2$	$\ln y_3$	$\ln x_1$	$\ln x_2$
1997	0.9187	1.2942	0.8215	0.6132	11.7252	13.1481
1998	0.9474	1.3567	0.8223	0.6350	12.8154	13.6341
1999	0.9484	1.3783	0.8137	0.6210	11.9880	13.7267
2000	0.9948	1.4180	0.8798	0.6508	12.8623	13.6427
2001	1.0299	1.4625	0.9128	0.6759	12.2363	13.8101
2002	1.0563	1.5265	0.9135	0.6833	12.3240	13.9505
2003	1.1115	1.6177	0.9708	0.6807	12.4845	14.0228
2004	1.1894	1.6935	1.0948	0.6940	12.7823	14.2156
2005	1.2559	1.8124	1.1341	0.7102	12.8494	14.3448
2006	1.3125	1.8878	1.1860	0.7380	13.5582	14.3800
2007	1.3829	2.0046	1.2368	0.7450	13.8553	14.4534
2008	1.4365	2.0558	1.3208	0.7499	14.2086	14.6075
2009	1.5315	2.1958	1.3978	0.7688	14.5731	14.9463
2010	1.5971	2.3008	1.4249	0.8034	14.6983	15.2708
2011	1.7118	2.4795	1.4690	0.8648	14.9914	15.5026

注：y、y_1、y_2、y_3、x_1 和 x_2 的原始数据见附表14。

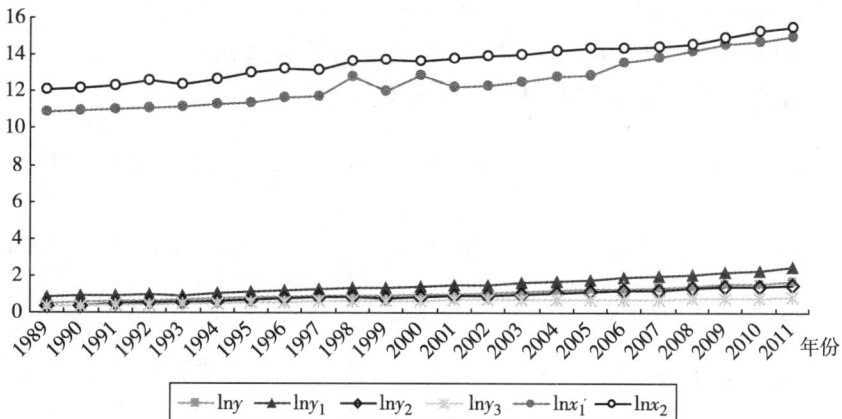

图 5 - 3　新疆绿洲农业可持续发展水平与财政、金融支持的序列图

从图 5 - 3 可以看出，$\ln y$、$\ln y_1$、$\ln y_2$、$\ln y_3$ 与 $\ln x_1$ 和 $\ln x_2$ 有大至相同的上升趋势，都有截距项。$\ln y$、$\ln y_1$、$\ln y_2$、$\ln y_3$ 分别与 $\ln x_1$ 和 $\ln x_2$ 的相关系

数见表 5 – 9。

表 5 – 9 $\ln y$、$\ln y_1$、$\ln y_2$、$\ln y_3$ 与 $\ln x_1$ 和 $\ln x_2$ 的相关系数

相关系数	$\ln y$	$\ln y_1$	$\ln y_2$	$\ln y_3$
$\ln x_1$	0.976	0.978	0.964	0.920
$\ln x_2$	0.987	0.982	0.983	0.977

从表 5 – 9 可以看出，$\ln y$、$\ln y_1$、$\ln y_2$ 和 $\ln y_3$ 分别与同期的 $\ln x_1$、$\ln x_2$ 相关系数较高，这说明 $\ln y$ 与 $\ln x_1$、$\ln x_2$ 之间可能存在协整关系，需进一步验证（其他序列相关系数也较高，也需要进一步验证）。由于 $\ln y$、$\ln y_1$、$\ln y_2$、$\ln y_3$ 与 $\ln x_1$ 和 $\ln x_2$ 都是时间序列数据，需要对其进行单位根检验和协整关系检验，以避免直接回归拟合可能出现伪回归。

5.2.2 单位根检验

常见的时间序列平稳性检验方法有：利用散点图进行平稳性判断、利用样本自相关函数进行平稳性判断和单位根检验。

单位根检验是判断时间序列平稳性的标准方法。"单位根检验方法主要有 ADF 检验法、DFGLS 检验法、PP 检验法、KPSS 检验法、ERS 检验法和 NP 检验法"（高铁梅，2006）。本书选择最常用的 ADF 检验方法对时间序列进行单位根检验。

ADF（Augmented Dickey – Fuller）检验方法通过在回归方程右边加入因变量的滞后差分项来控制高阶序列相关：

$$\Delta y_t = \gamma \cdot y_{t-1} + \sum_{i=1}^{p} \beta_i \cdot \Delta y_{t-i} + u_t \qquad t = 1,2\cdots,T \qquad (5.1)$$

$$\Delta y_t = \gamma \cdot y_{t-1} + a + \sum_{i=1}^{p} \beta_i \cdot \Delta y_{t-i} + u_t \qquad t = 1,2\cdots,T \qquad (5.2)$$

$$\Delta y_t = \gamma \cdot y_{t-1} + a + \delta \cdot t + \sum_{i=1}^{p} \beta_i \cdot \Delta y_{t-i} + u_t \qquad t = 1,2\cdots,T \quad (5.3)$$

将扩展定义检验：

$$\begin{cases} H_0 : \gamma = 0 \\ H_1 : \gamma < 0 \end{cases} \qquad (5.4)$$

原假设序列存在一个单位根，备选假设不存在单位根。通过模拟不同

回归模型及不同样本容量下检验 γ 的估计值 $\hat{\gamma}$，在设定的显著性水平下利

用 t 统计量的临界值，判断高阶自相关序列是否存在单位根。

滞后阶数的定义，本书采用 AIC（Akaike Information Criterion）准则确定时间序列模型的滞后阶数。

常数项 c 和时间趋势项 t 的确定是依据序列曲线图，观察序列是否存在一个偏离 0 的位置随机变动，如果偏离 0，则添加常数项 c，反之则不添加常数项 c；如果图形中被检验序列的波动趋势随时间变化而变化，则添加时间趋势项 t，反之则不添加时间趋势项 t。表 5-10 是用 EViews6.0 软件验证相关序列的单位根。

表 5-10 相关序列的单位根检验

原序列	检验形式	ADF 值	临界值（1%）	临界值（5%）	临界值（10%）
$\ln y$	(c, 0, 0)	2.437	-3.770	-3.005	-2.642
$\Delta\ln y$	(c, 0, 0)	-2.777	-3.788	-3.012	-2.646*
$\ln y_1$	(c, t, 0)	0.569	-4.441	-3.633	-3.255
$\Delta\ln y_1$	(c, t, 0)	-4.799	-4.468***	-3.645	-3.261
$\ln y_2$	(c, t, 0)	-2.018	-4.441	-3.633	-3.255
$\Delta\ln y_2$	(c, t, 0)	-4.302	-4.468	-3.645**	-3.261
$\ln y_3$	(c, t, 0)	-2.192	-4.441	-3.633	-3.255
$\Delta\ln y_3$	(c, t, 0)	-3.961	-4.468	-3.645**	-3.261
$\ln x_1$	(c, t, 0)	-2.767	-4.441	-3.633	-3.255
$\Delta\ln x_1$	(c, t, 0)	-9.698	-4.468***	-3.645	-3.261
$\ln x_2$	(c, t, 0)	-2.537	-4.441	-3.633	-3.255
$\Delta\ln x_2$	(c, t, 0)	-5.232	-4.468***	-3.645	-3.261

注：Δ 表示一阶差分。检验形式均为（c, t, b），c 是截距，t 是时间趋势，b 是滞后期数。滞后期数的选择由 AIC 自动选定。＊＊＊表示在 1% 的显著性水平下拒绝原假设，即为平稳序列，不存在单位根。＊＊表示在 5% 的显著性水平下拒绝原假设，＊表示在 10% 的显著性水平下拒绝原假设，即为平稳序列，不存在单位根。

从表 5-10 可以看出，$\ln y$、$\ln y_1$、$\ln y_2$、$\ln y_3$、$\ln x_1$ 和 $\ln x_2$ 时间序列都不是平稳序列，需要进一步确认 $\Delta\ln y$、$\Delta\ln y_1$、$\Delta\ln y_2$、$\Delta\ln y_3$、$\Delta\ln x_1$ 和 $\Delta\ln x_2$ 序列是否平稳。通过单位根检验，发现其不存在单位根，序列 $\Delta\ln y_1$、$\Delta\ln x_1$ 和 $\Delta\ln x_2$ 在 1% 的显著性水平下拒绝原假设，即为平稳序列；$\Delta\ln y_2$、$\Delta\ln y_3$ 在 5% 的显著性水平下拒绝原假设，即为平稳序列，不存在单位根；$\Delta\ln y$ 在 10% 的显著性水平下拒绝原假设，即为平稳序列。$\ln y$、$\ln y_1$、$\ln y_2$、

$\ln y_3$、$\ln x_1$ 和 $\ln x_2$ 时间序列存在一个单位根，都是一阶单整序列。

5.2.3 协整关系检验

非平稳时间序列直接回归可能导致伪回归，也存在非平稳时间序列不是平稳的，但是其线性组合却是平稳的，这种平稳的线性组合被称为协整方程，即被解释变量之间的长期稳定的均衡关系。协整检验的目的是确定一组非平稳时间序列的线性组合是否具有协整关系（Kasa K.，1992）。

协整检验从检验对象上可以分为两种：一是基于回归系数的协整检验，如 Johansen 检验，简称 JJ（Johansen – Juselius）检验；二是基于回归残差序列的检验，如 CRDW 检验、DF 检验和 ADF 检验，E – G（Engle 和 Granger，1987）两步法就是回归残差的协整检验。Johansen 检验是以 VAR 模型为基础的检验回归系数的方法，是进行多变量协整检验的一种较好方法，所以本书选择 Johansen 协整检验（钟志威和雷钦礼，2008）和 E – G 两步法进行协整检验。

Johansen 检验对 VAR 模型的滞后阶数比较敏感，最优滞后阶数的选择按 EViews6.0 软件中的 VAR、View 工具栏中 Lag structure 下的 lag length criteria 选择最大的 3，提供 5 种标准，根据 5 种标准中的最多标准所选定的最优滞后期确定滞后阶数（Cheung Y. W. 和 Lai K. S.，1993）。

Johansen 检验中对截距和趋势项有 5 种选择形式，EViews6.0 软件中给出六种选择。具体如下：

（1）y_t 没有趋势项，协整方程没有截距项（即时间序列没有趋势，均值为零）。

$$\prod y_{t-1} + Bx_t = \alpha\beta' y_{t-1}$$

（2）y_t 没有趋势项，协整方程有截距项（即时间序列没有趋势，协整方程有截距）。

$$\prod y_{t-1} + Bx_t = \alpha(\beta' y_{t-1} + \rho_0)$$

（3）y_t 有线性趋势项，协整方程有截距项（即序列有确定趋势，协整方程只有截距）。

$$\prod y_{t-1} + Bx_t = \alpha(\beta' y_{t-1} + \rho_0) + \alpha \perp \gamma_0$$

（4）y_t 和协整方程都有线性趋势（即序列和协整方程都有线性趋势）。

$$\prod y_{t-1} + Bx_t = \alpha(\beta'y_{t-1} + \rho_0 + \rho_1 t) + \alpha \perp \gamma_0$$

（5）y_t 有二次趋势，协整方程仅有线性趋势（一般不使用）。

$$\prod y_{t-1} + Bx_t = \alpha(\beta'y_{t-1} + \rho_0 + \rho_1 t) + \alpha \perp (\gamma_0 + \gamma_1 t)$$

（6）如果以上的假定不是很确定，可以选择第六种形式。

"情形（1）假设时间序列没有趋势且长期协整关系的均衡值为零与现实数据特征不符，很少使用；（5）假定 y_t 有二次趋势对预测可能出现错误，实证中很少使用；经济现象中经常出现（2）和（4）的情况；（3）是 EViews 软件中缺省选项，序列有时间趋势，协整方程没有线性趋势，只有截距"（赵华和潘长风，2004）。

5.2.3.1　$\ln y$ 与 $\ln x_1$、$\ln x_2$ 之间的协整关系检验

表 5－11　　序列 $\ln y$ 与 $\ln x_1$、$\ln x_2$ 之间的 Johansen 协整检验结果

零假设协整个数	特征值	迹统计量	5%临界值	概率
None*	0.6731	23.483	22.300	0.034
At most 1*	0.2781	6.8439	15.891	0.689
At most 2	0.133	3.007	9.165	0.579

注：＊滞后阶数是 1，模型形式 2。

从表 5－11 可以看出，在 5%显著性水平条件下只有 1 个协整方程，协整方程如下：

$$\ln y = -0.193 + 0.0998\ln x_1 + 0.1739\ln x_2$$

以上协整检验显示财政支农投入和金融信贷资金对绿洲农业可持续发展存在长期、稳定的均衡关系。财政支农投入每增加 1%，绿洲农业可持续发展水平提高 0.0998%；金融机构农业贷款资金每增加 1%，绿洲农业可持续发展水平提高 0.1739%。财政和金融信贷资金对提高绿洲农业可持续发展水平的影响相差较大，金融信贷资金支农效应比财政支农效应高0.074 个百分点。

5.2.3.2 $\ln y_1$ 与 $\ln x_1$、$\ln x_2$ 之间的协整关系检验

表 5 – 12 序列 $\ln y_1$ 与 $\ln x_1$、$\ln x_2$ 之间的 Johanson 协整检验结果

零假设协整个数	特征值	迹统计量	5% 临界值	概率
None*	0.733	39.017	35.193	0.018
At most 1	0.293	11.313	20.262	0.512
At most 2	0.174	4.037	9.165	0.407

注：*滞后阶数是 2，模型形式 2。

从表 5 – 12 可以看出，在 5% 显著性水平条件下只有 1 个协整方程，协整方程如下：

$$\ln y_1 = 0.184 + 0.243\ln x_1 + 0.07\ln x_2$$

以上协整检验显示财政支农投入和金融信贷资金对经济系统可持续发展存在长期、稳定的均衡关系。财政支农投入每增加 1%，绿洲农业经济系统发展水平提高 0.243%；金融机构农业贷款资金每增加 1%，绿洲农业经济系统发展水平提高 0.07%。财政支农资金对提高绿洲农业经济系统发展水平的影响超过金融信贷影响效应，财政支农效应比金融信贷资金支农对农业经济增长效应高 0.173%。

5.2.3.3 $\ln y_2$ 与 $\ln x_1$、$\ln x_2$ 之间的协整关系检验

表 5 – 13 序列 $\ln y_2$ 与 $\ln x_1$、$\ln x_2$ 之间的 Johanson 协整检验结果

零假设协整个数	特征值	迹统计量	5% 临界值	概率
None*	0.712	36.692	29.797	0.007
At most 1	0.442	11.794	15.495	0.167
At most 2	0.006	0.130	3.841	0.719

注：*滞后阶数是 2，模型形式 3。

从表 5 – 13 可以看出，在 5% 显著性水平条件下只有 1 个协整方程，协整方程如下：

$$\ln y_2 = 0.118\ln x_1 + 0.103\ln x_2$$

以上协整检验显示财政支农投入和金融信贷资金对经济系统可持续发展存在长期、稳定的均衡关系。财政支农投入每增加 1%，绿洲农业环境系统发展水平提高 0.118%；金融机构农业贷款资金每增加 1%，绿洲农业环境系统发展水平提高 0.103%。财政支农对提高绿洲农业经济系统发展水平的影响超过金融信贷资金影响效应，财政支农效应比金融信贷资金支

农对农业经济增长效应高 0.015% 。

5.2.3.4 $\ln y_3$ 与 $\ln x_1$ 、$\ln x_2$ 之间的协整关系检验

表 5 – 14 序列 $\ln y_3$ 与 $\ln x_1$、$\ln x_2$ 之间的 Johanson 协整检验结果

零假设协整个数	特征值	迹统计量	5% 临界值	概率
None*	0.629	38.028	35.193	0.024
At most 1	0.394	17.211	20.262	0.125
At most 2	0.272	6.68	9.16	0.144

注: *滞后阶数是 1,模型形式 2。

从表 5 – 14 可以看出,在 5% 显著性水平条件下只有 1 个协整方程,如下:

$$\ln y_3 = -0.0231 + 0.059\ln x_1 + 0.084\ln x_2$$

以上协整检验显示财政支农投入和金融信贷资金对社会人口系统可持续发展存在长期、稳定的均衡关系。财政支农投入每增加 1% ,绿洲农业经济系统发展水平提高 0.059% ;金融机构农业贷款资金每增加 1% ,绿洲农业经济系统发展水平提高 0.084% 。金融机构农业贷款对提高绿洲农业社会人口系统发展水平的影响超过财政支出投入,金融信贷资金支农比财政支农投入对社会人口系统增长效应高 0.025% 。

5.3 财政金融投入对绿洲农业可持续发展拉动效应分析

状态空间模型(State Space Model)经常被用来估计不可观测因素对时间序列的影响,如理性预期、测量误差、长期收入和趋势、循环要素(Harvey, A. C. , 1989)。

5.3.1 状态空间模型

1. 用状态空间模型来表示系统的动态变化,其优点:一是状态空间模型将不可观测的状态变量并入可观测模型中,并与其一并进行估计;二是状态空间模型是利用强有力的迭代算法——卡尔曼滤波(Kalman Filter)来估计(詹姆斯·D. 和汉密尔顿,1994)。

设 y_t 是包含 k 个经济变量的 $k \times 1$ 维可观测向量。这些变量与 $m \times 1$ 维向量 α_t 有关, α_t 被称为状态向量。定义"量测方程"(Measurement Equation)也称"信号方程"为

$$y_t = Z_t\alpha_t + d_t + u_t \qquad t = 1,2,3,\cdots,T \qquad (5.5)$$

式中，T 表示样本长度；Z_t 表示 $k \times m$ 矩阵；d_t 表示 $k \times 1$ 向量；u_t 表示 $k \times 1$ 向量，是均值为 0，协方差矩阵为 H 的连续的不相关扰动项，即

$$E(u_t) = 0 \qquad \mathrm{var}(u_t) = H_t$$

α_t 元素是不可观测的，然而可表示成一阶马尔可夫过程。以下称为转移方程或状态方程（State Equation）：

$$\alpha_t = T_t\alpha_{t-1} + c_t + R_t\varepsilon_t \qquad t = 1,2,3,\cdots,T \qquad (5.6)$$

式中，T_t 表示 $m \times m$ 矩阵；c_t 表示 $m \times 1$ 向量；R_t 表示 $m \times g$ 矩阵；ε_t 表示 $m \times g$ 向量，是均值为 0，协方差矩阵为 Q_t 的连续的不相关扰动项，即

$$E(\varepsilon_t) = 0 \qquad \mathrm{var}(\varepsilon_t) = Q_t$$

若上述状态空间模型成立，还需要满足下面两个假定：

（1）初始状态变量 α_0 的均值为 a_0，协方差矩阵为 P_0，即

$$E(\alpha_0) = a_0 \qquad \mathrm{var}(\alpha_0) = P_0$$

（2）在所有的时间上，扰动项 u_t 和 ε_t 相互独立，而且和初始状态 α_0 不相关，即

$$E(u_t\varepsilon_t{}') = 0 \qquad s,t = 1,2,\cdots,T$$

量测方程的中矩阵 Z_t，d_t，H_t 与状态方程中的矩阵 T_t，c_t，R_t，Q_t 都称为系统矩阵。被假定为非随机的，能随时间改变，但都是可以预先确定。对于任一时刻 t，y_t 能够被表示为当前的和过去的 u_t 和 ε_t 及初始向量 α_0 的线性组合，故模型是线性的。

2. 可变参数状态空间模型。常用回归模型表示为

$$y_t = \beta x_t + u_t \qquad t = 1,2,3,\cdots,T$$

式中，y_t 是因变量；x_t 是 $1 \times m$ 的解释变量向量；β 是待估计的 $m \times 1$ 未知参数向量；u_t 是扰动项。常用回归模型所估计的参数在样本期内是固定的，一般采用普通最小二乘法、工具变量法等计量模型进行估计。

改革开放以来，受经济改革、政策变化和各种各样的外界冲击等因素的影响，经济结构逐渐变化，用固定参数模型表现不出来这种经济结构的变化。所以需要采用变参数状态空间模型（Time–varying Parameter Model）分析不同时间经济政策的变化状态（高铁梅，2006）：

$$y_t = \beta_t x_t + z_t\gamma + u_t \qquad t = 1,2,3,\cdots,T \qquad (5.7)$$

式中，β_t 是随时间改变的，体现了解释变量对因变量影响关系的改变，假

定变参数 β_t 由 AR（1）描述

$$\beta_t = \varphi\beta_{t-1} + \varepsilon_t \tag{5.8}$$

扩展为 AR（p）模型，并且假定

$$(u_t, \varepsilon_t)' \sim N\left(\begin{pmatrix} 0 \\ 0 \end{pmatrix}, \begin{pmatrix} \sigma^2 g \\ g \quad Q \end{pmatrix}\right), \qquad t = 1, 2, 3, \cdots, T$$

u_t 和 ε_t 不一定相互独立，且服从均值为 0、方差分别为 σ^2 和协方差矩阵为 Q，且 $\mathrm{cov}(u_t, \varepsilon_t) = g$ 的正态分布。

可变参数 β_t 是不可观测变量，必须利用可观测变量 y_t 和 x_t 来估计。可变参数模型是状态空间模型的一种形式。

5.3.2　财政金融投入对绿洲农业可持续发展的拉动效应分析

在协整检验分析中，财政支农投入、金融机构农业贷款对绿洲农业可持续发展具有长期均衡关系，所以选择财政支农投入（x_1）和金融机构农业贷款（x_2）作为解释变量，利用状态空间可变参数模型方法建立动态绿洲农业可持续发展模型。

5.3.2.1　财政支农和金融信贷资金对绿洲农业可持续发展的拉动效应分析

利用卡尔曼滤波对财政支农投入和金融机构农业贷款对绿洲农业可持续发展综合水平的弹性系数进行估计，模型如下：

测量方程：$y_t = \pi + \alpha_t x_{1_t} + \beta_t x_{2_t} + u_t$

状态方程：$\alpha_t = \alpha_{t-1}$

$\qquad\qquad \beta_t = \beta_{t-1}$

可变参数模型定义形式如下：

@ param c（2）－6.3589

@ signal lny = c（1）＋sc1×ln$x$1 + sc2×ln$x$2 +［var = exp（c（2））］

@ state sc1 = sc1（－1）

@ state sc2 = sc2（－1）

得到财政支农投入和金融机构农业贷款对绿洲农业可持续发展综合水平的可变参数模型估计如下：

$$\ln y_t = -0.2379 + sc1_t \ln x_{1_t} + sc2_t \ln x_{2_t} + u_t$$

表 5 – 15 绿洲农业可持续发展可变参数模型参数的估计值及检验

参数	Coefficient	Std. Error	z – Statistic	Prob.
c (1)	– 0. 2379	0. 0719	– 3. 3072	0. 0009
c (2)	– 6. 2680	0. 3889	– 16. 1157	0. 0000
参数	Final State	Root MSE	z – Statistic	Prob.
sc1	0. 0979	0. 0150	6. 5086	0. 0000
sc2	0. 2151	0. 0116	18. 4700	0. 0000

从表 5 – 15 可以看出，可变参数模型的估计值通过检验，模型形式选择正确。

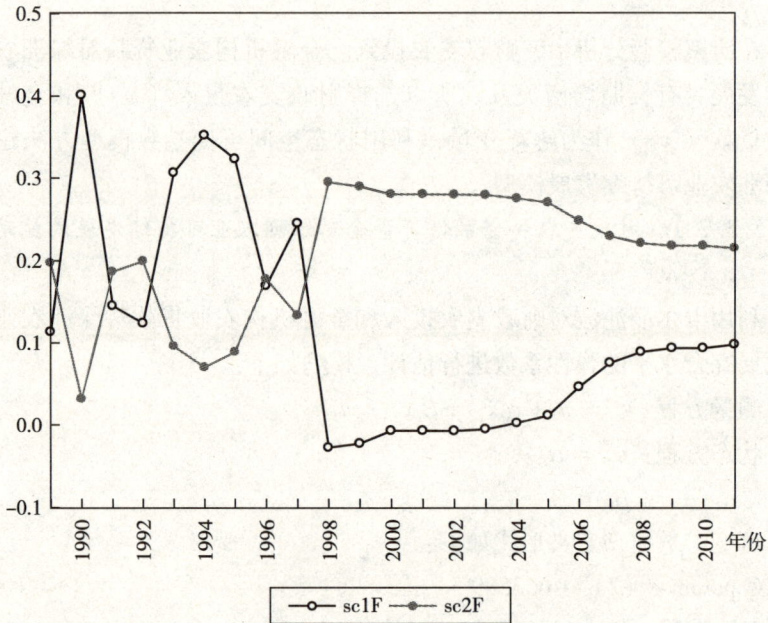

图 5 – 4 财政投入和金融机构农业贷款对农业可持续发展的弹性系数

1. 从图 5 – 4 中可以看出，绿洲农业可持续发展的财政支农投入弹性系数 sc1 在 – 0. 0276 ~ 0. 401 波动，波动起伏较大。财政支农投入每增长 1%，绿洲农业可持续发展水平平均提高约 0. 114%。以 1997 年为界分为两个时期。

1989—1997 年，财政支农投入的弹性系数出现跳跃式上升和下降。新疆在 1984 年开始推行家庭联产承包，到 1989 年已全面推行，同时提高农副产品收购价格，农产品产量迅速增加，粮食产量年均增长速度为 4%，棉花产量年均增长速度为 19%，农民人均纯收入每年增长 13.47%，农民生活状况显著改善。农业的相关投入迅速增加，财政为支持绿洲农业的发展，加大支农投入，缓解农业生产资金不足，有效地改善了农业、农村基础设施，激发了农民生产积极性，农业产值高速增长，年增长率为 20.5%。财政支农资金投入占地方预算支出的比例较高，平均为 10.59%。1989—1994 年每年财政支农的比重都在 10% 以上，1989 年达到 12.06%，是 1989—2006 年期间的最高比例，促使 1990 年财政支农投入的弹性系数出现跳跃式急速上升，从 1989 年的 0.11 上升到 1990 年的 0.4。随后财政支农投入占地方预算支出的比例开始逐年下降，从 1990 年的 11.8% 下降到 1992 年的 11.37%，同时也表现为同期弹性系数的下降，从 0.4 下降到 0.12。1995 年财政支农投入占地方预算支出的比重开始迅速下降，1995 年比 1994 年财政支农投入占地方预算支出的比重下降了 2.1%，弹性系数也从 1995 年的 0.35 迅速下降到 1996 年的 0.169。在这一时期土地经营制度变革政策对绿洲农业生产的促进作用充分显现。

1997—2011 年，绿洲农业生产资料价格上涨迅速，粮食增产，同时出现"卖粮难"，农民增收缓慢，1997—1999 年农民收入为负增长，但所承担的税收和摊派却相应增加，每年以 12.7% 和 29.3% 的速度增长，农民收入增长小于税负和摊派的增长速度（张彦虎，2008）。因为农民增收困难，1998 年新疆生产建设兵团实行"两费"自理（生产费用和生活费用自理）职工家庭联产承包责任制，取得一定的成效，同时新的问题显现（如"两费"资金的筹集问题和生产经营权限问题）。1997—2002 年财政支农投入总额有所增加，但财政支农占地方预算支出的比重从 8.79% 下降到 5.64%（近 23 年的最低水平）。财政投入的下降也使财政支农投入弹性系数处于 −0.01 附近低位徘徊。2002—2011 年财政支农投入总额和所占比重不断提高，2009 年提高到 14.61%，同期财政支农投入弹性系数从 −0.007 提高到 0.09。

通过以上分析，财政支农支出占地方预算支出的比重、财政支农政策的变化和农业发展政策对绿洲农业可持续发展水平有着重要的影响。

2. 从图 5-4 中可以看出，绿洲农业可持续发展的金融机构农业贷款弹性系数 sc2 在 0.03~0.295 之间波动，波动较大。金融机构农业贷款投入每增长 1%，绿洲农业可持续发展水平平均提高约 0.2079%。以 1997 年为界分为两个时期。

1989—1997 年，金融机构农业贷款投入弹性系数出现跳跃式下降和上升。与金融机构农业贷款占全部贷款的比重有着密切的关系，1989 年农业贷款的比重从 10.09% 下降到 1999 年的 7.99%，下降了 2.1 个百分点，同期弹性系数 sc2 从 0.19 下降到 0.03；随后又迅速反弹，但是同期的金融机构农业贷款的比重进一步下降，出现迅速下降的趋势。主要因为金融机构农业贷款总额不断增加的同时，政府提高农副产品收购价格政策和宏观经济的高速增长，农业贷款的弹性系数 sc2 不断上升，1996 年上升到 0.17 后，1997 年随着亚洲金融危机和宏观经济政策的紧缩，农业贷款的比重迅速收缩到 4.22%，弹性系数也下降到 0.13。

1998—2011 年，金融机构农业贷款投入的弹性系数在 0.26 左右徘徊，同期的金融机构农业贷款占全部贷款的比重也稳定维持在 6%~10%，平均为 8.6%。由于农民增收困难，农产品产量比 1989—1997 年有所下降，棉花产量年增长速度为 0.49%，粮食产量增长速度为 9.69%。经过产业结构的调整、农村劳动力的分流，农业生产也处于平稳发展的阶段，农业贷款总额不断增加，但农业贷款所占比重维持平稳。

3. 对比图 5-4 可以看出，财政支农投入和金融机构农业贷款对绿洲农业可持续发展水平的拉动系数都是以 1997 年为界分为两个时期，1997 年之前，弹性系数波动较大，1997 年之后，弹性系数平稳。所不同的是 1997 年之前财政支农投入弹性是急速上升而后迅速下降，而金融机构农业贷款弹性系数的变化则相反，先迅速下降而后上升。

财政支农投入和金融机构农业贷款弹性系数的变化与财政支农支出占地方预算支出的比重和金融机构农业贷款占全部贷款的比重有着密切的关系。基本是随着比重的提高弹性系数值也变大。反之，比重下降，弹性系数值也变小。

从 1989—2011 年财政支农支出和金融机构农业贷款对绿洲农业可持续发展的拉动系数看，就平均而言，金融机构农业贷款的拉动效应更大些，平均为 0.21，而财政支农为 0.11。但是 1997 年之前，财政支农拉动系数略大于金融机构农业贷款，而 1998 年后出现相反的情况。

5.3.2.2 财政支农投入和金融机构农业贷款对经济系统拉动效应分析

建立财政支农投入和金融机构农业贷款对经济系统拉动作用的可变参数模型，用卡尔曼滤波对弹性系数进行估计，模型如下：

测量方程：$y1_t = \pi + \alpha_t x1_t + \beta_t x2_t + \gamma_t x1_{t-1} + u_t$

状态方程：$\alpha_t = \alpha_{t-1}$

$\quad\quad\quad\quad \beta_t = \beta_{t-1}$

$\quad\quad\quad\quad \gamma_t = \gamma_{t-1}$

可变参数模型定义形式如下：

@ paramc（2）－5.4810

@ signal $\ln y_1$ = c（1）+ sc3 × $\ln x_1$ + sc4 × $\ln x_2$ + sc5 × $\ln x_1$（－1）+ [var = exp（c（2））]

@ state sc3 = sc3（－1）

@ state sc4 = sc4（－1）

@ state sc5 = sc5（－1）

得到财政支农支出和金融机构农业贷款对经济系统的可变参数模型，估计如下：

$$\ln y_{1_t} = -0.0986 + sc3_t \ln x_{1_t} + sc4_t \ln x_{2_t} + sc5_t \ln x_{1_{t-1}} + u_t$$

表 5－16　　　经济系统可变参数模型参数的估计值及检验

参数	Coefficient	Std. Error	z－Statistic	Prob.
c（1）	－0.0986	0.1276	－0.7726	0.4398
c（2）	－5.4823	0.3614	－15.1691	0.0000
参数	Final State	Root MSE	z－Statistic	Prob.
sc3	0.1353	0.0362	3.7316	0.0002
sc4	0.2004	0.0187	10.7458	0.0000
sc5	0.0863	0.0384	2.2508	0.0244

从表 5－16 可以看出可变参数模型的估计值通过检验，模型形式选择正确。

1. 从图 5－5 可以看出，当期和前一期财政支农对绿洲农业经济系统推动的弹性系数平均为 0.19 和 0.03，且都以 1999 年为界分为两个时期，1999 年前波动较大，1996 年后平稳。由于 1994 年粮食减产，1995 年物价上涨，农产品供求市场出现存量不足，农产品商品率提升，达到整个 20 世

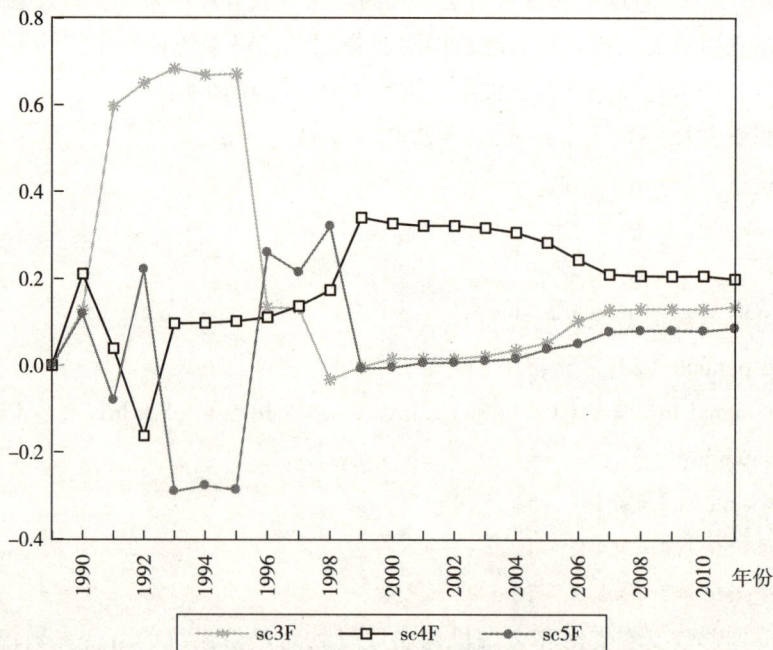

图 5 - 5　财政支农、金融机构农业贷款对经济系统发展的弹性系数

纪 80 年代和 90 年代的最高水平 49%。农产品价格上涨较快，为平抑农产品价格，满足人民生活基本需求，1996 年增加了财政支农支出，比 1995 年增长了 31%，农村固定资产投资增加迅速，财政支农的增加使弹性系数趋稳。1997 年财政支农支出出现负增长之后，财政支农支出占地方预算支出的比重不断下降，农业劳动生产率和土地生产率有所提高，农业产值平稳增长，财政支农对绿洲农业经济系统的拉动效应显示了政策的取向，对其他投资主体参与农业投资和农业生产经营的发展具有方向性指引。

2. 从图 5 - 5 可以看出，金融机构农业贷款对绿洲农业经济系统的弹性系数平均为 0.19，以 1999 年为界分为两个时期，1999 年以前波动起伏较大，1999 年后弹性系数平稳在 0.27 左右，总体是下降的趋势。主要受宏观经济政策的影响，在通货膨胀的压力下，1993 年金融机构农业贷款占全部贷款的比重比上一年下降了 2.71%，虽然金融机构农业贷款的比重下降，但是由于农产品价格快速上涨，在一定程度上刺激了农民生产积极性，使农业生产维持平稳。1999 年后，农业生产成本增加，农产品价格下降，同期农民负担增加，农业生产面临结构调整。2002 年政府出台政策保护农产品的生产，维持价格的稳定，农业贷款比重开始缓慢回升，弹性系数稳中有降。

3. 财政支农比重的增减反应了政府对农业生产的政策取向，也是其他投资主体判断农业发展方向的重要指标。金融机构农业贷款的比重既受农业发展中资金需要量的影响，也受到宏观经济政策调整的影响。财政支农和金融机构农业贷款的弹性系数在 1999 年后相对平稳，说明 80 年代的土地政策改革的影响已在 1999 年前后全部释放，1999 年后农业发展面临农民增收困难、产业结构调整等新的问题。

5.3.2.3　财政支农投入对环境系统拉动效应分析

上一节的回归检验中发现金融机构农业贷款对绿洲农业环境系统的回归不显著，协整检验中也发现不存在长期均衡关系。所以在建立可变参数模型时，仅研究财政支农投入对环境系统的拉动效应。

建立财政支农投入对绿洲农业环境系统推动作用的可变参数模型，用卡尔曼滤波对弹性系数进行估计，模型如下：

测量方程：$y_{2_t} = \pi + \alpha_t x_{1_t} + u_t$

状态方程：$\alpha_t = \alpha_{t-1}$

可变参数模型定义形式如下：

@ param c（2）−5.8085

@ signal $lny_2 = c（1）+ sc6 \times lnx_1 + sc7 \times lnx_2 + [var = \exp（c（2））]$

@ state sc6 = sc6（−1）

@ state sc7 = sc7（−1）

得到财政支农投入和金融机构农业贷款对绿洲农业环境系统的可变参数模型，估计如下：

$$lny_{2_t} = -0.5595 + sc6_t lnx_{1_t} + sc7_t lnx_{2_t} + u$$

表 5 −17　　　　环境系统可变参数模型参数的估计值及检验

参数	Coefficient	Std. Error	z − Statistic	Prob.
c（1）	− 0.5595	0.0943	5.9335	0.0000
c（2）	− 5.7172	0.4180	− 13.6763	0.0000
参数	Final State	Root MSE	z − Statistic	Prob.
sc6	0.0559	0.0198	2.8202	0.0048
sc7	0.2129	0.0153	13.8755	0.0000

从表 5 - 17 可以看出，可变参数模型的估计值通过检验，模型形式选择正确。

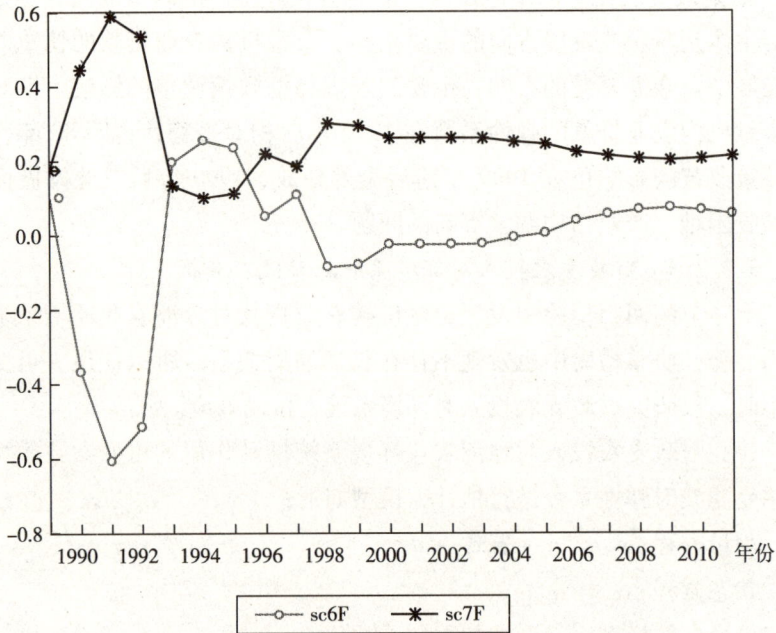

图 5 - 6 财政支农对环境系统发展的弹性系数

从图 5 - 6 可以看出，财政支农对绿洲农业环境系统发展的拉动作用的弹性系数平均为 0. 02，1994 年最高是 0. 25，1991 年最低是 - 0. 6，1989—1998 年波动较大，1999—2011 年稳中有升。

新疆政府 1988 年实施农业综合开发政策，集中财政财力，采取综合投入、综合治理的办法，通过改造中低产田、开垦宜农荒地、改善农业生态条件以达到促进农业可持续发展、增强农业发展后劲的一项重大举措。1988—1999 年主要以改造中低产田为主，适当地增加耕地，适度开荒，同时为解决水资源匮乏和时空区域分布不平衡的矛盾，将基础设施建设的重点放在水利上，大批水利设施的建成，保证了农业生产的灌溉，使水资源得到了合理的分配利用，提高了水资源的利用率，增加了土地灌溉面积。在加强水利设施建设的同时，加大对节水措施的技术推广，从 1999 年开始在全区进行节水项目的示范，推广喷灌、滴灌、微灌和膜下灌等先进的节水技术，通过水利设施的建设，新增和改善了灌溉面积，为绿洲农业的可持续发展创造了条件。1999 年，为了全面贯彻落实西部大开发的战略方针，加快改善农业生态建设步伐，合理利用和保护农业资源，农业综合开发全面禁止开荒，对不适宜农业种植的土地，进行生态建设。2001 年，农业综合开发还专门设立了农业生态工程项目，截至 2007 年完成 42 万亩的农业生态工程建设。2007 年，财政一般预算支出中单列环境保护支出226 175 万元，改善农业生态环境，控制局部的水土流失，增加农业抵御自然灾害的能力，为绿洲农业可持续发展提供了保障。

新疆是干旱区，资源环境脆弱，随着经济的发展，农业生态环境恶化，土壤盐碱化，过度使用化肥、农药，水污染严重。农业生态环境的恶化是制约当前农业可持续发展的重要障碍（王金秀和郑志冰，2007）。1989—2011 年财政支农支出对绿洲农业环境系统的改善起到了一定的促进作用，也为农业可持续发展提供了保障。

从图 5 - 6 可以看出，金融机构农业贷款对绿洲农业环境系统发展的拉动作用的弹性系数平均为 0. 26，1991 年最高是 0. 59，1994 年最低是 0. 1，1989—1998 年波动较大，1999—2011 年弹性系数稳中有降。

对比财政支农支出和金融机构农业贷款对绿洲农业环境系统的拉动效应，总体金融机构农业贷款效应要优于财政支农支出的效应。环境属于公共产品，应该有政府财政投入，但是金融机构农业贷款的拉动效应却比财政支农支出的高，说明财政支农资金的使用效率还有待进一步提高。

5.3.2.4　财政支农投入和金融信贷资金对社会人口系统拉动效应分析

建立财政支农投入和金融机构农业贷款对绿洲农业社会人口系统推动作用的可变参数模型，用卡尔曼滤波对弹性系数进行估计，模型如下：

测量方程：$y_{3_t} = \pi + \alpha_t x_{1_t} + \beta_t x_{2_t} + u_t$

状态方程：$\alpha_t = \alpha_{t-1}$

　　　　　$\beta_t = \beta_{t-1}$

可变参数模型定义形式如下：

@ param c （2） - 7. 1747

@ signal $\ln y_3$ = c （1） + sc8 × $\ln x_1$ + sc9 × $\ln x_2$ + ［var = exp （c （2））］

@ state sc8 = sc8 （ - 1）

@ state sc9 = sc9 （ - 1）

得到财政支农投入和金融机构农业贷款资金对绿洲农业社会人口系统

的可变参数模型，估计如下：

$$\ln y_{3_t} = -0.0154 + sc8_t \ln x_{1_t} + sc9_t \ln x_{2_t} + u_t$$

表 5 – 18　　　　社会人口系统可变参数模型参数的估计值及检验

参数	Coefficient	Std. Error	z – Statistic	Prob.
c (1)	– 0.0154	0.0534	– 0.2880	0.7733
c (2)	– 7.0833	0.4495	– 15.7594	0.0000
参数	Final State	Root MSE	z – Statistic	Prob.
sc7	– 0.0211	0.0100	– 2.1075	0.0351
sc8	0.1600	0.0077	20.6512	0.0000

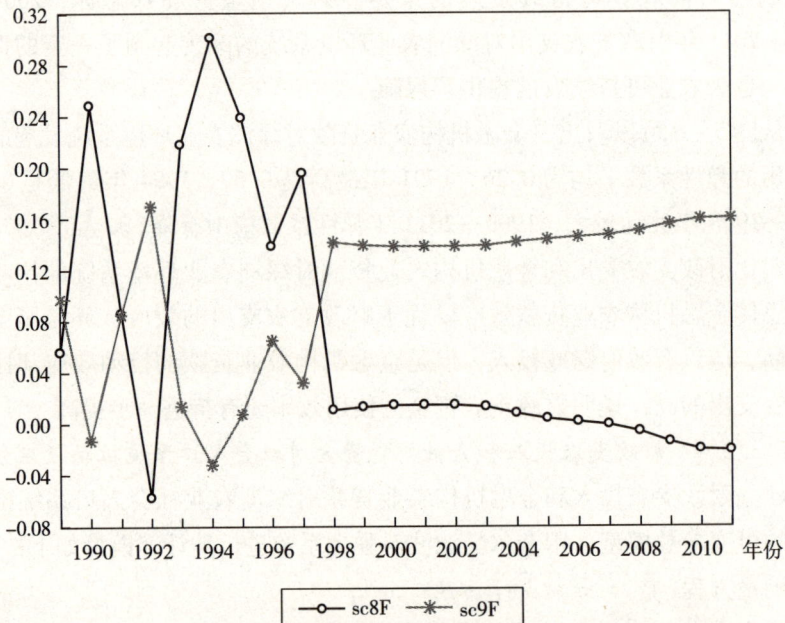

图 5 – 7　财政支农和金融机构农业贷款对社会人口系统发展的弹性系数

从图 5 – 7 可以看出，财政支农对绿洲农业社会人口系统的拉动作用的弹性系数平均为 0.063，1994 年最高为 0.301，1992 年最低为 – 0.05，1989—1997 年波动较大，1998—2011 年平稳，有下降的趋势，仍说明财政支农支出对社会人口系统的拉动效应受财政支农投入占财政支出比重的影响，支出比重大，拉动效应明显，反之则相反。

从图 5 – 7 可以看出，金融机构农业贷款对绿洲农业社会人口系统拉动作用的弹性系数平均为 0.107，1992 年最高为 0.17，1994 年最低为 −0.03，1989—1997 年波动较大，1998 年之后平均为 0.16，说明金融机构农业贷款对社会人口系统的拉动作用较大，尤其是 1998—2011 年后，农业贷款每增加 1%，社会人口系统的可持续发展水平平均提高 0.16%。

城乡收入差距和农村医疗服务不足是绿洲农业可持续发展社会人口系统的中突出的问题。城乡收入差距从 1989 年的 2.15 倍提高到 2011 年的 3.17 倍，1995 年城乡收入差距最大达到 3.58 倍，农民增收缓慢是城乡收入差距扩大的主要原因。财政对社会人口系统的拉动主要是促进教科文卫事业、对特困和困难农民给予生活补贴，不能解决城乡收入差距问题。农业贷款可以解决农民从事农业生产中资金不足，帮助农民增加收入，1998 年以来金融机构农业贷款对社会人口系统的拉动作用比财政支农的作用大。

5.4　小结

1. 财政金融投入对绿洲农业可持续发展具有长期均衡关系。通过以上分析可以总结出，财政支农投入和金融信贷资金对绿洲农业可持续发展存在长期、稳定的均衡关系。财政支农投入和金融机构农业贷款每增加 1%，绿洲农业可持续发展水平分别提高 0.114% 和 0.108%。财政支农投入和金融信贷资金对经济系统可持续发展也存在长期、稳定的均衡关系。财政支农投入和金融机构农业贷款资金每增加 1%，绿洲农业经济系统发展水平分别提高 0.186% 和 0.218%。财政投入对环境系统可持续发展之间存在长期、稳定的均衡关系，财政支农投入每增加 1%，绿洲农业资源与环境系统发展水平提高 0.138%。财政支农投入和金融信贷资金对社会人口系统可持续发展存在长期、稳定的均衡关系。财政支农投入和金融机构农业贷款资金每增加 1%，绿洲农业经济系统发展水平提高 0.180% 和 0.047%。

2. 不同时期财政金融投入的拉动效应不同。从以上分析可以看出，财政金融投入对绿洲农业可持续发展水平和各子系统发展的拉动效应在不同时期差异较大。总体以 1997 年或 1998 年为界，在 1997 年或 1998 年之前拉动效应起伏较大，受宏观经济政策和各种财政金融支农政策的影响，1997 年或 1998 年后财政金融投入的拉动效应趋稳，绿洲农业和各子系统可持续发展水平平稳发展。

财政金融投入的拉动效应都与财政支农支出占地方预算支出的比重和金融机构农业贷款占金融机构全部贷款的比重有着密切的关系。财政金融投入占比的变化反应了政府财政和金融机构对农业投入政策变化。

财政支农投入和金融机构农业贷款对绿洲农业可持续发展和各子系统发展都有一定的拉动效应，进一步验证了以上协整分析的有效性。

3. 财政金融支农政策对绿洲农业可持续发展有重要的影响。从财政金融投入对绿洲农业可持续发展和各子系统发展的拉动效应可以看出，不同时期政府和金融机构对农业发展政策不同，对绿洲农业可持续发展的拉动效应不同。1984 年开始的农村土地承包经营改革政策，在随后的十年，对绿洲农业的发展起了极大的促进作用，财政支农投入和金融机构农业贷款所占比重也较多，但是随着政策效应的减弱，财政支农投入和金融机构农业贷款资金也相对减少，引起了 20 世纪 90 年代中期以后农业发展的困境。从以上绿洲农业的发展历史来看，农业要实现可持续发展需要长期的财政金融政策的支持。对绿洲农业来说，要实现可持续发展，必须要有政策的支持，而且需要长期的制度安排，而非短期效应所能达到的。

第六章　国外农业可持续发展融资经验与借鉴

借鉴其他国家在农业可持续发展中的经验为构建适合新疆绿洲农业实现可持续发展的融资机制提供依据。国外一些发达国家和发展中国家经过长期的探索，形成了各具特色的农业可持续发展融资模式，本章对这些国家的农业可持续发展融资模式进行分析和总结，为构建绿洲农业可持续发展融资机制提供借鉴。

6.1　发达国家农业可持续发展融资经验

6.1.1　美国农业可持续发展融资经验

1. 财政支持农业可持续发展的投入。

（1）农业补贴。"美国农民收入中有 22% 来自于政府的补贴。美国的农业补贴主要包括商品补贴、资源保护补贴和农产品贸易补贴"（董伟炜，2006）（尹凤梅，2007）。

商品补贴：美国最重要和最根本的农业补贴，依据美国《2002 年农场安全与农村投资法》（以下简称《2002 年农业法》），在 2013 年后的 10 年，商品补贴主要通过"固定收入补贴"、"销售贷款合同差额补贴"和"反周期波动补贴"。固定收入补贴，也叫直接补贴，以农民自愿参加，政府依据农民种植农作物的面积和产量，对不同的农作物提供一个固定的补贴。销售贷款差额补贴是政府为保证农民顺利出售农产品而制定保护价，以此保护价贷款给农民，如果市场价低于保护价，政府就两者的差额给予农民补贴，如果市场价高于保护价，将不予补贴（李平，2002）。反周期波动补贴是《2002 年农业法》中新设计的一种补贴制度。当农产品的实际有效价格低于政府确定的目标价格时，政府向农民提供反周期补贴。该补贴与市场价格成反向运动，保证了农民的收入水平，政府为农民分担农业生产的市场风险。当农产品价格下跌时补贴增加，反之则减少（杨芳，2009）。

资源保护补贴：根据《2002 年农业法》，美国在 2002—2007 年再投资
220 亿美元用于农业资源保育计划项目，主要包括土地休耕计划、农田水
土保持、湿地保护、草地保育、农田与牧场环境激励项目等。《2003 年农
业援助法案》向遭受与气候有关的灾害及其他紧急情况损失的生产者提供
补贴，包括作物灾害计划、牲畜补偿计划和牲畜援助计划三种农业补贴政
策。提供用于生产结构调整的投资补贴，以优惠利息给农民提供短期或长
期贷款，给各州拨款，帮助有困难的农民偿还贷款。

农产品贸易补贴：根据《2002 年农业法》，美国在 2002—2007 年，投
资 8.75 亿美元用于提高美国农产品出口的市场机会和拓宽国际市场；每年
投资 4.78 亿美元用于援助那些因国外有关农产品实施出口补贴而遭受损失
的美国出口商；每年对新增生物技术项目投资 6 万美元，用于商签双边动
植物和转基因议定书及快速对付非关税措施对出口造成的影响。此外，美
国农业部还向美国出口商免费提供国际农产品综合信息服务。除直接的出
口补贴外，美国还实施了规避出口补贴的间接出口补贴，即以出口信贷促
进加工品和高价值的农产品出口，同时将还款期由 180 天延长为 360 天。

由此可以看出美国《2002 年农业法》规定的主要农业补贴政策呈现出
"大幅度提高农业补贴水平、调整补贴方式、扩大补贴范围、补贴分配相
对集中等特点"（胡国珠和胡彩平，2009）。

（2）税收优惠。美国税制中没有开征农业税，并且对于农业生产、投
资都有相应的税收优惠条款，税收优惠涉及农业所得税、遗产税和销售税
等多方面。农业投资被认为是农场主合理、有效的避税方式，采用农业投
资最高可以避税达到应税收入的 48%，购买农业机器设备、建设生产用房
等开支可从当年销售收入中扣除相应的税款；农业生产者在未售出农产品
或已售出但是未收到款项前可以申请延期纳税；对出售农业固定资产的收
入可减免 60% 的税款；在遗产税上，鼓励继承农场主遗产者，继续从事农
业生产、经营，在税收方面的减免、降低遗产征税标准和延长支付遗产税
的期限等方面给予极大的税收优惠。

（3）农业基本建设投资。美国的农业基本建设投资包括由国家和州政
府直接投资组织建设的大型农田基本建设和水利工程建设，《2002 年农业
法》计划投资 10.3 亿美元完善农业基础设施。中小型灌溉设施由农场主
个人或联合投资，农业部给予一定的资助。同时，向农业地区以投资、提

供资助或赠款的形式发展交通运输、供电和通信事业，提高农业生产条件。

（4）农业科技投入。美国在农业方面的科技投入力度较大，不仅高于发达国家的平均水平，也高于国内社会平均科技投入水平。美国农业科技投入强度（农业科技投入强度是指农业研发经费占农业产值的比重）在2002年已经超过了3%，而中国的农业科技投入强度到2005年才达到0.49%。美国政府的农业科技投资额每年保持8%的增长率，同时在私人投资农业科技方面建立了完善的产权、法律制度、收益分配和利益补偿机制。在政府政策支持的条件下，美国私人在农业科技方面的投资也迅速增长，私人投资在整个科技投资额中所占比重已经超过50%（彭宇文和吴林海，2007）。

2. 金融机构支持农业可持续发展的投入。美国农业金融体系经过一百年的发展，形成了完善的农业金融服务体系，包括农业政策性金融机构、农业合作性金融机构、农业商业性金融机构和私人信贷。这些金融机构之间分工协作，互相配合，通过各种渠道为农业可持续发展提供金融服务，满足农业可持续发展的资金需求。

（1）政策性金融机构。美国政策性金融机构的资金来源主要是政府提供的资本金、预算拨款和部分借款，在资金运用上主要是商业金融机构不愿提供的贷款服务。主要用于调节农业生产规模和发展方向，贯彻农业金融政策。政策性金融机构主要有农民家计局、商品信贷公司和农村电气化管理局。农民家计局是美国农业部直属机构，不以营利为目的，贷款对象主要是从商业银行不能获得利率合理、期限适宜贷款的实力较弱的农民，贷款以中长期为主，利率明显低于市场利率（郭翔宇等，2007）；同时，对商业银行或其他金融机构按农民家计局贷款计划向农民借款人发放的贷款提供担保。商品信贷公司是美国政府为应对自然灾害和农业危机而组建的，资金来源于国库拨付。主要业务是向执行休耕计划的农场提供农产品抵押贷款；对洪水、干旱等自然灾害造成的损失给予补贴；对市场价低于目标价的差额给予价格补贴；为购买存储和干燥及其他处理设备提供贷款。1935年成立农村电气化管理局，是农业部下属机构，贷款基金由政府提供，主要为非营利性电业合作社组织和农场等发放贷款，用于组建农村电网、购买发电设备等。

（2）合作金融体系。美国的合作金融体系由联邦中期信贷银行、合作社银行、联邦土地银行组成，由农业信用管理局管理（洪民荣，2009）。联邦中期信贷银行是都市工商业金融与农业金融之间的桥梁，在都市吸取资金用于投放农村。不直接给农户贷款，而是为农民合作社或其他农民营业组织提供中短期动产农业抵押贷款。合作银行主要是对合作社所需的设备添置、运营资金和购入商品提供各种期限的贷款，目的为促进合作社扩大农产品销售、储存、包装和加工农产品，保证农业生产资料供应和相关活动，也为农业合作社农产品出口提供贷款。联邦土地银行由 12 个农业信用区的联邦土地银行及其下属的合作社组成，主要为农场主和其他农业经营者提供不动产长期抵押贷款，用于购买土地、修建及生产设施等。

（3）商业性金融机构。美国的商业性金融机构主要有商业银行、私人信贷公司、人寿保险公司和其他个人放贷款者，主要为美国农业提供不动产贷款和生产性短期贷款。商业银行在美国农业金融体系中约占 40%。美国商业性金融机构服务农业的动力来源于政府给予的优惠和支持，能够获得稳定的补贴收入。美国联邦储备银行规定：凡农业贷款占贷款总额的25% 以上的商业银行，可享受税收优惠，联邦法律规定为商业银行的农贷利率提供利率补贴以防止商业银行为获取更高盈利而将农贷资金移到其他领域（谭露，2009）。

（4）农业保险。1938 年美国颁布《联邦农作物保险法》，成立联邦农作物保险公司管理和运营农业保险业务。1980 年美国政府对《联邦农作物保险法》进行重大修改，将农作物保险作为重要的社会保障范畴，在全国全面推行农业保险。到目前为止，美国拥有较为成熟的农业保险体系和完善的相关法律法规，在保障农业安全等方面发挥着重要作用（张辉，2005）。2004 年，美国农业保险费为 41.9 亿美元，承保面积 2.21 亿英亩，赔偿责任金额 446.2 亿美元，其中，政府对农业保险的补贴达到 24.8 亿美元，占美国农业增加值的 1% 以上（王新亮和汪延法，2004）。美国农业保险的运行主要分三个层次：第一层是联邦农作物保险公司（风险管理局），不直接开展农业保险业务，职责为制定全国性险种条款，履行稽核和监督职能，向私营保险公司提供再保险支持；第二层是有经营农业保险资格的私营保险公司，具体经营农业保险业务，从盈利角度出发，私营保险公司是不愿意开办农业保险业务的，是在政府提供的保费补贴、经营费用补贴和税收优惠的条件下，而承担农业保险业务；第三层是农作物保险的代理人和查勘核损人，他们负责具体业务的实施。美国农业保险主要由代理人销售，查勘核损人负责查勘核损工作。代理人和查勘核损人需要经过培训，考试取得资格后才能从业。

6.1.2　法国农业可持续发展融资经验

法国是欧洲农业最发达的国家，财政支农、金融信贷支农为农业实现可持续发展发挥了重要的作用。

1. 财政支持农业可持续发展的投入。对农业的补贴资金来源于法国国家财政补贴和欧共体（欧盟）补贴。

（1）国家财政补贴。法国财政支农补贴主要包括公共财政补贴、税收和社会分摊金减免、农业贴息贷款。主要用于农业和农村国土领域、林业生产林地整治、农业研究和农村教育发展（农业部赴法国农业税费与对农民补贴制度考察团，2004）。2006年，用于农业支持的资金总额达174亿欧元，其中用于农业和农村国土领域占78%，林业的占2%，农业研究和教育占12.5%，农业一般性服务资金支持约占7.5%。法国政府为鼓励农户购买农业机械及配件，给予购买金额20%~30%的补贴，还可提供优惠低息贷款，对农业机构用油进行补贴（李先德，2003，2008）。

（2）欧盟补贴。法国农业收入的三分之一以上来自欧盟的补贴。欧盟对成员国的农业补贴有单一农场补贴（包括牛奶），稳定农产品市场补贴，对达到环境、食品安全、动物健康和动物福利标准的补贴和农村发展补贴，这些补贴鼓励农民生产高质量、符合欧盟标准的农产品；增加了青年人进入农业投资补贴，鼓励青年人进入农业从事生产经营。

2. 金融机构支持农业可持续发展的投入。在法国为农业提供金融服务的主要是政策性金融机构，由法国农业信贷银行集团、互助信贷联合银行、法国土地信贷银行、大众银行和农业保险机构组成（蒋难，2009）。

（1）农业信贷银行集团，是法国最具代表性的农业政策性金融机构，是"上官下民"的所有制形式。农业信贷银行集团由三个层次构成：最高层法国农业信贷银行是全国农业信贷互助银行的管理机构，属官办金融机构；中间层各省农业信贷互助银行，属互助合作性质，负责协调下层间农业信贷业务，分配管理资金，办理转账和投资业务（白钦先、王伟，

2005）；下层是各地方的农业信贷互助银行，由个人及集体成员入股组成，也属互助合作性质，负责吸收和管理活期存款及储蓄存款资金。各级经营管理灵活，上层受农业部和财政经济部直接领导，中层和下层独立自主性较强，政府干预较少，补贴也少，其盈利能力比其他农业政策性金融机构强。

（2）其他政策性金融机构。主要有土地信贷银行、互助信贷联合银行和大众银行。1852 年法国成立的土地信贷银行，属股份制性质银行，实质是受政府控制的半官方金融机构，主要职责是为政府实现住房政策发放长期优惠贷款，从政府处获得利息补贴，发放的土地贷款可以用于购买农业用地、农业生产设备和住房等。互助信贷联合银行由部分信贷合作社组织联合建立，主要是为中小企业提供融资服务的专业信贷机构，为农业中小企业同样提供信贷支持；大众银行属于合作性质的金融机构，主要向会员个人、中小企业和自由职业者发放贷款（杨韶南，2008）。

（3）农业保险。法国的农业保险业务主要由政策性农业保险和互助保险公司承保（陈明文和王林萍，2007）。按法国《农业保险法》规定，火灾、冰雹、牲畜意外死亡风险由互助保险社承保；巨灾风险如洪水、旱灾，互助保险社无力承保的业务，由政府政策性农业保险机构承保。

法国农业互助保险机构由三层组成，呈"金字塔"形。最高层是中央保险公司，主要负责制定经营方针，并对地区或省级保险公司提供再保险；中间层是地区或省级保险公司，在全国各地设立营业网点，独立开展业务，对下层农业保险社提供再保险；基层是农业互助保险社，分布于广大农村，直接面向农民提供各类保险服务。

法国政府为农业保险实行高补贴和低保费政策，农民只需交保费的20% ~50%，其余部分由政府承担。建立民间性的农业保险合作基金组织，互助保险，互助共济，合作基金组织可向中央保险公司办理农业再保险和非官方的国家保险协会进行再保险，分散风险，获得补贴（杨明柱，2009）。中央保险公司是农业保险业务最终风险的承担者。

法国政府根据《农业灾害法》建立全国农业灾害保障基金，对农业灾害进行补偿和对农业保险进行补贴。农业灾害保障基金的资金来源主要是农业保险税收和国家财政预算。1985 年，建立重大自然灾害预防基金以防范和化解农业巨灾风险（田野等，2005）。

6.1.3 日本农业可持续发展融资经验

日本人口多，耕地少，自然环境不适宜发展农业，但日本在第二次世界大战之后，农业生产发展迅速，受益于有完善的农业金融服务体系，支持了日本农业持续健康的发展（康书生等，2006）。

1. 财政支持农业可持续发展的投入。

（1）农业基本建设投资。日本各级地方政府承担基本建设投资，每年编制的"农林水产预算"中相当一部分用于农业公共性基础设施建设。中央政府直接投资大型水利工程、农村公路建设、为小规模农业基础设施建设提供补助金。一般农田改造项目，只要达到标准并经过审批，中央财政就从农业预算中补贴全部费用的50%，都道府县和市町村财政分别补贴25%和15%，而剩余部分也能得到金融机构的优惠贷款。各级政府以补助费的形式承担"公共事业"工程费用的70%~80%。近年来，日本政府每年对农村基础设施投入都在11 000亿日元左右（陈磊等，2006）。

（2）农产品价格风险基金。农产品价格风险基金由农民和政府各出资30%和70%建立，由农林水产省负责管理。当农产品供过于求导致市场价格下降时，基金会大量收购以消化过剩部分农产品，促使农产品价格回升，保护农民的利益；当农产品供不应求导致价格上升时，基金会则卖出储备的农产品，促使价格回落。

（3）农业生产资料补贴和灾害补贴。日本农林水产省规定：凡按一定标准从事平整耕地、区划田块或养猪、养鸡、用温室生产蔬菜的农户，在购置农业机械、建造农用设施方面费用的50%可以从中央政府得到补贴，都府县补贴25%，剩下25%可从接受国家补贴的金融机构得到贷款。灾害补贴的费用由国家承担，补贴对象包括被灾害损失的公共设施及农地、农业设施。

（4）税收优惠。日本农业生产经营者的税收负担比非农业人员低，一般是非农业人员税负的1/2或1/3。政府为资助农业发展而减免农业生产的税收为国内农业生产总值的35%。

2. 金融机构支持农业可持续发展的投入。

（1）农业政策性金融机构。日本农林渔业金融公库是日本唯一的、支持农林渔业发展的农业政策性金融机构。1953年4月，由政府出资成立，设有总行和21个分支机构。主要职责是在农林渔业生产者向农林中央公库和其他金融机构筹集资金发生困难时，为其提供利率较低、偿还期限较长的贷款，以增加农林渔业生产力，农、林和渔业贷款分别占70%、20%和10%。资金主要用于农地改造、灌溉设施的改进、造林、道路建设、渔港建设等生产性基础设施建设，以维持和稳定农林渔业经营、改善生产条件。随着经济发展和农业需求的变化，政府也调整政策目标和支持范围，重点主要集中在农业信贷、林业信贷、渔业信贷和加工、流通信贷业务。涵盖购买农用机具、建造农用设施、改善农村环境、建设渔场设施和农林水产品的加工设施、建设批发市场等内容项目贷款。

农林公库一般不直接办理贷款业务，而是委托农协组织代办，并付给一定的委托费。农林公库的贷款利率虽会因贷款种类和工程性质有不同的规定，总体贷款利率优惠、偿还期限1~45年不等。

（2）农业合作性金融机构。日本支持合作性金融机构主要是农协系统。农村系统主要按照农民自愿、自主的原则登记成立，由三级组成：最基层是农业协同组织；中间层是信用农业协同组合联合会；最高层是农林中央金库。

农业协同组织是日本合作性金融机构的最基层，以市町村一级，直接与农户发生信贷关系，不以营利为目的，为农户办理吸收存款、发放贷款和结算性业务，兼营保险、供销等其他业务。

信用农业协同组织联合会（以下简称信农联），为都道府县一级，帮助基层农村进行资金管理，在全县范围内组织农业资金的结算、调剂和运用。信农联作为农协系统的中层机构，在基层农协和农林中央金库之间起桥梁和纽带作用，以其会员基层农协为服务对象，吸收基层农协的剩余资金，并在基层农协需要时提供融资服务。信农联不能兼营保险、供销等其他业务。

农林中央金库为最高层，属中央一级，是各级农协内部以及农协组织与其他金融机构之间融资渠道。在全国范围内对农协系统内资金进行调剂、融通、清算，并按国家法令营运资金，指导信农联的工作，为其提供咨询。可对会员办理存款、放款、汇兑业务。资金主要用于信农联，同时贷款给关联的大型企业。农林中央金库除向基层和中间层机构提供服务、发行农林债券，还从事资金划拨周转，部分证券投资业务等。

（3）农业商业性金融机构。商业性金融机构不愿经营涉农业务，所以商业性金融机构中农业信贷业务规模较小，所占比重也小。其中经营涉农业务最多的商业性金融机构是地方银行，其次是信用金库，城市银行极少经营农业金融业务。

（4）农业保险。日本采用"三级"制共济组合农业保险制度，形成政府与农业共济相结合的自上而下的农业保险组织体系。市町村的农业共济组合为基层组织，直接承办农业保险；都道府县设农业共济组合联合会，承担共济组合的分保；政府领导的农业机构承担共济组合联合会，承担共济组合的分保；政府对农业保险提供一定比例的保费补贴，保费补贴的比例依费率不同而有所不同，费率越高、补贴越高。农业保险的购买采用强制与自愿相结合的原则，凡关系国计民生和对农民收入影响较大的农作物和饲养动物实行强制保险。

6.2　发展中国家农业可持续发展融资经验

6.2.1　印度农业可持续发展融资经验

1. 财政支持农业可持续发展的投入。印度政府把财政资金中较大比例用于农业，国家每年投入大量的资金用于基础设施建设，农村的基础设施全部由政府出资修建，如农村的电力、道路等基础设施建设全部由邦政府出资；向农村提供支农贷款、鼓励私人投资农业；采用新技术，对农用化肥、灌溉和电力等农业投入物进行补贴等。为适应世界贸易组织的要求，印度政府不断调整农产品补贴政策，以避免他国对其出口商品的反补贴调查。取消了州与州之间商品流通的限制，促进农产品外销。给农民提供最新的技术和广泛的市场资讯，在农业研究、人力资源规划和农产品丰收后的储存、管理和销售等方面给予大力的支持。印度的财政支农政策基本上是保护性质的，通过对农业投入物进行补贴，如对化肥、农业机械进行价格补贴。在印度进口和国产化肥，售价普遍低于生产成本，运输费则全部由政府承担（邓常春，2005），引导农业大量使用农业投入物，推动农业发展。

税收优惠，印度法律规定：小农户可享受免税（包括所得税在内的各项税收）优惠，实际上印度的农户都通过"化整为零"的方式把自己都变成小农户享受免税优惠，这一政策从本质上是减轻农民负担，促进了农业的发展。

除此之外印度政府还在农村推广社会保障制度，对老年农民发放生活补贴、无房农民提供政府建房补助，对贫困家庭子女教育给予补贴等。

2. 金融机构支持农业可持续发展的投入。

（1）政策性金融机构。主要有地区农业银行和国家农业农村发展银行。1976 年成立地区农业银行，其目标是为满足处于贫困之中不易得到贷款的小农、无地农民、边际农民（占地 1 公顷以下者）和农村小手工业者的资金需求。每个地区的农业银行均由一家商业银行主办，核准资本为 1 000 万卢比，由中央政府认缴 50%，邦政府认缴 35%，主办银行认缴 15%，还可以通过发行债券筹措资金。作为政策性银行，不按照商业原则经营，主要建立在农业金融机构较为薄弱的地区，只在一个邦的特定区域内活动，贷款主要发放给生产急需的贫困农民。目前地区农业银行已经成为印度扶持农业发展和保护农民利益的主要金融机构。

1982 年成立国家农业农村发展银行，简称国民银行。主要行使印度储备银行农业贷款职责，是目前印度最高一级的农业金融机构，股本一半由印度政府出资、一半由印度储备银行（印度的中央银行）提供。从印度政府、世界银行、印度储备银行、其他机构和市场等诸多方面筹措资金，为农业、农村工业、小型工业、农村手工业者促进农村发展的各类生产、生活提供信贷服务。

（2）合作金融机构。印度的农业合作金融机构分为两类：一是提供短期、中期贷款的合作机构，主要是信贷合作社；二是提供长期信贷合作机构，主要是土地开发银行。

信贷合作社面向农民提供廉价信贷，分为三层：一是基层的初级农业信用社，主要向社员提供短期、中期贷款，期限一般是 1 年，利率比较低，还向社员提供生产资料供应，安排剩余农产品销售等服务；二是中层的中心合作银行，经营活动限于某一特定区域，主要是向由农民组成的初级农业信用社发放贷款，以解决其成员即初级农业信用社资金不足的难题；三是邦合作银行，是合作信贷机构的最高形式，其成员为邦内所有的中心合作银行。资金来源于印度储备银行取得的短、中期贷款，还吸收一部分个人存款及中心合作银行的储备，然后再向其成员提供资金，以满足其信贷需求。

土地开发银行是为了适应长期信贷的需要而成立的，主要为农民购买价值较高的农业设备、改良土壤、偿还国债和为赎回抵押土地提供信贷。分为两级：一是基层初级土地开发银行直接与农民提供服务；二是中心土地开发银行主要向初级土地开发银行提供资金，是连接初级土地开发银行和其他金融机构的纽带。

（3）农业商业性金融机构。1969 年前，印度各商业银行没有参与农业信贷业务的积极性，1969 年商业银行国有化后，按中央银行的规定，各商业银行必须将其贷款的一定比例用于农业和农村发展，各商业银行不断增加对农业贷款，涉及农产品销售、运输和加工、粮食收购等。

（4）农业保险。印度的农业保险采用自愿与有条件强制相结合的方式，有生产性贷款业务的农户必须参加相关农业保险，其他业务实行自愿参加的方式，既保证农业贷款的安全，又为农业生产提供了保障。同时印度还建立了存款保险和贷款保险公司，为正规金融机构农业贷款业务提供保险，也是以农业金融市场运作提供基础保障。

6.2.2　俄罗斯农业可持续发展融资经验

1. 财政支持农业可持续发展的投入。

（1）增加政府农业支出。在苏联解体后到 1999 年前，俄罗斯的农业因投入减少而停滞，甚至倒退。从 1999 年开始俄罗斯增加财政支农的投入，联邦预算中用于农牧业的拨款从 88 亿卢布，到 2003 年增加到 312 亿卢布。

（2）减免农业征税范围。2002 年开始推行统一农业税，将农业生产经营者交纳的税种由 28 种减少到 10 种，每年农民可以少交税 150 亿卢布（约合 5 亿美元）。这些措施减轻了农民负担，提高了农民生产的积极性。

（3）相关法律、法规的支持。不断完善相关法律，改善农业融资环境，在鼓励国内企业对农业进行投资的同时，积极吸引外商投资农业。为维持农产品市场价格，专项拨款维护市价。

2. 金融支持农业可持续发展的投入。

（1）政策性银行。2000 年，成立俄罗斯农业银行，其为国有独资银行，主要职责是为农业生产和涉农企业提供金融服务，有 70% 的贷款投入农业领域，涉及粮食生产与收购贷款、农业生产设备贷款、农村基础设施贷款、农民购买牲畜贷款，还有农业教育、农村旅游等。由于俄罗斯市场利率较高，政府向贷款人提供利息补贴，补贴依据贷款种类的不同有所区别，一般短期贷款的利息补贴是市场利率的2/3，最高达全额贴息，贴息额直接支付给借款人，由借款人按市场利率偿付银行。贴息由联邦政府和地方政府共同承担。

（2）农业保险。俄罗斯的农业保险由国家对外保险公司承办，主要险种为农作物收成保险，具体包括：在收获方面所消耗材料的保险、预期作物收成保险、作物产量指标保险和多年栽种植物保险。2005年还推出个体副业经济生产保险，涉及不动产、设备和牲畜。

6.3 国外农业可持续发展融资经验和借鉴

美国、法国、日本、印度、俄罗斯根据各自国家农业发展的特点，在农业可持续发展采用的融资模式和政策不尽相同，但是有些共同之处可作为构建绿洲农业可持续发展融资机制的经验加以借鉴。

6.3.1 强有力的财政支持

各国政府在农业方面都有很大的投入，一方面是直接对农业发展起到促进作用，另一方面也向整个社会表明政府对农业发展的态度，这种积极发展和保护农业的态度也增加了其他经营主体对农业投入的信心和积极性（蒲文彬，2009）。

1. 基础设施建设。农业基础设施建设需要大量的资金，长期的投入，成效缓慢；而农业基础设施的建设对增加农民收入，稳定农业发展有着重要的意义，所以农业的基础设施建设投入主要以政府投入为主，适当引导其他投资主体参与（通常对其他经营主体参与农业基础设施建设，政府都给予各种优惠和补贴，提高其参与的积极性）。从发达国家在投资农业基础设施的成效来看，农业基础设施建设能降低农业生产成本，加速农产品资金周转，提高农村经济活动效率；降低农民生产所面临的自然风险（如发达的水利设施，病虫害预防系统）和市场风险；农田水利建设能提高粮食综合生产能力、增加农民收入。

2. 农业科研、农村教育。科技是第一生产力，也是农业实现可持续发展的动力保证；农村劳动力素质对农业发展有着重要的影响，农业科研和农村教育需要较大的投入，对农业的发展有极大的促进作用。市场经济发达国家基本都建立了稳定、完善的农业科研、农村教育、农业科技推广服务体系，不断促进农业现代化发展，保证最新的科技成果应用于农业，促进农业生产，增加农民收入（苏明等，2007）。

3. 各类补贴。各国政府除以上基础设施建设和农业科研、农村教育方面的投入较大，还给予农业生产各种补贴，以维护农业生产的稳定。

农业生产周期长，自然风险和市场风险较大，政府为维护农产品价格稳定，给予农民收入价格补贴，以减少农民收入受市场风险影响而造成损失。同时，为鼓励农民出口农产品，各国对农产品出口都给予了出口补贴。

鼓励各类经营主体参与农业投资和生产经营，如对商业银行发放农业贷款业务给予补贴，使商业银行愿意开展农业贷款，为农业可持续发展提供足够的资金保证；鼓励农民扩大农业投资，给予投资补贴；鼓励外资进入农业生产，给予大量的政策优惠和投资补贴。

4. 税收优惠。从以上国家的经验看，各国对农业生产都给予了各种税收优惠，农民收入纳税比例与其他居民相比低很多。也为鼓励农民继续进行农业投资，给予一定比例的税收返还和税收补贴。从农业税收看，各国政府财政支农支出远远大于农业税收收入。

强有力的政府财政支农是农业实现可持续发展的资金保证，也能提高其他主体参与农业投资和生产经营的积极性。

6.3.2 完善的农业金融体系给予全面支持

各国为支持农业可持续发展都建立了完善的金融服务体系，包括政策性银行、合作银行、商业银行和农业保险，形成互补、竞争关系，共同为农业发展提供全方位，多层次的金融服务。

农业政策性银行需要根据经济发展和产业政策的变化，灵活地调整金融支农的重点；商业银行和合作银行根据政策性银行所确定的支农重点，为农业发展提供资金支持以达到农业全面、综合地发展（丁振京、杨明飞，2007）。

各国中央银行的政策一般是强制性规定商业银行和合作银行必须从事

一定比例的农业贷款业务，并针对商业银行和合作银行经营农业低息、贴息贷款业务，给予一定的优惠，如税收优惠和农业贷款业务补偿，既保证商业银行和合作银行经营农业贷款业务的积极性，也不会使其经营农业贷款业务导致损失而抵触经营农业贷款业务。

6.3.3 农业保险的保障支持

农业生产周期长，受自然环境的影响，农业生产具有弱质性，风险较大，所以各国都建立了完善的农业保险制度（陈明文、王林萍，2007）。一是把农业保险列为政策性保险，给予政策支持和保费补贴。二是将部分农业保险列为强制保险。三是建立农业再保险机制，分散经营农业保险业务的保险公司的风险。四是建立农业巨灾风险基金。完善的农业保险体系为农业可持续发展提供了抵御自然风险的屏障，同时也为农业发展获得其他来源资金的支持提供了保证。

以上国家在农业保险方面的经验和做法值得借鉴，例如将农业保险列为政策性保险，加大保费补贴。农业再保险和巨灾风险基金也是实现农业可持续发展不可缺少的保障基础。

6.3.4 完备的法律体系支持

在法律上明确政府财政、金融、保险对农业生产融资的法律依据。市场经济是法治经济，各种经济活动都需要法律的保护和规范，如日本在农业金融和灾害保险方面的法律就有《农业改良资金补助法》、《农业现代化资金补助法》、《农林渔业者受灾等有关资金融通暂行措施法》、《农林水产业协会存款保险法》、《农林渔业者受灾等有关资金融通暂行措施法》、《农林水产业设施灾害重建事业费国库补助暂行措施法》、《农业灾害补偿法》。完备的法律体系为市场经济行为提供法律依据，健全的法律可以保护农民的正当权益，维护市场秩序，确保公平交易（佚名，2009）。在法律法规方面的不足是阻碍农业实现可持续发展的重要因素。因此，我国要加快农业可持续发展相关的立法进程，保障农业发展，以法律形式明确规定政策目标、预算额度、操作程序、部门分工和法律责任等，用法律制度作为推进现代农业的保障。

6.3.5　良好的信用环境

以上国家都有长期、稳定的政府投入机制，完善的农业金融服务体系为农业可持续发展提供支持。这样的财政、金融支持体系是以良好的信用环境作为基础，也是长期市场经济、累积信用和培养信用的结果。培养和建立良好的信用环境是农业可持续发展融资的必要条件，需要现代经济金融长期、有序的建设。

信用环境不好，不良资产不断增多，甚至有些农户和农业企业逃废银行债务，银行为维护自身利益，不得不撤离农村，减少农业贷款或增加抵押物、质押物以保障其贷款资产的安全，减低经营风险，也造成银行为寻找良好的借款者，形成存款无法贷出的现象，浪费了银行的信贷资源，影响了银行的收益。要实现农业可持续发展，加强信用建设、增强社会信用意识、提高银行信贷质量和经营效益是必需的，而建立良好的社会信用环境将是长期、重要的内容。

第七章　新疆绿洲农业可持续发展
融资机制构建思路及方案

通过第三章的分析，绿洲农业可持续发展融资机制的现状和存在的问题主要就是融资机制不健全。第四章对绿洲农业可持续发展融资主体的供求分析发现，资金的供给和需求均不足，资金供给不足导致了需求的不足。第五章研究财政融资和金融信贷资金对绿洲农业可持续发展的关系的协调分析，结果表明其间具有长期的均衡关系。对财政融资和金融信贷融资对 1989—2011 年绿洲农业可持续发展的拉动效应进行测算，分析财政、金融支农政策对绿洲农业实现可持续发展的影响。第六章总结了国外其他国家农业可持续发展融资经验，为构建绿洲农业可持续发展融资机制提供借鉴。在以上章节分析的基础上，建立适合绿洲农业可持续发展的融资机制是解决绿洲农业可持续发展融资困难的主要途径，本章将提出新疆绿洲农业可持续发展融资机制的构建思路及方案。

7.1　绿洲农业可持续发展融资机制构建的思路和方案

7.1.1　绿洲农业可持续发展融资机制构建思路

根据融资供求双方在融资活动过程中的矛盾和实证分析的结果，结合绿洲农业发展特点，确定了以下构建绿洲农业可持续发展融资机制的思路。

1. 财政融资机制方面。从第五章的实证分析中可以看出，财政性融资对绿洲农业的资源环境和社会人口方面的可持续发展都有一定的促进作用。由于资源环境方面的建设投资期长、回收期长，尤其是在农业公共建设（农田水利、土壤改良、风沙治理和农村医疗等）方面，所以政府有责任、有义务进行资金投入。

从前五章的财政资金对绿洲农业可持续发展水平的拉动效应分析中可以看出，1989—2011 年财政支农政策缺乏稳定性，资金的投资效率相对较低，对绿洲农业可持续发展拉动效应的波动很大。从第四章的融资主体的供求分析可以看出，财政支农资金在绿洲农业发展资金来源中所占比重也同样波动较大。

2. 金融性融资方面。从第四章融资供给分析可以看出，金融机构农业贷款在正规渠道资金来源中所占比重从 1989 的 77.17% 下降到 2011 年的 62.46%。出现金融机构减少农业贷款的主要原因还是风险问题，如何解决风险分散和农业贷款的抵押或担保问题是影响金融机构发放农业贷款的关键。

从第四章融资供求分析来看，绿洲农业发展的资金需求和资金供给均不足，资金需求的不足是由资金供给不足引起的；资金供给不足是由于农村、农业资金严重外流引起的。在绿洲农业发展的资金供给和需求中，一方面出现资金需求不足；另一方面则资金大量外流，形成资金供给不足的现象。

3. 农业生产收益低，风险较大，导致绿洲农业生产投资的动力不足。不论是外部投资者（如金融机构、外资）还是农户在农业投资方面的投入都很有限，一方面因为风险收益的原因；另一方面也是因为缺少相应的激励和优惠政策。

根据第三章的分析，绿洲农业可持续发展融资中存在的主要问题就是融资机制不健全，主要是财政支农投入有限，原因是新疆财政自给率低，在这种情况下要满足财政支农的投入是很困难的。由于财政能力有限，支农政策缺乏稳定性。而财政支农的具体投入项目不能过于强调利益性，因为绿洲农业可持续发展的诸多具有公共产品的投资只能由财政投入解决，如果过于强调利益性，将严重影响绿洲农业的可持续发展。正规金融机构属商业营利性机构，从农村获取的资金大大多于投放的资金，没有发放农业贷款的积极性。农村民间借贷缺少法律承认的地位和缺少监管，影响了其进行农业投入。绿洲农业生产的自然风险和市场风险需要相应的机制进行分散和补偿，本书构建了绿洲农业可持续发展融资机制，如图 7-1 所示。

7.1.2 绿洲农业可持续发展融资机制构建的方案

从第五章的分析看，1989—2011 年绿洲农业可持续发展水平不断提高，但是提高幅度逐年减缓，三个子系统的协调性呈不断下降趋势，这些

融资中存在的问题	解决方案

财政收支的矛盾 财政支农政策缺乏稳定性 财政支农投入的趋利性严重	持续稳定增长的财政投入机制
农业信贷的信用担保体系不健全 农业风险控制和管理不足	农业风险的补偿和分散机制
正规金融机构"抽水机" 农村民间资金外流支农不足	建立农村资金的回流机制
正规金融机构支农政策缺乏 民间借贷支农缺少合法地位 农业投资积极性不足	建立绿洲农业融资激励机制

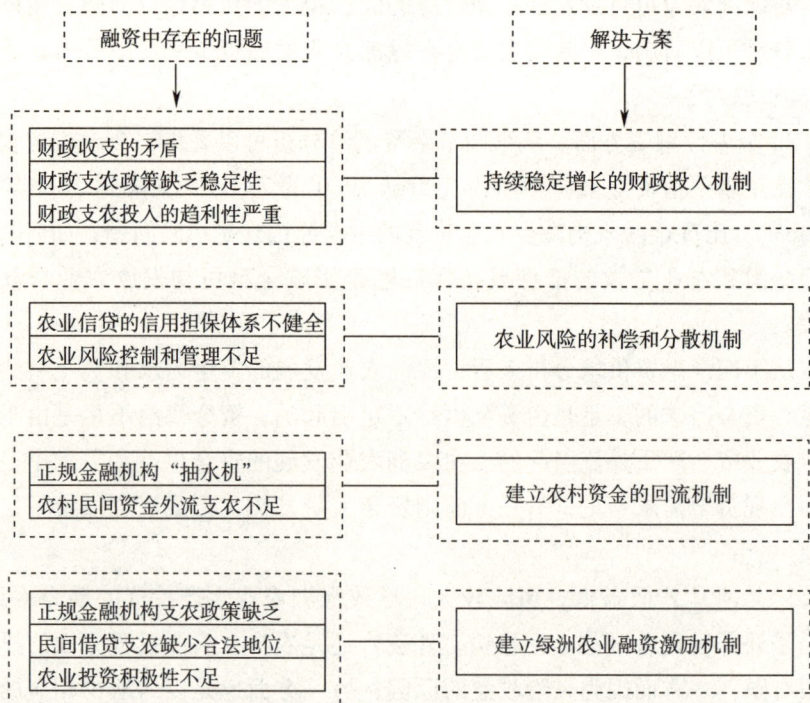

图7-1 绿洲农业可持续发展融资存在的问题和解决方案

都将阻碍绿洲农业可持续发展的进程。总体来说，要实现绿洲农业可持续发展，需要改善农村基础设施，提高农业技术，改良品种，增加农机农具投入，改良土壤，提高生产资料投入，提高农民素质，改善农村医疗条件，缩小城乡收入差距等，这些都需要巨额的资金投入，因此绿洲农业可持续发展的核心问题是资金问题。目前绿洲农业可持续发展的资金来源有两个渠道，一是内部融资，即农业生产者自身积累的再投入（由于农业的低收益，自身积累能力低）；二是外部融资，包括财政资金来源和金融资金来源（也是本书的主要研究内容）。由于新疆农业生产先天的弱质性，自身积累缓慢，仅依靠自身积累不能满足新疆绿洲农业实现可持续发展的需要。农业是基础产业，农业的发展为其他产业的发展提供了原料和保证，所以绿洲农业可持续发展更需要从外部获得资金。通过前面章节的分析，构建绿洲农业可持续发展融资机制，如图7-2所示。

从图7-2中可以看到，绿洲农业可持续发展融资机制由内部融资

```
                    ┌─────────────────────────────┐
                    │  绿洲农业可持续发展融资机制  │
                    └─────────────────────────────┘
                        │                      │
          ┌─────────────┘                      └──────────────┐
          ▼                                                   ▼
┌──────────────────────┐              ┌──────────────────────────┐
│ 内部融资机制（"造血"）│              │ 外部融资机制（"输血"）   │
└──────────────────────┘              └──────────────────────────┘
          │                                │                   │
          │                    ┌───────────┴──────┐   ┌────────┴────────┐
          │                    ▼                  ▼
          │             ┌────────────┐     ┌────────────┐
          │             │  财政融资  │     │  金融融资  │
          │             └────────────┘     └────────────┘
```

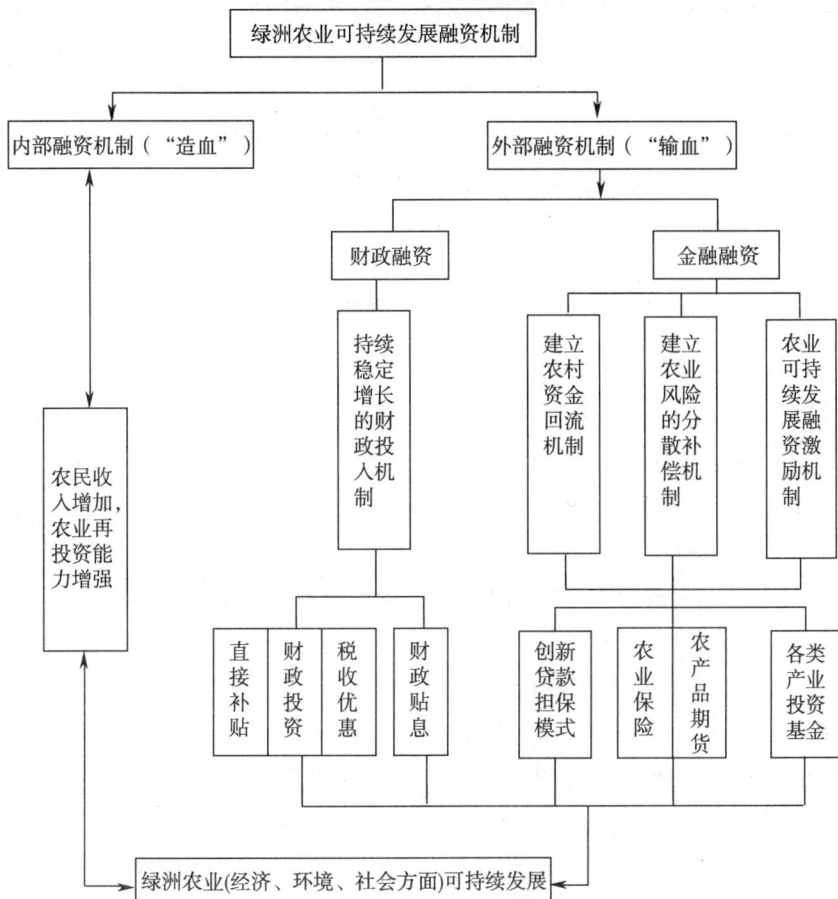

图 7-2　绿洲农业可持续发展融资机制构建方案

（"造血"机制）和外部融资（"输血"机制）构成，由于农业生产的特性，其"造血"机制的形成以"输血"机制为前提，所以目前绿洲农业可持续发展的资金来源主要依靠外部融资（"输血"机制）完成。随着绿洲农业可持续发展不断提升，农民收入增加，农业自身积累不断增强，农业可持续发展的内部融资，即"造血"机制也就能正常运行。再进一步发展，绿洲农业可持续发展的内部融资和外部融资相互结合，共同为绿洲农业可持续发展提供资金保证。

根据目前绿洲农业可持续发展的资金供求现状，外部融资对绿洲农业可持续发展具有长期的均衡关系和拉动效应。建立绿洲农业可持续融资机制，完善财政持续、稳定增长的投入机制，对其他社会投资主体投资农业发挥示范作用；建立农业资金的回流机制，使农村资金取之于民（农民），用之于民（农民）；建立农业信贷资金的担保机制，降低信贷资金风险，使金融机构主动将资金投入农业；建立风险补偿机制，分散农业生产的自然风险、市场风险和金融风险；发展农业产业化，提高农业经营收益，形成农业再投资机制；建立绿洲农业可持续发展融资激励约束机制。

7.2　持续稳定增长的财政投入机制

农业是国民经济的基础产业，为其他产业提供基础原料，是食物的基本来源。财政投入是农业发展的重要资金来源，改革开放以来，财政投入对绿洲农业的发展起到积极推动作用，尤其是 2005 年以来，取消农业税和农业特产税后，减轻了农民负担，提高了农民生产积极性。但我国财政对农业投入的金额和比例都低于发达国家，甚至低于一些发展中国家的水平。所以建立持续、稳定增长的财政投入机制是绿洲农业可持续发展的重要保证，合理配置财政资金，使有限的财政资金发挥最大的效用。同时，持续、稳定增长的财政投入机制也是对其他投资主体参与农业投资和生产的鼓励和激励，对吸引更多资金进入农业可持续发展起到示范效应。

绿洲农业可持续发展的公益项目和部分基础建设项目只能由财政投入，如农村自然灾害救济和农村社会救济，植树造林、水利建设和环境保护，农村医疗条件改善、农村教育和农民培训，基础设施建设（农村道路、通信信息网）。这些公益项目和基础建设项目的投入是绿洲农业可持续发展的重要保证，由于其公益性，投资回收期长，直接经济效益低，需要由财政投入。由财政进行国民收入分配的调整，建立促进绿洲农业可持续发展的长期、稳定的投入保障机制，改善农业基础设施建设，发展农业科技，提高科技在农业生产的应用和推广。

7.2.1　绿洲农业可持续发展的财政投入方式

1. 财政补贴。新疆绿洲农业的财政补贴有粮食直补，农资综合补贴，小麦、棉花、水稻、特色作物等良种补贴和农机具购置补贴。粮食直补是指财政对于种粮农民给予直接补贴，根据地方人口平分到亩，按耕地面积直接由中央财政从粮食风险基金中出资补贴给农民。即将流通环节的间接补贴改为对种粮农民的直接补贴，原则上按粮食种植面积把粮食补贴直接发放到种粮农民手中。农资综合直补是指在现行粮食直补制度基础上，对种粮农民因柴油、化肥、农药等农业生产资料增支实行综合性直接补贴政策。补贴规模根据预计全年农业生产资料价格变动对农民种粮收益的影响综合测算确定，并对柴油调价硬性增支因素予以充分考虑。补贴资金全部由中央财政负担，一次性拨付给地方并重点向粮食主产区和产粮大县倾斜，当年内不再随后期农业生产资料实际价格变动而调整。良种补贴是指国家对农民选用优质农作物品种而给予的补贴。目的是支持农民积极使用优良作物种子，提高良种覆盖率，增加主要农产品特别是粮食的产量，改善产品品质，推进农业区域化布局、规模化种植、标准化管理和产业化经营。此外，近年来国家还出台了奶牛良种补贴和生猪良种补贴等政策。农机购置补贴是依据《中华人民共和国农业机械化促进法》和中央1号文件精神，由中央和各级地方政府安排财政专项资金，对农民和农业生产经营组织购买国家推广支持的先进适用、生产急需农业机械进行补贴的强农惠农政策，包括国家和地方财政安排的专项补贴资金、农业综合开发等项目切入的专项资金、农机装备推进项目和水稻机械化育插秧项目资金等。

表 7-1　　　　　1989—2011 年新疆粮食种植面积和粮食产量

单位：千公顷，万吨

年　份	1989	1990	1991	1992	1993	1994	1995	1996	1997
粮食种植面积	1 830.37	1 826.61	1 769.99	1 730.26	1 697.57	1 496.04	1 593.29	1 648.83	1 673.73
粮食产量	623.08	676.89	672.52	706.27	720.37	666.17	730.16	818.2	825.34
年　份	1998	1999	2000	2001	2002	2003	2004	2005	2006
粮食种植面积	1 573.43	1 521.65	1 445.77	1 394.96	1 493.96	1 307.02	1 378.61	1 471.76	1 465.82
粮食产量	830	838.78	808.6	796	875.87	801.64	828.53	877.21	895.22
年　份	2007	2008	2009	2010	2011				
粮食种植面积	1 379	1 649.97	1 993.5	1 991.61	2 000.36				
粮食产量	867.04	909	1 152	1 152.2	1 200.74				

资料来源：1990—2012 年《新疆统计年鉴》。

从表 7-1 来看，从 1989 年到 2003 年新疆粮食种植面积不断减少，从 1989 年的 1 830.37 千公顷减少到 2003 年的 1 307.02 千公顷，减少了 523.35 千公顷，减少了近三分之一；2003 年全区播种面积比 2002 年减少

280 万亩，粮食产量减少 74 万吨，产需平衡出现了缺口，开始动用粮食库存。同时，于 2003 年开始夏粮收购起，进行粮食直补，从流通环节向生产环节转移。2004 年全面实行粮食直补政策。2004 年后粮食种植面积有所扩大，产量也有所提高。随着粮食流通市场逐步放开，2004 年新疆粮食收购开始向订单收购转变，订单收购量占收购总量的 90%。

2006 年开始实行农资综合直补。2008 年新疆维吾尔自治区采取按照小麦实际种植面积进行农资综合补贴的办法，大幅度提高了农资综合直补的标准。2008 年，新疆实际种植小麦 1 291.79 万亩，自治区财政共计拨付农资综合直补资金 12.1 亿元。

在 2005—2009 年中央财政共安排新疆农机购置补贴资金 7.9 亿元，自治区及各地县也合计安排财政资金超过 1.3 亿元，农民投入 26 亿元，购置农业机械装备 13 万台架，近 10 万农户和农机经营服务组织享受到了农机购置补贴。新疆对小麦、水稻、棉花、玉米实行良种补贴制度，2009 年实行特色林果良种财政补贴，2010 年实行生态树种林木良种补贴，鼓励农民使用具有优良技术的良种进行种植，发展新疆特色种植和林果产业。

2. 财政投资。财政投资是财政资金支持农业发展的重要方式。财政支农投资主要包括三项，支援农业生产支出、农林水利气象部门的事业费和农业综合开发支出。新疆总体财政支农支出在地方财政一般预算支出中所占比重较低，其中农林水利气象部门的事业费所占比重较大，而支援农业生产支出和农业综合开发支出占比较低。根据加入世界贸易组织的规则，财政对农业科技投资和基础设施投资属于农业国内支持的"绿箱"政策，这也将是财政对绿洲农业投资的主要方向。

3. 税收政策。农牧业税和农业特产税在新疆地方财政一般预算收入中所占比重较低，不足 5%（2004 年的数据），但是对新疆农民来说，取消农业税和农业特产税每年可减负 6 亿~7 亿元（见图 7-3）。2004 年，除烟草外，全区免除农业特产税。2005 年，全区免除农牧业税，比全国提前 1 年免除农牧业税。经过一系列的税费减免，减轻了农民的负担，有利于农业结构调整。

除减免农牧业税和农业特产税外，财政还对金融机构开展小额农业贷款业务给予税收（营业税和所得税）减免优惠；对银行、信用社和村镇银行提供农业贷款业务的农户，保险公司为其办理农业保险业务，对金融机

万元

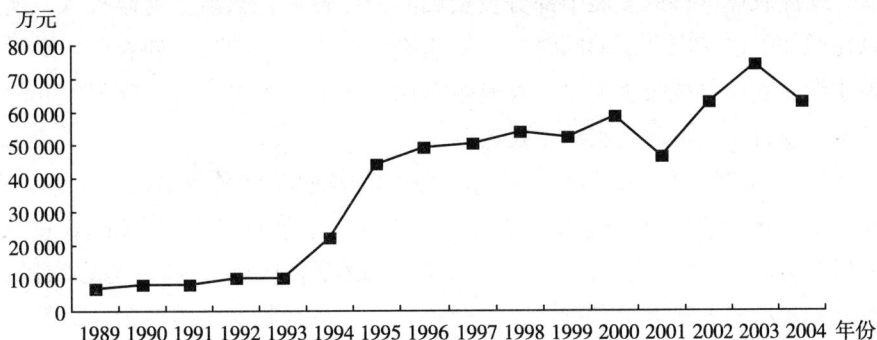

资料来源：1990—2005 年《新疆统计年鉴》。

图 7 - 3　1989—2004 年新疆农业税

构农业贷款的安全性发挥保障作用。

4. 财政贴息。也称"利息补贴"，是一种特殊的财政补贴方式，是财政支农和金融信贷支农相互配合的一种方式。财政贴息是国家财政对用于规定用途的贷款资金，为其支付的贷款利息提供补贴，如农业综合开发财政贴息、农业基本建设贷款财政贴息、林业贷款财政贴息等。

国家财政对农业项目一定时期给予一定比例的财政补贴，可以用较少的财政资金吸引大量的社会资金进入农业生产和农村经济发展，解决农业可持续发展资金不足的问题。对贷款银行来说，可以降低金融风险。

按世贸组织规则，财政贴息政策属于应减让的政策，所以财政贴息金额需要控制在适当的范围内。

5. 财政救济。目前，财政对新疆农村救济主要包括农村自然灾害救济和农村社会救济，分为定期定量救济（五保供养、特困救助和最低生活保障）和不定期不定量救济（自然灾害救助、医疗救助和教育救助等）。财政救济对农村困难农民的基本生活给予保障，农村自然灾害救济对农民恢复生产和生活发挥了重要作用。

7.2.2　完善绿洲农业可持续发展的财政投入机制

1. 增加财政支农的金额和调整财政支农的项目。目前，绿洲农业可持续发展中财政支农的比重较低，且财政支农支出数额中农林水利气象部门的事业费所占比重较大，支援农业生产支出和农业综合开发支出比重较低。绿洲农业可持续发展中部分投资因其公益性质，只能由财政投入，所以在增加财政支农金额的同时，需要明确财政支农的项目，如农业基础设施建设、农业科技投资项目、农业生态保护建设、改善农村医疗卫生和扶贫救济项目将是财政支农的重要内容。

2. 减轻农业负担。2003 年，新疆开始实施农村义务教育"两免一补"①，2005 年取消农牧业税和农业特产税（除烟草）；2006 年免除农牧民承担的类似农村"乡镇五项统筹"收费。在税费改革后，新疆地方农民、国有农牧场职工只承担农牧场管理费和农牧民自身收益两项费用。但是农民还承担着各种形式的义务工，农牧团场管理计算方式存在不统一的情形（石玉梅等，2008）。

3. 改进财政补贴支付方式。对粮食直补、农资增支补贴、农机购置补贴和良种补贴的方式需要结合当地实际进行，将这些财政资金切实落实到农民，改革国库支付制度，将各种财政补贴直接计入农民账户，减少中间环节，杜绝财政惠农补贴资金不能及时到位，影响国家惠农政策的实施。目前，补贴范围和补贴方式有待规范，以进一步扩大财政补贴的示范效应。

7.3　建立农村资金回流机制

7.3.1　农村资金外流的原因和形式

农村资金外流是目前农村金融体制的弊端，其产生有其历史原因。新中国成立后，为了快速发展经济，在当时的困境下，借助农业的积累为工业提供低廉的原料，从而建立了完整的工业体系，农民为国家工业化的发展作出了贡献和牺牲，形成了农业资金流向工业发展的局面。在现有市场经济条件下，农业生产弱质性、高风险性和资金趋利性进一步造成农村、农业资金外流，以寻求更高利润。历史原因和市场经济发展的规律，形成了目前农业资金外流工业，农村资金外流城市，从不发达地区流向发达地区，加剧了农村、农业发展的融资难度。

---

① "两免一补"是指对义务教育阶段家庭经济困难学生免费提供教科书、免杂费和补助寄宿生生活费。

表 7 - 2　　　　　1989—2011 年新疆农村资金外流金额　　　单位：亿元

年份	农业存款	农户储蓄	农村存款	农业贷款	乡镇企业贷款	农村贷款	农村资金外流
1989	15.49	9.25	24.74	17.46	1.89	19.35	5.39
1990	21.82	13.98	35.8	18.66	2.31	20.97	14.83
1991	26.67	16.72	43.39	22.58	2.82	25.4	17.99
1992	26.59	17.19	43.78	29.76	3.72	33.48	10.3
1993	29.33	20.45	49.78	23.93	6.12	30.05	19.73
1994	24.16	31.65	55.81	31.53	11.85	43.38	12.43
1995	29.28	59.08	88.36	43.34	15.14	48.48	39.88
1996	32.9	61.11	94.01	54.51	19.64	74.15	19.86
1997	38.05	81.29	119.34	51.31	13.19	64.5	54.84
1998	52.03	91.54	143.57	83.41	24.98	108.39	35.18
1999	60.94	92.4	153.34	91.51	24.79	116.3	37.04
2000	72.39	107.93	180.32	84.13	17.19	101.32	79
2001	86.23	134.49	220.72	99.46	17.73	117.19	103.53
2002	112.15	166.83	278.98	114.45	17.72	132.17	146.81
2003	131.49	152.47	283.96	123.03	21.79	144.82	139.14
2004	151.32	175.55	326.87	149.2	22.31	171.51	155.36
2005	127.15	214.49	341.64	169.78	10.63	180.41	161.23
2006	85.2	257.37	342.57	175.86	10.69	186.55	156.02
2007	114.02	286.94	400.96	186.97	10.38	197.35	203.61
2008	173.41	354.69	528.1	220.77	5.59	226.36	301.74
2009	261.94	205.61	467.55	309.81	6.2	316.01	151.54

注：农村存款是农业存款与农户储蓄之和，农村贷款是农业贷款与乡镇企业贷款之和。2010 年和 2011 年的农业存款和乡镇企业贷款数据缺失。

资料来源：1990—2010 年《新疆统计年鉴》，1990—2010 年《中国金融年鉴》。

从表 7 - 2 和图 7 - 4 可以看出，1989—2008 年新疆农村资金外流状况加速。1989 年从农村流出资金 5.39 亿元，到 2008 年达到 301.74 亿元，2009 年外流资金 151.54 亿元，有所减少。农村资金外流的形式主要有以下五种：

1. 在成立邮政储蓄银行前，邮政储蓄因业务性质是只存不贷，从农村地区吸收大量存款，通过转存中央银行将大量的农村存款流入城市，通常

亿元

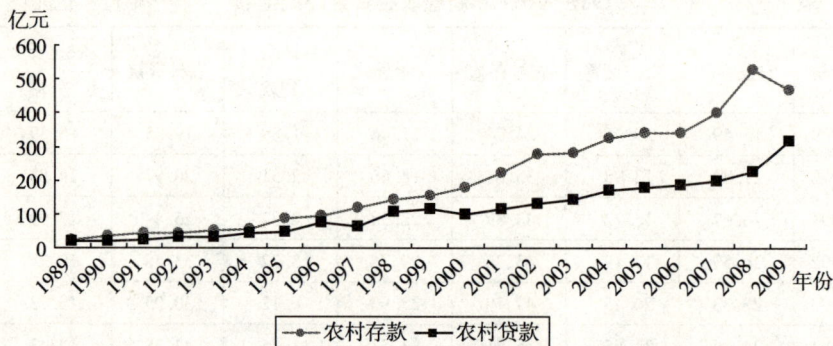

图 7 - 4　1989—2009 年新疆农村资金外流金额

称为农村存款的"抽水机"。

2. 商业银行尤其是农业银行和农行兵团分行在农村有着众多的分支机构，从农村地区吸收存款，但发放的农村贷款却很少，从图 3 - 2 中可以看出，农业贷款在商业银行贷款总额所占比重不足 8% ，所以商业银行在农村吸收的存款大部分流出农村。

3. 农村信用社是为农业、农村服务最重要的金融机构，根据图 3 - 3 可以看出，农业贷款只占新疆农村信用社的 50% 左右，所以在农村信用社，仍有近一半的贷款资金流出农村领域。

4. 保险公司在农村开办储蓄性保险业务和商业性养老保险业务，而农民缺少相应的社会保障，所以参保积极性较高，这些保险业务从农村吸收了大量资金，保险公司将这些资金投资到利润更大的行业中，使这部分资金脱离农村。

5. 改革开放后，一部分富裕的农民也将积蓄投资到运输业、服务业等，将资金从农村带到城市。

通过以上形式，大量的农村、农业资金外流到城市，进入工商业、服务业，使农业资金供需缺口越来越大，资金严重不足，影响了农业的可持续发展。

7.3.2　建立农村资金回流机制

1. 规定银行和农村信用社农业贷款的最低比例，超过比例的农业贷款给予奖励和优惠。人民银行和银监会应制定相应政策，规定商业银行、农村信用社应将全部贷款的一定比例用于农业和农村生产建设，高于此比例按不同分段给予奖励和优惠，鼓励其将更多的资金投入农业生产。尤其是邮政储蓄银行储蓄业务资金来源中新增农业存款和农户储蓄存款的一定比例要严格回流农业，以防"抽水机"再次形成。

2. 利用人民银行再贷款、再贴现业务的引导作用。对支农业务的再贷款和再贴现作相应的扩展，放宽涉农业务的票据贴现条件，适当降低贴现率。利用中央银行的宏观调控政策实现绿洲农业可持续发展的资金保证。

3. 政府对商业银行、农村信用社、邮政储蓄银行和国民村镇银行的农业贷款业务给予税收优惠、政策支持和奖励。政府对农业的直接财政投入受财政收入总额的限制，可以利用财政支出的杠杆效应，用部分资金鼓励金融机构将其资金投入农业生产、农村经济的发展。

4. 制定相应政策，建立金融机构之间的资金调剂机制，用于农业贷款。制定政策，推动商业银行和政策性银行将盈余资金调剂到农村信用社和村镇银行，可以采用拆借、债券形式进行，引导资金流向农业生产。

7.4 建立农业风险分散和补偿机制

新疆绿洲农业生产基本一年一熟（除吐鲁番和南疆少数地区），农业生产周期长。新疆气候多变且极端天气较多，如严重干旱、特强沙尘暴、强冰雹、寒潮等经常出现，农业生产受自然灾害的影响较大。在市场经济条件下，农业生产除受自然灾害的干扰，还要承担市场风险，农业生产周期长，农产品供求弹性较小，市场变化导致农产品价格异常变动，对农业生产造成不利影响。由于农业生产的自然风险和市场风险较大，所以发放农业贷款的金融机构不愿经营涉农业务，这是由金融机构的商业性质决定的，所以只有建立和不断完善农业风险分散机制和风险补偿机制，才能吸引更多资金进入绿洲农业生产，实现绿洲农业可持续发展。

7.4.1 建立农业保险风险补偿机制

1. 新疆农业保险发展状况。1950 年新疆开办耕畜保险，1958 年停办农业保险（王伟，2009）。1982 年恢复农业保险，主要由中国人民保险公司经营，险种主要是麦场火灾保险。1986 年 7 月，中国人民银行批准设立了"新疆建设兵团保险公司"（2002 年更名为"中华联合财产保险公司"）

也开始经营农业保险业务。险种有棉花等经济作物保险，粮食作物保险，养殖业险，蔬菜、水果、林木险，畜牧业险，农机农具险，农民家庭财产险等六十多个险种，业务范围包括农业生产周期的播种、生长、收获和农产品加工储运等环节（郭晖和李景跃，2007）。2011 年末，新疆农业保险保费收入达 15.24 亿元，赔款 8.16 亿元，为新疆农业生产抵御自然风险提供了保障。

表 7 - 3　　　　1989—2011 年新疆农业保险保费收入及赔款　　　单位：亿元

年　份	1989	1990	1991	1992	1993	1994	1995	1996	1997
农业保费收入	0.006	0.055	0.11	0.24	0.3	0.36	0.52	0.72	0.8
赔款额	0.001	0.037	0.13	0.19	0.33	0.22	0.03	0.45	0.54
赔付率（%）	15	67.27	118.2	79.17	110	61.11	5.77	62.50	67.50
年　份	1998	1999	2000	2001	2002	2003	2004	2005	2006
农业保费收入	0.99	2.84	2.9	2.79	2.57	2.42	2.49	2.7	2.83
赔款额	0.6	2.42	2.13	2.33	2	0.78	1.65	2	1.8
赔付率（%）	60.61	85.21	73.45	83.51	77.82	32.23	66.27	74.07	63.60
年　份	2007	2008	2009	2010	2011				
农业保费收入	7.57	13.51	14.30	13.86	15.24				
赔款额	5.03	7.9	8.77	8.53	8.16				
赔付率（%）	66.45	58.52	61.33	61.54	53.54				

资料来源：1990—2012 年《新疆统计年鉴》。

从表 7 - 3 可以看出，1989—2011 年新疆农业保险保费收入从 60 万元增长到 15.24 亿元，年增长率为 42.81%。1995 年新疆农业保险赔付率最低为 5.77%，1991 年最高为 118.2%，平均赔付率是 65.42%。新疆农业保险业务发展迅速，与政府的支持政策密切相关。2005 年，中国保监会在全国开展农业保险试点，新疆是 5 个试点省区之一。同时，2005 年，新疆政府对经营农业保险业务实现免征营业税和部分所得税（刘毅平、庞小红，2006）。2006 年，在新疆五个地州（昌吉、塔城、和田、喀什、阿克苏）做国家政策性农业保险试点，2007 年起全面推行政策性农业保险业务，实行由中央和地方财政出资为 1 200 多万农牧民购买农险的优惠政策，还为农业保险实行财政补贴，分散和转移农牧民所承受的自然风险和市场风险，推动新疆农业保险业务的发展。2007 年，新疆农业保险保费收入比上年增长了 1.67 倍，超过吉林、湖南和四川等省，位居全国第一，是全国农业保险发展最好的省区（张艳萍，2009）。2008 年，农业保险保费收入达到 13.51 亿元，比上年增长了 78.5%。到 2011 年末，新疆农业保险保费收入达 15.24 亿元，进入高速发展时期。

2. 完善农业保险的风险补偿机制。通过以下措施进一步完善新疆农业保险的风险补偿机制。

（1）政策的支持。农业保险业务具有交易成本高、风险大、赔付率高、社会效益显著的特点，所以对农业保险进行政策支持是非常重要的，也是世贸组织规则"绿箱"政策所允许的范围。2007 年后新疆农业保险发展迅速依靠的就是政策支持，对保险公司经营农业保险业务免营业税和部分所得税，鼓励保险公司经营农业保险业务。对参加农业保险的农户给予保费补贴，如 2007 年以来，自治区主要对棉花和能繁母猪实行了保费的财政补贴。兵团还将玉米、水稻、大豆、小麦确定为试点险种。政策性棉花保险保费由中央财政、自治区财政各补贴 25%，其余 50% 由农户或者农户与地、州、市、县财政以及棉花收购企业共同承担。能繁母猪保险保费由中央财政补贴 50%，地方财政补贴 30%，养殖户承担 20%。2007 年，中央和自治区财政给予农业保险的保费补贴达 3.1 亿元，共赔付保险金 3.68 亿元。由于政策的大力支持，到 2008 年末，新疆棉花参加保险率近 90%，能繁母猪参险率近 70%，实现了新疆农业保险的历史性突破，为近百万农牧民的生产、生活提供了保险保障服务。

财政部、国家税务总局就农村金融税收政策发出通知，其中明确规定，自 2009 年 1 月 1 日至 2013 年 12 月 31 日，对保险公司为种植业、养殖业提供保险业务取得的保费收入，在计算应纳税所得额时，按 90% 比例减计收入。国家政策的支持鼓励了农业保险的发展，对减少农业自然灾害造成的损失发挥了重要作用。

（2）农业保险业务风险大、赔付率高，将政策性保险和商业性保险相结合，有助于形成良性互动。保险公司可加快农村营销网点建设，在农村大力发展农民养老、健康、意外伤害和农民家庭财产保险等方面的一系列涉农险种。对经营农业保险业务的保险公司承办、查勘、定损、理赔及防灾防损等各项工作，农业、水利、气象、宣传和财政部门给予支持。财政对农业保险的补贴需要与农业信贷和其他支农优惠政策相结合。建立农民的风险意识，做好日常防灾防损知识的普及和宣传。

（3）建立农业再保险和巨灾风险基金。新疆是自然灾害频发地区，农业生产遭受各种自然灾害的影响，损失较大，加剧了农业生产的风险性。2008 年新疆出现的极端天气有：全疆范围出现近 30 年来最严重的干旱；"3·13"天山果子沟发生重大雪崩；"4·18"强寒潮天气席卷天山南北；新疆南部地区出现异常低温降雪天气；吐鲁番、塔城等 25 个地区出现历史第一的高温天气；北疆地区年平均气温创历史最高纪录；5 月初新疆南部地区出现大范围沙尘天气等①；"10·7"阿克苏部分地区遭受罕见强冰雹。受极端天气影响，新疆农牧业生产遭受了重大损失。

重大自然灾害造成巨大的经济损失，保险公司的保费和风险准备金无法支付赔偿损失。遇到极端天气所造成的巨额损失，保险公司可能面临无法持续经营的风险，而农户得不到相应的补偿，不能恢复农业生产，所以农业保险需要建立风险的二次分散，即农业保险再保险和建立巨灾风险基金。农业保险再保险可由商业保险公司承保，国家给予承保农险再保险业务的商业保险公司补贴和免税优惠支持政策。巨灾风险基金的资金来源可由政府财政预算拨款，从农业保险保费收入和经营农险业务的保险公司盈利中共同提取，组成巨灾风险基金。

7.4.2 建立农业生产市场风险分散机制

1. 农业生产的市场风险。农业生产的周期较长，生产全过程要承担各种自然风险，同时还要承担市场风险。农产品的供给和需求弹性较小，在较长的生产周期中，市场价格会经常波动，造成农业生产市场风险较大。新疆农产品收购价格指数变动情况见表 7-4。

表 7-4　　　　1989—2000 年新疆农产品收购价格总指数

年　份	1989	1990	1991	1992	1993	1994	1995	1996	1997	1998	1999	2000
农产品收购价格总指数	108.2	100.7	106.4	98.4	113	149.3	129.1	105	96	89.8	80.3	101

注：以上一年指数为 100，2000 年后没有相应的统计数据。

资料来源：《新中国六十年——新疆人民生活统计年鉴》（1949—2009 年）。

---

① http：//news. xinhuanet. com/newscenter/2009 - 01/02/content_ 10590763. htm。

从表 7-4 可以看出，新疆农产品收购价格在 1989—2000 年有较大波动，农产品最高收购价格指数是 1994 年的 149.3%，最低收购价格指数是 1999 年的 80.3%。农产品收购价格剧烈波动给农民安排生产带来不利影响。

新疆农业信息化程度相对较低，随着加入世贸组织后，市场化程度不断加深，市场信息瞬息万变，农业生产的周期长，春季播种后，即使农产品供求信息发生变化，也无法及时再调整生产，致使农民的利益受损，影响生产的积极性。

2. 建立市场风险分散机制。通过如下措施建立农业生产的市场风险分散机制：

（1）建立农业信息市场化平台。重视农产品市场价格行情变化，建立农业信息市场化平台，为农民生产提供指导，及时调整种植结构。农业信息化平台建设可以帮助农民降低生产经营决策的失误，规避市场风险。农业信息化平台的建设可以由政府出资建设，由为农业提供金融服务的金融机构提供咨询。对金融机构来说是中间业务，既可以帮助农民转移市场风险，也能分散金融机构的经营风险。

（2）完善农产品期货市场。国外发达国家农产品期货市场的发展经验证明，发达的农产品期货市场可以帮助农民化解农业市场风险，稳定农产品产销关系，有利于农业的可持续发展（杜彦坤和张峭，2009）。新疆绿洲农业生产规模大，机械化程度较高，现有棉花、玉米和小麦期货，还不能满足绿洲农业生产的需要，可根据生产推出番茄、特色水果期货。通过期货市场的完善，逐步转移农业生产的市场风险。

（3）大力发展订单农业。由于目前单个农户生产规模有限，文化水平低，直接参加期货交易仍然存在诸多困难。大力发展订单农业（即公司＋农户）分散市场风险，由实力较强的农业企业与农民签订收购合同，指导农民生产。如果农产品价格下跌，农民将市场风险转移给农业企业，而农业企业规模较大，可以直接参与农产品期货市场进一步转移订单产品的市场风险。

7.4.3　建立农业信贷资金的担保机制

绿洲农业可持续发展融资困难，金融机构不愿发放农业贷款，一方面由于农业生产存在较高的自然风险和市场风险；另一方面金融机构贷款业务一般需要提供抵押物，而从事农业生产收入积累缓慢，农民无法提供金融机构所要求的抵押物。在无抵押或质押的情况下，金融机构由于其商业性、盈利性的要求而不愿发放农业贷款。因此，必须建立农业信贷资金的担保机制，促使更多的信贷资金投向农业生产，具体措施如下：

1. 建立农户资产产权重新认定的制度。对农户拥有的不动产房屋、动产农机具或车辆等，确立其产权，建立对其进行评估和转让交易的市场，以便于用现有资产申请农业抵押贷款。逐步探索允许农户以现有的土地承保经营权作抵押向金融机构申请贷款，可租赁和转让给其他投资者。

2. 建立"公司＋农户"的担保形式。新疆绿洲农业耕作面积较大，农业机械化程度较高，应大力发展订单农业，由农业产业化大型企业承担部分农业生产借款资金的担保机制，解决农户生产融资无抵押、无担保的困境。

3. 积极鼓励农户参与小额信用贷款，培养和积累农户的信用。由商业银行、农村信用社和村镇银行开展的小额信用贷款在新疆已开展了 10 年，农户可通过小额信用贷款获得农业生产所需资金，同时也累积了信用，培养了农户对借款资信的重视，为以后申请农业贷款提供基础。

4. 发展农户联保形式。欲从金融机构获得农业贷款的农户，可以自由结合成小组，共同联保，承担无限追偿责任。既为农户融资提供了便利，又降低了金融机构办理农业贷款的风险。

7.5 建立农业可持续发展融资激励机制

7.5.1 农户农业再投资激励机制

农户是农业生产基本的单位和经营者，农户的生产积极性是其他经济主体投入农业生产的基本保证，如果农户不愿从事农业生产，再多的资金也无法产出效益，所以提高农户生产积极性，促使农户农业再投资是农业可持续发展的重要基础。

1. 加大农业扶持力度，增强农户生产投资的积极性。绿洲农业生产所承受的自然风险和市场风险较高，农业对国民经济的重要性决定了政府农业政策对农业生产的重要性。借鉴发达国家农业生产的经验，在现有绿洲农业优惠政策下，加大扶持力度，鼓励农户规模化、产业化经营。

2. 对农户扩大农业投资，给予鼓励和支持。农户利用自身积累资金进行绿洲农业生产资料的改进，应给予奖励和补贴，用外部激励鼓励农户内部融资的积极性，使外部融资和内部融资结合，提升绿洲农业可持续的造血功能。

3. 落实各种财政补贴，让从事绿洲农业生产的农民得到实惠。目前的财政补贴有农产品价格补贴、良种补贴、粮食直补、农资增支补贴、农机购置补贴和农业保险费补贴。有良好的政策，还必须得到落实，让政府的各种惠农政策使农民受益，保证农民的利益，提高农民生产经营的积极性。

4. 普及环保知识，发展生态农业，实现绿洲农业可持续发展。绿洲农业生产中农药、化肥的过度使用，不仅影响了农产品的品质，还造成土壤的板结和水资源的污染，因此要减少化肥农药的使用。还要督促农民对农用地膜进行回收，以减少和避免白色污染。大力发展节水农业、生态农业，实现绿洲农业的可持续发展。

7.5.2　建立各种农业产业投资基金

设立农业产业投资基金，将农业和金融结合，解决农业生产融资难的问题。结合新疆绿洲农业生产的特点，设立棉花产业投资基金、小麦产业投资基金、特色水果产业投资基金和畜牧业投资基金等，资金来源可以由政府拨款、大型农业企业和农户各出资一部分，由专门的机构进行管理，具体业务可由农村信用社和村镇银行办理。资金采用封闭式管理，即进入基金的资金支付低利率，贷款利率也采用低利率；专款专用的管理原则，某一农产品的产业投资基金，只用于该农产品的生产。

绿洲农业产业投资基金有如下优点：

1. 将各类资金进行融合，分散投资主体的风险。单一投资主体投资农业，风险较大，组成产业投资基金后，风险共担，收益共享，既可分散风险，也可解决绿洲农业可持续发展的资金短缺问题。

2. 规定产业投资基金专用范围，落实资金的使用方向，促进农业的生产。专款专用，杜绝资金通过各种渠道流出农业领域。

3. 将政策、企业和农户的分散资金转化成中长期的投资基金，最大限度地发挥资金的投资效应。

4. 使农业生产得到较低利率的资金，降低农业生产的成本。为组建农业产业投资基金的资金支付较低存款利率，所以发放农业贷款利率也较低。较低的贷款利率降低了农业生产的成本。

7.5.3　鼓励各类经济主体投资农业

绿洲农业生产需要大量的资金，仅依靠财政、金融机构和农户投资是不能满足绿洲农业可持续发展的资金需求的。鼓励其他经济主体如外商投资企业、国际金融组织（世界银行、亚洲开发银行等）和民营企业对农业进行投资，制定专门政策给予优惠和扶持。

1. 发展农业产业化经营，提高农业获利能力。制定优惠政策，鼓励外商投资企业和民营企业就地建厂，从事农产品的深加工，提高农业的获利能力，同时约定将部分利润与农民共享，即用政策为农民换收益，促进绿洲农业可持续发展。

2. 利用国际金融组织的专项贷款投资农业基础设施，改善绿洲农业的生产条件。新疆属边远贫困地区，是符合国际金融组织扶持贷款的地区，因此，要利用国际贷款的资金，大力改善绿洲农业生产条件，增加农民收入。

第八章 新疆绿洲农业可持续发展
融资机制构建的政策建议

通过第五章、第六章的实证分析，第七章的融资机制构建，我们认为绿洲农业可持续发展融资的核心问题是如何发挥财政支农、农业金融体系的功能和改善绿洲农业可持续发展的融资环境，解决金融机构支持绿洲农业可持续发展的制度约束。本章以如何充分发挥各融资主体的功能、营造良好的融资环境，使绿洲农业可持续发展融资机制发挥功效，提出具体的政策和建议。

8.1 加大财政对绿洲农业的投入力度

2013 年，中央 1 号文件明确指出：改善农村金融服务；继续加大国家对农业、农村的投入力度。按照总量持续增加、比例稳步提高的要求，不断增加对"三农"投入，利用政策、继续加大对绿洲农业可持续发展的财政投入力度。

8.1.1 明确财政支农的范围

财政支农必须明确范围，做到有所为，有所不为，退出那些可以由其他经济主体投资完成的领域，形成专门的支农范围。

1. 公益项目。公益项目由于其非营利性和公益性，其他经济主体不愿投资，而公益项目具有强外部性，只能由政府财政投资。主要包括如下项目：

（1）环保和生态建设。资源环境系统的可持续发展是绿洲农业可持续发展的基础条件。普及环保知识、改良土壤、建设农田防护林、治理土地沙化等，由于这些项目的公益性和非营利性，其他投资主体不愿投资，需要由财政投入完成。

（2）农村医疗卫生条件改善，科技知识和农业实用技术的普及。改善农村医疗卫生条件，使农民享受基本医疗保健，改变农民因病致贫的出

151

现。为农民定期举办科技知识和农业实用技术的普及讲座，使农民掌握致富的新技术。

2. 投资周期长，微利项目。农业基础设施建设和农业科技研发投入都是投资金额大、周期长的微利项目，由于其他经济主体投资较少，主要由财政投资解决。

8.1.2 发挥财政引导作用

财政支农的资金是有限的，尤其是在新疆这个边远贫困地区，财政自给率不足50%，每年财政赤字都需要由中央财政通过转移支付解决，因此，增加财政支农的投入受财力影响，难以实现。但在支农中可发挥财政支农的引导作用，利用财政政策实现更多资金投资农业生产。

1. 政策优惠。财政优惠政策如税收优惠，对政策扶持的项目投资给予政策支持的优惠。政策优惠（包括税收优惠）是间接投资，减轻了农业投资的成本，便利其进行农业生产，也可以解决政府直接投资农业的资金不足的问题。

2. 财政补贴。财政补贴主要是结合鼓励措施进行的，即只有完成特定的行为（即政策要达到的目的），才能获得相应的补贴，如农机购置补贴，即在农民购买和更新农机农具时，对购买农机支出的金额给予一定的补贴。鼓励农民使用先进的农机农具，提高农业生产效率。农业保险费补贴是农民参加农业保险时，由政府出资承担部分保费，如政策性棉花保险保费由中央财政、自治区财政各补贴25%，其余50%由农户或者农户与地、州、市、县财政以及棉花收购企业共同承担；能繁母猪保险保费由中央财政补贴50%，地方财政补贴30%，养殖户承担20%。鼓励农民参加农业保险，分担农民参加农业保险的部分保费，减轻了农民的负担，同时提高农业保险的覆盖率，也便于承保农业保险的保险公司分散风险，鼓励保险公司经营农业保险业务。财政补贴具有利用较少的资金，达到支持农业发展的杠杆作用，是使农业生产获得更多的资金和保障的一种措施。

3. 利用财政贴息的杠杆作用，吸引金融机构资金投资绿洲农业生产。财政贴息贷款，鼓励金融机构发放农业贷款，保证金融机构发放农业贷款的收益，也使农民使用得起农业贷款。财政贴息是利用部分财政资金吸引更多社会资金和金融机构资金进入绿洲农业生产的方法，以解决目前绿洲农业投资资金不足的问题。

8.1.3 监督财政支农资金的使用

1. 以项目为主体整合财政支农资金。以项目为主体，确保财政支农资金对农业基础设施建设、农业科技和农业综合开发的使用。以项目规划带动资金的集中使用，围绕所规划的项目，明确各部门的职责和权限，确保项目资金的协调和互补（朱美玲，2007）。

2. 完善财政内部监控制度，严格按制度执行。各级财政监控机构被赋予类似于企业内部控制制度的监控制度，从日常的符合性测试和定期的实质性测试来评价财政部门对财政内部监控制度的执行情况，及时发现问题，及时处理，同时提出改善建议（朱新武，2007）。

3. 监督资金的使用。利用独立审计，审查财政支农资金的拨付、使用以及收益情况。以项目为单位进行定期审计，确保财政支农资金使用在财政规划项目上；充分利用各级财政监督检查机构，对重点专项资金加大监督力度；发挥社会力量对财政支农资金的分配、使用和管理进行监督，发现问题及时解决。

8.2 发挥农村信用社农户融资主力军的作用

从第六章绿洲农业可持续发展资金供给主体的分析可以看出，为新疆绿洲农业可持续发展提供资金支持的最主要的金融机构仍是农村信用社，所以要充分发挥农村信用社作为绿洲农业可持续发展正规金融资金供给主力军的作用。2013年，中央一号文件指出：稳定县（市）农村信用社法人地位，继续深化农村信用社改革。

8.2.1 加大农村信用社的农业贷款

给农户提供借款的主要金融机构是农村信用社，其他商业银行虽有农业贷款业务，但多是为大型农业企业或乡镇企业发放贷款，直接贷款给农户的比重很少。新疆农村信用社完成改制后，明确定位是服务"三农"，经营范围以农村为主，信贷业务以农业为主，服务对象以农民为主。2009年1~4月，新疆农村信用社加大为农服务的力度，农业贷款余额达251亿元，90%以上的资金投向农牧业，使200多万农户获得贷款，全区95%的农户在新疆农村信用社贷过款。2009 年新疆农村信用社农业贷款净投放 96 亿元，同比新增 71.88%。其中，农户小额信用借款贷款净投放 41 亿元，因此增加 20 亿元，五户联保贷款净投放 55 亿元，同比增加 30 亿元。从以上数据可以看出，农村信用社已经开始承担起为农户贷款的主要职责，今后在新增存款中应进一步扩大农业贷款的总量和比重，也为自身的发展寻找市场空间。以绿洲农户农业贷款为主，推动新疆绿洲农业的稳健发展，同时为农村信用社的自身发展取得良好的经济效益和社会效益，实现共赢。

8.2.2　提高信贷资产质量，控制经营风险

新疆农村信用社 2000—2007 年资产收益率提高了 0.65 个百分点，资本充足率提高了 5.64 个百分点，不良贷款率降低到 11.54%（数据来源见图 3-4），信贷资产质量有了较大的提高。2009 年 6 月，全疆 83 家联社的专项中央银行票据兑付工作全面完成，兑付通过率达 100%，兑付金额 9.5 亿元。创造全国农村信用社兑付速度最快、兑付资金足额的最佳成绩，位居全国农村信用社前列。国家发行票据，置换信用社的不良资产和挂账亏损，有效地化解了农村信用社的历史包袱。同时，新疆政府在农村信用社改革中给予了大力支持，减免了全疆各县市联社营业税、所得税 7.8 亿元，政府财政拨付保值补贴利息 3 470 万元，并采取土地置换、财政拨款、以资抵债等清偿方式处置不良资产，使全疆各县市联社获得优质土地等资产 10.29 亿元，其中货币资金 4.35 亿元，帮助信用社挽回巨额资金损失。通过央行和地方政府的努力和帮助，新疆农村信用社完成了改制工作，为农村信用社卸下历史包袱，轻装上阵，更好为绿洲农业提供金融服务创造条件。

在以上改制提供的良好基础上，农村信用社需要不断完善治理结构，加强内部控制，提高经营管理水平，提高信贷资产质量，控制经营风险，杜绝 2007 年哈密农村信用社因特大挪用和职务侵占资金而集体撤销事件的再次发生。农村信用社控制经营风险需要做好如下工作：

1. 完善和严格执行信贷内控制度。建立制度并严格执行是控制风险的前提。内部控制制度是为实现运营效果和目的，单位高层领导、中层管理人员和基本员工共同实施的各项制度，包括信贷管理制度、授权批准制度、组织规划控制、文件记录控制、员工素质控制和内部审核制度等。内

部控制制度是农村信用社健康发展的保证。信贷业务和审核业务确实做到分离约束，各业务职责分明，相互制约，协调发展。建立制度后，严格执行内部控制制度需要不断强化监督，定期和不定期地检查、辅导、整改和考核，逐步达到制度制定无遗漏，实际工作中按制度严格执行。

2. 建立风险预警机制。新疆各农村信用社应利用现代化科技手段，对信贷业务借款人的相关资信进行网络收集，充分利用现有的资信网络信息系统，进行分析预测，对借款人进行分类，提出不同的风险防范对策。组织信贷人员定期开展市场和行业调查，确定企业的发展前景和贷款风险程序，对不同行业、不同产品的企业分别制定相应的检查制度和防范对策，使信贷风险分类工作制度化，并在实践中严格执行。

8.2.3　拓展中间业务，提高盈利能力

中间业务是农村信用社代理客户办理收款、付款和其他委托事项而收取手续费的业务。中间业务对农村信用社来说，不需要动用自有资金，依托其机构、技术、信息网络和人才优势，以中间人身份代理客户承办收付和其他委托事项，提供各种金融服务并收取手续费。农村信用社开展中间业务，可以增加资金存量、改善负债结构、降低经营成本，获得更多盈利，以提高综合竞争力（李海娣和韩小羽，2009）。新疆农村信用社应从以下方面拓展中间业务，增加盈利空间。

1. 利用银联卡（玉卡），拓展结算、代收代付业务。2007 年 12 月 18 日，新疆农村信用社正式发行地方性银行卡——玉卡。2008 年末，全疆发行"玉卡"的信用联社有 73 家，88% 的县（市）联社实现发卡方、受理方业务。到 2009 年第一季度，已累计发卡 50 万张，卡存款余额 40 亿元。新疆农村信用社可利用已发行的玉卡为媒介，拓展结算、代收代付业务，让更多的农户认识玉卡，使用玉卡，在为农户提供方便、快捷、安全支付结算的同时，也为信用社创造了盈利空间。

2. 代理理财、保险业务。利用金融中间的优势，提供基金理财产品和保险业务。目前，新疆农户的结余资金主要还是储蓄，利用农村信用社金融机构资信和技术，代理个人理财产品（基金产品或其他理财产品），为农户结余资金获得更高的收益。农村普遍社会保障低，可以代理保险业务，与个人代理人相比，农村信用社有更强的竞争力。

3. 改善发展中间业务的软硬件环境。中间业务需要各种技术和人才的支持，农村信用社要发展中间业务，就要在网络和技术加大投入，培养懂金融、理财、税收、保险、法律等各方面知识的人才。农村信用社的软、硬件环境改善了，中间业务也更容易开展。

4. 中间业务的创新和营销。农村信用社要根据当地市场需求，在有能力的范围下不断创新中间业务产品，满足农户的金融需求。另外，中间业务也需要营销，要结合农民容易接受的方式进行，让农民觉得中间业务确实提供了不少便利，方便农民生产、生活。对农民客户分类，结合不同客户的特点，制定针对性的中间业务营销方案。

8.3 拓展银行支农力度

此所指银行包括政策性银行、商业银行和邮政储蓄银行。这些银行分别依据不同的定位，为绿洲农业的可持续发展提供融资服务，支持农业生产促其实现可持续发展。

2013 年中央 1 号文件指出：强化农业发展银行政策性职能定位，切实加大商业性金融支农力度。

8.3.1 发挥政策性银行支农作用

中国农业发展银行新疆分行作为政策性银行在支持农业发展中发挥了重要的作用。在今后的工作中除完成农产品收购资金供应，还应积极拓展支农领域，如加大对农业综合开发、农村基础设施建设等中长期项目的金融支持力度，对农业生态环境建设和农村教育文化等项目给予信贷支持。利用新疆地缘优势，鼓励大型农业企业出口农产品，中国进出口银行陕西分行（负责西北五省区业务）应利用出口信用，支持大型农业企业走向国际市场，使农业企业做大做强。总之，要发挥政策性银行为支持绿洲农业可持续发展的骨干和支柱作用。

8.3.2 强化商业银行支农责任

虽然商业银行属企业性质，追求盈利性、安全性，但是商业银行仍有支农责任。商业银行存款中部分来自农村、农业和农民，所以银行存款中应有一定的比例用于农业贷款。由于农户的分散经营，单笔资金需求较低，商业银行经营这类业务成本较高，但是可以转变方式，利用"化整为零"的方式支持绿洲农业生产，即通过贷款给农业企业，由农业企业提供生产资金给农户，对商业银行来说可以解决经营成本大、风险高的问题，对农业企业和农户来说也可以解决资金短缺问题。

加强商业银行与农村信用社的业务合作，利用同业拆借调剂资金给农村信用社，由农村信用社发放农业贷款，既可实现商业银行间接支农的目的，也解决了农村信用社支农资金不足的问题。

8.3.3　促使邮政储蓄银行农业资金回流

邮政储蓄曾经是农村、农业资金外流的主要渠道之一。成立邮政储蓄银行后，邮政储蓄既吸收存款，也发放贷款，邮政储蓄需要为吸收的存款资金找到更好去向，否则可能面临亏损。目前，新疆邮政储蓄银行储蓄存款的市场份额约占 10% 左右，长期以来为广大农民提供了便捷、周到的储蓄服务；拥有遍布城乡的网点，汇兑结算方便的银行卡。这些都是邮政储蓄银行服务绿洲农业的优势。但是邮政储蓄银行贷款占存款的比重较低，农业贷款所占比重更少，原因是其信贷结构单一，而与其他商业银行和农村信用社农业贷款同质性强，目标客户相同，无比较优势也是重要的原因（石建平等，2009）。

针对以上优势和困境，邮政储蓄银行资金回流农业的方式可以采取：不断拓展农村小额质押贷款和小额信用贷款规模；与商业银行、农村信用社合作实施团体贷款（李名忠，2007）；通过购买农业发展银行发行的债券，以间接形式回流农业资金（贾伟生等，2007）；与农村信用社合作发放农户小额信用贷款等。

邮政储蓄银行还需要加强内部控制。在成立邮政储蓄银行之后，与以前邮政仅经营储蓄业务有了较大差异，要独立承担风险，就需要完善风险控制制度，对工作人员进行培训和教育，提高风险意识。利用现有的资信、网络和技术优势，拓展中间业务，既能分散风险，又能实现盈利（宋彦囡，2006）。

8.4　积极创新农业信贷担保模式

金融机构（包括政策性银行、商业银行、邮政储蓄银行、农村信用社和村镇银行等）不愿发放农业贷款、农户贷款。主要原因就有两个：一是农业生产风险大；二是农业贷款、农户贷款无抵押（无抵押贷款加大贷款的风险）。基于以上原因，解决绿洲农业可持续发展取得贷款困难的问题，需要积极探索多种农业信贷担保模式，以便解决金融机构发放农业贷款、农户贷款的后顾之忧。

8.4.1 积极推广现有贷款担保模式

推动绿洲农业贷款担保模式，积极推广以下农业贷款担保模式：

"小额信用贷款"模式（全区推广）是银行、农村信用社和村镇银行基于农户信誉，在核定的额度和期限内向农户发放的不需要抵押、担保的贷款。贷款金额在10万元以内，故称为"小额信用贷款"，小额信用贷款已在新疆全区推广。

"小额质押贷款"模式（全区推广）是借款人以所持有未到期的定期储蓄存单或凭证式国债作质押，从银行或农村信用社取得质押单证金额一定比例的贷款。

"五户联保贷款"模式（全区推广）是一种信用贷款，以五户农民组成联保小组，如果某一贷款户不能清偿贷款，其他四户需要承担无限追偿责任（石东齐，2003）。

"政府担保基金 + 企业管理 + 农户按揭"模式（吐鲁番地区推广）。针对农业产业化发展基础设施建设资金投入大、使用周期长的特点，吐鲁番等地方政府注资龙头企业，企业以该项资金作为担保基金专户存放承贷银行，由龙头企业推荐农户承贷，农户以按揭贷款方式交纳首付保证金，并以投资完成后的大棚、住宅等资产作为抵押，贷款周期可达3~5年。农户获得的贷款由企业集中进行农业大棚和基础设施的建设，产品生产、销售也由企业实行统一管理，龙头企业按期将自身收益一定比例补充担保基金。该模式下，政府、企业和农户结成利益共同体，有效降低风险，担保基金逐年滚动增长，贷款金额不断扩大，有效推动整个产业链的可持续发展。

"政府财政担保 + 土地承包经营权担保农业贷款"模式（喀什、伊犁地区推广）。农户小额贷款模式不能满足设施农业的资金投入需求，喀什和伊犁等地区政府积极介入，采取以政府财政提供全额担保为主、以农户土地承包经营权担保为辅相结合的方式，由金融机构向经过政府资格认定的农户发放贷款，贷款风险降低，金融机构乐意放贷，满足了农业生产规模化、现代化发展的资金需求。

"政府融资平台＋龙头企业借款"模式（伊犁地区推广）。伊犁等地政府为有效缓解农业产业化龙头企业融资难问题，以政府出资成立企业作为融资平台，汇总各企业的贷款申请后，以作为融资平台的企业为借款人，向政策性银行申请贷款并签订借款合同，委托银行根据企业提供的购货合同分批发放贷款，有效解决了企业在农产品收购、加工、销售过程中资金紧张的问题。贷款以政府融资平台为基础，以购货合同为依据分批发放贷款，既能分散风险，也能满足龙头企业收购资金需要。

"仓单质押或企业股东无限责任＋企业贷款"模式（吐鲁番、喀什、和田地区推广）。借款企业以仓单或公证后的相关单据进行质押借款，同时结合企业股东承担无限连带保证责任的方式向银行申请收购贷款，同时约定贷款本息未结清前库存农产品由银行派专人管理，企业股东不得分配红利。该模式保证了农产品的及时收购，有效控制了贷款风险。

通过以上担保模式试行和推广，使绿洲农业生产获得可持续发展的资金。以上担保模式可以解决部分龙头农业企业生产、收购资金需要和部分农户资金需要，提供很大的便利，同时也降低了金融机构的信贷风险。

8.4.2　不断创新贷款担保模式

没有担保，无法取得贷款，是农业贷款和农户贷款的主要矛盾，所以要满足农业可持续发展的需求，应结合当地实际情况推广农业贷款担保模式，积极创新担保模式（杨迪航，2009），可从以下方面着手：

1. 完善以土地承包经营权作为担保的相关规定（闫广宁，2008）。土地承包经营权对农户是一项重要的权利，以其作为担保取得贷款，同时需要考虑如果农户无力偿还贷款，防止没有能力经营土地、浪费土地资源情况的发生，以达到保护耕地和保障农户的利益。

2. 大型农业企业担保基金。即发展龙头企业＋农户的农业信贷担保形式，既可降低金融机构的信贷风险，也能使农户获得生产所需的资金，用以发展生产，增加收入。

3. 对农户财产物品的认定。如对农户的房屋、农机、畜力能有一个完善的评估，使其也能充当担保，扩大农民用以担保的物品。

4. 以政策性农业保险降低农业贷款的风险（董晓林、吴昌景，2008）。参加政策性农业保险能够分散农业生产的部分自然风险，所以要求农民参加政策性农业保险为条件的信贷也为金融机构所支持。

可以将多种形式的担保进行结合，不断创新贷款担保模式以完善农业贷款的担保形式，使绿洲农业获得生产所需要的资金。

8.5 规范民间融资

从第五章的分析可以看出，1989—2007 年新疆绿洲农业可持续发展的资金需求有三分之一是由民间融资提供（李建军，2005），一方面反映了正规金融供给不足，另一方面说明民间融资对绿洲农业可持续发展的重要作用。所以规范民间融资是绿洲农业可持续发展融资的重要内容。

8.5.1 利用民间金融完善金融市场

正规金融发展为民间金融留下生存和发展的空间，在 20 世纪 90 年代，正规金融机构普遍从农村市场撤离，民间借贷得到迅速发展，范围广，形式多样，增加了金融供给，是正规金融融资形式单一的补充，在很大程度上缓解了农民和农村中小企业融资难的问题，缓解绿洲农业可持续发展资金供求紧张的矛盾。通过民间金融与正规金融的竞争来促进正规金融组织不断深化改革、改进服务质量，使农村金融市场能按照市场经济运行。

农村民间金融有生存和发展的优势，如运作成本低，且民间金融交易以伦理、地缘、血缘、宗族和道德关系形成，一般不需要担保抵押物，而且交易双方了解资金使用情况、偿债能力，克服市场交易的"信息不对称"。民间借贷的偿还还有一层伦理道德的监督，这种监督作用明显。民间借贷利率灵活，根据资金供求关系、借款人资信状况制定。

民间金融有上述优势的同时，也有其不足，如可能催生高利贷，加大了农民的负担；收贷有时采取暴力行为解决，存在扰乱社会治安的嫌疑；民间金融缺乏监管，扰乱金融秩序（李楠，2006）。总体而言，对农业可持续发展来说民间金融机构的存在和发展利大于弊。规避民间借贷的不足关键在于政府部门为其提供一种合理的制度安排，确立公正有效的竞争规则和市场约束机制。给予经济主体选择金融服务的机会，创造正规金融与民间金融竞争的机会，完善农业金融市场。

资金作为稀缺要素，按照价值规律必然寻求回报率高的部门，农业投资周期长、风险大，是比较利益低的弱质产业，鉴于农业的低回报率，资金流出农业、农村是资金要素投入自然选择的结果。民间金融的存在，一是能够减少农业资金的流出；二是与正规金融形成竞争，促进正规金融的服务。

世界经济学家斯蒂格里茨曾经说过：将正规金融与非正规金融按市场公平竞争的原则合理整合起来，可以更好满足农业、农村和农民对金融服务的需求。也有利于金融服务机构不断提高自身效率，同时积累可持续发展能力。民间金融的合法化既可以规范正规金融，也能使农业可持续发展获得资金支持。通过提供制度规范的条件，促进民间金融的合法化，为农业可持续发展提供资金支持。同时，利用民间金融的进入，形成金融市场的竞争，以提高金融机构的资源配置效率，逐步规范和完善自身的发展。

8.5.2 鼓励建立农村非银行金融机构

对民间金融严格禁止是不现实的，也根本无法做到，给予发展空间使其发挥优势，避短取长是发展的出路。允许已存在的民间金融组织合法存在，给予法律承认的地位，允许符合有关条件的民间借贷组织在一定的法律框架内开展金融服务。形成机构体制健全、产权明晰、功能完善、分工合理、运转协调、竞争有序的农村金融运行机制，在农村、农业和农民的融资需要中形成基于竞争和效率的金融组织。允许民间金融合法存在，可以为农民自主参与各种农村合作金融提供良好的环境条件。

根据农业经济结构调整和农业现代化的要求，可建立农村非银行金融机构，如农村证券经纪公司、农村依托投资公司、农村投资咨询公司、农村租赁公司和农村抵押担保公司等。发展民间金融可以有效利用民间的乡土信用、信息资源，解决农业发展融资难问题。

8.6 完善信用体系和健全法律制度

绿洲农业可持续发展融资不仅受金融体系功能完善的影响，同时也受外部环境的影响，外部环境主要包括信用体系建设和法律完善。

8.6.1　信用环境建设

金融交易双方存在信息不对称，直接影响交易的形成，影响绿洲农业可持续发展的融资需求，所以要加大信用服务体系建设，建立公开的社会信息披露制度。主要由政府部门负责组建公用信用信息库（汤耀新，2010），从银行、税务、企业、司法、教育、工商部门广泛收集农业企业、农户的各种信用信息（包括债权债务信息）进行分类，在严格管理条件下，以专门机构向社会公众提供相关信息，同时对信用等级进行评定，全面、客观地评价农村金融交易主体的信用等级。

加大信用行为的奖励和破坏信用行为的惩罚力度（张瑞怀，2008）。不断完善农户信贷管理模式，利用信用档案促进信贷管理效率，鼓励守信行为，同时在信贷发放、信贷额度方面提供差别服务和差别待遇。让农业企业和农户感受到信用体系和信用档案带来的便利，让农业企业和农户积极配合逐步完善和健全信用体系和信用档案。

对于逃废银行债务、违背信用、破坏农户联保贷款的行为给予严厉惩罚。强化违约信用责任追究制度，严重者追究刑事责任；金融机构与农村乡镇部门通过布告形式公告不守信用行为的企业和个人。让农业企业和农户体会到信用的丢失不仅是失去贷款的机会，也是失去今后金融交易和市场交易的机会。

不断打造良好的农村信用环境。通过不断打造"信用乡（镇）"，利用"信用乡镇"的辐射作用进行信用宣传教育（陆天华和秦祚安，2009）。对信用评级标准和授信管理加以明确和规范，强化其可操作性。合理规范农业企业和农户的信用信息指标，不断增加农村信用信息体系的内容，丰富农户和农业企业征信体系（中国人民银行海口中心支行年度公报征信管理处课题组，2009）。

8.6.2　健全法律制度

市场经济以法制为基础，在长期的计划经济下，法制建设落后，经济发展受人为影响较大，因此在绿洲农业可持续发展的融资机制建设中完善法律体系是重要的内容。

以法规形式明确财政在绿洲农业可持续发展中的投入保障机制，明确政府财政支农的政策目标、支农预算额度、具体操作程序、管理部门、分工协调、法律责任和资金审计工作等，以实现绿洲农业持续、协调发展。

制定《农村合作金融法》，通过法律明确农村信用社的法律定位、服务功能。现在农村信用社改革为以县（区）、市级联社统一法人管理（李彦斌，2003）。要完全实现"政企分离，自我约束，自我发展，自负盈亏、自担风险"，需要在法律上明确其独立法人的地位，同时通过在市场的独立经营，形成真正的法人治理机制，以市场竞争方式参与绿洲农业可持续发展金融服务。

制定《农业政策金融法》，包括政策性农业保险、政策性金融机构对绿洲农业可持续发展提供的融资保证和农业信贷方面的法律规定。政策性农业保险在新疆的试点非常成功，为绿洲农业可持续发展抵御自然风险提供了保障。但在法律上明确政策性农业保险的实施、保险保障的范围和金额、保险费的补助等是非常必要的。农业保险还应该进一步扩大承保的种类，提高保障程度，真正发挥抵御自然风险的屏障的作用。政策性金融机构主要是指中国农业发展银行在农业可持续发展中提供基础设施建设、农业结构调整、粮棉油收购、农业综合开发、扶贫和农业产业化等方面贷款的具体规定，突出政策性金融对农业发展的支持。对各金融机构（包括商业银行、农村信用社、村镇银行等）发放的农业贷款给予政策支持和税收优惠。

给予民间金融在法律上认可的地位，制定《农村民间金融法》，通过法律引导民间金融为绿洲农业可持续发展提供金融服务。民间金融的存在为绿洲农业发展提供资金，对其他金融机构农业资金进行补充。利用民间金融发展的优势，引导民间资金参与绿洲农业可持续发展建设，同时抑制高利贷，实现绿洲农业、农村资金取之于农，用之于农。

由人民银行制定《金融机构资金回流农村的暂行条例》。对邮政储蓄等金融机构来源于农村的资金，如果投放到城市或非农生产，将会加剧资金外流和绿洲农业生产资金的匮乏（张晓娟，2007）。通过法律形式规定金融机构，尤其是邮政储蓄资金来自农村资金的一定比例，必须用于农业生产或农村建设，以减少资金外流对农业可持续发展的影响。同时，对金融机构将更多的资金投放绿洲农业生产的，提供减税或政策优惠。

结束语

　　本书以金融发展理论和公共财政理论为基础，构建了绿洲农业可持续发展融资机制，为研究新疆绿洲农业可持续发展中最重要的融资问题提供参考和借鉴。绿洲农业的可持续发展对新疆社会、经济发展具有重要的意义。通过对绿洲农业可持续发展状况的评价，了解了新疆绿洲农业在1989—2011年的发展变化和各子系统间的协调性状况。运用协整分析方法和状态空间可变参数模型对财政资金和金融信贷资金对绿洲农业可持续发展的长期均衡和拉动效应进行了分析。利用金融相关率测算绿洲农业可持续发展的理论资金需求量和实际资金需求量，并分析了需求缺口产生的原因；测算资金供求量，并分析了资金供需缺口。总结出绿洲农业可持续发展融资中存在的主要问题是融资机制不健全。通过以上分析并借鉴国外其他国家在农业可持续发展融资经验，本书根据绿洲农业发展特点，构建了为保障绿洲农业为实现可持续发展的融资机制。希望本研究能够对相关研究提供一些参考和借鉴。由于本人水平有限和数据资源的限制，对许多问题的看法和认识不足，还需要进一步深入研究。

附　录

附表 1　　　　　　　　　新疆城乡固定资产投资比较　　　　　单位：万元

年　份	全社会投资	城　镇	农　村	农　户	非农户
1989	750 698	664 243	86 455	67 614	18 841
1990	887 775	791 548	96 227	75 649	20 578
1991	1 249 325	1 130 155	119 170	92 224	26 946
1992	1 700 326	1 571 456	128 870	95 668	33 202
1993	2 484 352	2 336 810	147 542	106 804	40 738
1994	2 854 786	2 614 171	240 615	170 266	70 349
1995	3 333 404	3 035 386	298 018	205 900	92 118
1996	3 878 472	3 495 942	382 530	270 594	111 936
1997	4 468 148	3 987 127	481 021	349 958	131 063
1998	5 197 673	4 709 794	487 879	351 477	136 402
1999	5 346 468	4 847 597	498 871	348 127	150 744
2000	6 103 843	5 568 492	535 351	363 489	171 862
2001	7 059 970	6 469 753	590 217	380 177	210 040
2002	8 130 223	7 474 024	656 199	403 308	252 891
2003	10 021 256	9 213 289	807 967	480 830	327 137
2004	11 615 245	10 608 046	1 007 199	543 840	463 359
2005	13 522 757	12 232 255	1 290 502	573 585	716 917
2006	15 670 521	14 180 110	1 490 411	699 084	791 327
2007	18 508 415	16 591 894	1 916 521	835 910	1 080 611
2008	22 599 746	20 256 393	2 343 353	930 557	1 412 796
2009	28 272 359	25 358 648	2 913 711	1 874 325	1 039 386
2010	35 396 941	31 815 829	3 581 112	2 395 698	1 185 414
2011	47 127 699	42 044 959	5 082 740	3 211 176	1 871 564

资料来源：1990—2012 年《新疆统计年鉴》。

附表2　　　　　　**新疆城乡固定资产投资的资金来源**　　　　单位：万元

年份	分类	国家预算内资金	国内贷款	债券	利用外资	自筹资金	其他资金
1989	城镇	85 790	135 535	0	77 790	339 773	25 355
	农村	0	3 557	0	0	77 009	5 889
	非农户	0	3 557	0	0	9 395	5 889
	农户	0	0	0	0	67 614	0
	全社会	105 423	294 985	0	40 927	415 025	31 415
1990	城镇	103 339	282 886	0	40 878	336 324	28 128
	农村	2 084	12 099	0	49	78 701	3 287
	非农户	2 084	4 825	0	49	12 034	1 586
	农户	0	7 274	0	0	66 667	1 701
1991	城镇	88 779	179 979	0	91 793	736 458	30 176
	农村	1 583	12 455	0	123	92 448	12 531
	非农户	1 583	4 759	0	123	13 463	7 018
	农户	0	7 696	0	0	78 985	5 513
1992	城镇	123 292	308 079	0	265 824	688 294	185 967
	农村	5 855	20 703	0	52	95 762	6 498
	非农户	5 855	2 640	0	52	19 499	5 156
	农户	0	18 063	0	0	76 263	1 342
1993	城镇	88 250	420 685	0	445 010	960 356	422 509
	农村	2020	23 433	0	533	96 579	24 977
	非农户	2 020	11 311	0	533	16 895	9 979
	农户	0	12 122	0	0	79 684	14 998
1994	城镇	79 110	611 367	0	529 969	1 166 591	227 174
	农村	2 434	38 709	0	1933	165 164	32 335
	非农户	2 434	16 940	0	1933	28 774	20 268
	农户	0	21 769	0	0	136 390	12 067
1995	城镇	93 988	779 767	0	305 017	1 551 127	305 487
	农村	4 016	39 147	0	2 602	205 655	46 598
	非农户	4 016	14 237	0	2 602	35 306	35 957
	农户	0	24 910	0	0	170 349	10 641
1996	城镇	114 756	695 575	0	322 949	1 993 330	369 332
	农村	13 969	60 837	0	1 583	262 629	43 512
	非农户	13 969	12 860	0	1 583	42 967	40 557
	农户	0	47 977	0	0	219 662	2 955

年份	分类	国家预算内资金	国内贷款	债券	利用外资	自筹资金	其他资金
1997	城镇	257 454	716 250	0	109 470	2 584 466	319 486
	农村	11 652	33 395	0	159	361 691	74 125
	非农户	11 652	13 395	0	159	55 239	50 619
	农 户	0	20 000	0	0	306 452	23 506
1998	城镇	374 530	1 086 888	0	133 111	2 543 335	522 224
	农村	9 665	29 609	0	819	364 798	82 688
	非农户	9 665	8 485	0	819	57 852	59 581
	农 户	0	21 124	0	0	306 946	23 107
1999	城镇	481 765	1 073 734	12 376	93 159	2 271 939	834 624
	农村	30 599	24 215	0	736	398 570	44 751
	非农户	30 599	9 328	0	736	82 465	27 616
	农 户	0	14 887	0	0	316 105	17 135
2000	城镇	482 428	1 310 154	19 429	99 942	2 826 953	829 586
	农村	24 439	36 021	0	0	447 128	27 763
	非农户	24 439	21 642	0	0	105 023	20 758
	农 户	0	14 379	0	0	342 105	7 005
2001	城镇	487 451	1 298 335	8 340	64 793	3 480 522	1 130 312
	农村	57 725	22 982	0	41	466 730	42 739
	非农户	57 725	975	0	41	137 367	13 932
	农 户	0	22 007	0	0	329 363	28 807
2002	城镇	1 230 166	1 553 079	30 504	62 450	3 548 032	1 049 793
	农村	93 494	54 456	0	542	473 036	34 671
	非农户	93 494	18 577	0	542	129 141	11 137
	农 户	0	35 879	0	0	343 895	23 534
2003	城镇	1 507 997	1 840 814	21 586	93 940	4 508 884	1 240 068
	农村	118 264	55 290	0	1 347	581 780	51 286
	非农户	118 264	13 804	0	1 347	171 273	22 449
	农 户	0	41 486	0	0	410 507	28 837
2004	城镇	1 594 021	1 500 289	47 066	76 217	6 044 160	1 346 295
	农村	237 251	70 151	0	12 402	626 982	60 411
	非农户	237 251	35 537	0	12 402	123 816	54 352
	农 户	0	34 614	0	0	503 166	6 059
2005	城镇	1 835 840	1 534 757	15 405	97 427	6 721 180	2 027 646
	农村	254 457	137 469	0	12 396	809 185	76 995
	非农户	254 457	62 246	0	12 396	215 973	28 513
	农 户	0	75 223	0	0	593 212	48 482

续表

年份	分 类	国家预算内资金	国内贷款	债券	利用外资	自筹资金	其他资金
2006	城镇	1 937 899	1 760 995	8 121	80 924	8 187 861	2 284 869
	农村	181 354	93 518	72	7 751	1 062 798	167 804
	非农户	181 354	14 141	72	7 751	379 377	139 275
	农 户	0	79 377	0	0	683 421	28 529
2007	城镇	1 975 941	2 352 960	5 526	99 056	10 018 160	2 700 837
	农村	282 838	127 450	0	10 978	1 274 913	221 525
	非农户	282 838	54 667	0	10 978	557 401	175 910
	农 户	0	72 783	0	0	717 512	0
2008	城镇	3 039 779	2 859 307	3 410	81 695	11 528 876	2 842 286
	农村	348 362	160 694	0	8 538	1 668 359	184 508
	非农户	348 362	57 870	0	8 538	889 230	135 904
	农 户	0	102 824	0	0	779 129	48 604
2009	城镇	5 147 228	4 995 758	53 117	83 709	12 915 136	4 117 955
	农村	666 258	250 428	1 519	10 291	1 875 392	228 575
	非农户	666 258	139 994	1 519	10 291	982 155	192 859
	农 户	0	110 434	0	0	893 237	35 716
2010	城镇	5 567 658	5 407 269	11 544	119 073	17 577 945	5 538 397
	农村	779 907	343 092	0	1 294	2 193 564	304 695
	非农户	779 907	140 959	0	1 294	1 246 453	268 525
	农 户	0	202 133	0	0	947 111	36 170
2011	城镇	5 264 602	6 183 760	21 737	131 659	30 523 848	7 635 512
	农村	1 001 746	495 608	822	6 308	3 486 190	495 648
	非农户	1 001 746	177 709	822	6 308	2 045 605	382 568
	农 户	0	317 899	0	0	1 440 585	113 080

资料来源：1990—2012 年《新疆统计年鉴》。

注：1989—1998 年农村非农户投资为农村集体投资。

附表 3　　　　　**1990—2011 年新疆绿洲农业受灾情况**　　单位：公顷，%

年份	受灾面积	成灾面积	成灾率	农作物 播种面积	受灾率
1989	630 000	140 000	22	2 745 560	5.10
1990	177 000	79 000	44.6	2 979 510	2.65
1991	838 000	311 000	37.1	3 036 090	10.24
1992	264 000	116 000	43.9	3 067 850	3.78
1993	424 000	121 000	28.5	2 995 100	4.04
1994	563 000	213 000	32.2	2 993 750	7.11
1995	724 000	358 000	49.4	3 051 440	11.73
1996	436 000	300 700	69.0	3 081 150	9.76
1997	802 000	334 700	41.7	3 191 480	10.49
1998	575 000	241 000	41.9	3 278 550	7.35
1999	865 000	523 000	60.5	3 379 890	15.47
2000	640 000	359 000	56.1	3 388 760	10.59
2001	1 100 000	581 000	52.8	3 404 120	17.07
2002	693 000	343 000	49.5	3 478 370	9.86
2003	768 000	516 000	67.2	3 470 280	14.87
2004	742 000	436 000	58.8	3 571 890	12.21
2005	517 000	352 000	68.2	3 728 110	9.44
2006	735 000	579 000	78.8	4 206 280	13.77
2007	950 000	568 000	59.8	4 394 250	12.93
2008	2 172 000	1 326 000	61.1	4 536 870	29.23
2009	1 244 000	778 000	62.5	4 710 260	16.52
2010	1 307 000	649 000	49.7	4 758 640	13.64
2011	678 000	348 000	51.33	4 983 480	6.98

资料来源：1990—2012 年《新疆统计年鉴》，1990—2012 年《中国统计年鉴》。

附表4 **新疆金融资产总量** 单位：亿元

年份	存款	储蓄	贷款	保费收入	债券	金融资产总量
1989	52.76	83.33	173.02	1.2023	0	310.3123
1990	71.23	114.13	233.72	1.5662	0	420.6462
1991	92.78	145.01	299.59	2.1682	0	539.5482
1992	119.51	175.62	380.26	3.0266	0	678.4166
1993	129.98	220.45	467.81	3.8230	0	822.063
1994	214.13	347.71	632.32	5.1629	0	1 199.3229
1995	274.24	477.18	843.38	6.6482	0	1 601.4482
1996	364.51	575.79	1 016.20	8.6558	0	1 965.1558
1997	442.76	676.13	1 215.39	12.8582	0	2 347.1382
1998	461.02	759.14	1 318.41	17.4768	0	2 556.0468
1999	544.22	824.68	1 386.78	24.5883	1.2376	2 781.5059
2000	702.21	908.55	1 403.13	28.2166	1.9429	3 044.0495
2001	691.74	994.00	1 584.73	34.1564	0.8340	3 305.4604
2002	705.82	1 137.87	1 801.15	51.7304	3.0504	3 699.6208
2003	763.49	1 371.59	2 099.09	62.1789	2.1586	4 298.5075
2004	832.50	1 534.67	2 214.66	681 300	4.7066	4 654.6666
2005	909.45	1 816.38	2 272.08	72.5000	1.5405	5 071.9505
2006	1 106.42	2 035.63	2 412.69	85.4000	0.8193	5 640.9593
2007	1 452.25	2 054.91	2 685.00	105.6178	0.5526	6 298.3304
2008	1 473.24	2 550.95	2 826.53	152.5145	0.3410	7 003.5755
2009	2 043.54	3 049.91	3 782.92	156.6941	5.4636	9 038.5277
2010	2 791.72	3 713.47	4 973.16	190.9239	1.1544	11 670.4283
2011	5 573.38	4 421.93	6 270.21	203.6155	2.2559	16 471.3914

资料来源：1990—2012 年《新疆统计年鉴》，1990—2012 年《中国金融年鉴》。

附表5　　　　　　　绿洲农业可持续发展经济指标

年份	农业劳动生产率	农民人均纯收入（元）	农村固定资产投资（万元）	土地生产率	农机总动力（千瓦）	农民食品的货币化率（%）
1989	2 280.2083	546.00	86 455.0000	273.5731	4 927 600	44.84
1990	2 647.7726	645.96	90 773.5849	324.6317	5 231 000	44.40
1991	2 814.7412	615.30	97 929.1643	351.2894	5 607 600	36.80
1992	3 004.7748	601.94	90 517.6652	370.1452	5 939 700	36.32
1993	3 041.8061	571.16	81 922.2654	377.9023	6 083 400	37.68
1994	3 425.8920	547.10	118 943.4391	421.1759	6 252 689	43.80
1995	3 627.1738	542.52	138 742.0857	450.0661	6 533 681	49.49
1996	3 719.8456	556.53	168 641.7141	457.9601	6 985 615	49.76
1997	3 783.5420	622.84	205 494.2755	493.6899	7 290 350	45.99
1998	4 583.0762	659.09	204 330.1085	536.8370	7 703 913	44.29
1999	4 789.3568	626.83	211 046.1968	545.7048	8 142 144	43.76
2000	4 960.5333	705.46	218 608.7631	563.2020	8 511 720	42.35
2001	5 150.1438	718.28	235 136.8471	581.2877	8 808 506	45.26
2002	5 301.1547	775.57	260 903.7414	617.3594	9 196 282	48.09
2003	5 501.5586	874.98	310 684.8420	659.3922	9 727 175	49.71
2004	5 662.0315	892.57	370 606.3951	679.1602	10 464 737	50.33
2005	5 988.7321	975.29	461 916.3863	706.6065	11 162 547	59.23
2006	6 349.4866	1 054.51	521 998.8092	722.8665	11 900 365	60.99
2007	6 860.2978	1 143.93	642 955.2469	756.6782	12 747 404	63.03
2008	7 216.7547	1 149.73	706 957.7941	737.1777	13 743 312	61.80
2009	7 667.5564	1 249.44	896 968.0458	794.6775	15 032 681	61.99
2010	7 832.7898	1 412.11	1 053 950.2031	832.0274	16 429 281	60.97
2011	8 011.5064	1 549.72	1 396 740.8629	901.0857	17 959 388	71.60

资料来源：1990—2012年《新疆统计年鉴》，1990—2012年《中国农村统计年鉴》，《新中国五十年农业年鉴》；《新中国五十五年统计资料汇编——新疆篇》；1990—2012年《中国统计年鉴》。

注：农业总产值、农民人均纯收入和农村固定资产投资额均以1989年为基础进行价格调整。

附表6　　　　　　　　　　绿洲农业可持续发展资源环境指标

年份	水资源总量 （亿立方米）	耕地面积 （千公顷）	受灾面积 （公顷）	森林覆盖率 （%）	化肥使用量 （吨）	治碱面积 （千公顷）
1989	884	3 073	630 000	1.12	339 200	456
1990	884	3 086.89	177 000	1.12	394 600	470.67
1991	884	3 115.94	838 000	1.2	488 200	512
1992	884	3 134.05	264 000	1.57	524 345	555
1993	884	3 119.14	424 000	1.57	505 962	594.7
1994	884	3 124.15	563 000	1.57	573 006	600
1995	884	3 128.26	724 000	1.68	677 596	618.9
1996	884	3 175.79	436 000	1.68	772 890	638.31
1997	884	3 228.76	802 000	1.68	837 720	678.5
1998	857	3 310.72	575 000	1.68	855 903	678.5
1999	857	3 383.94	865 000	1.68	783 330	707
2000	1 000.3	3 416.52	640 000	1.92	791 466	788
2001	952.4	3 439.32	1 100 000	1.9	832 952	803.5
2002	1 024.4	3 364.66	693 000	1.9	843 009	829.7
2003	1 068.6	3 313.99	768 000	2.1	907 419	845.4
2004	855.4	3 362.32	742 000	2.94	991 729	919.02
2005	855.4	3 457.94	517 000	2.94	1 077 720	973.62
2006	962.82	3 640.43	735 000	2.94	1 180 257	973.62
2007	953.12	3 787.28	950 000	2.94	1 315 273	973.62
2008	863.80	4 124.60	2 172 000	2.94	1 488 940	973.62
2009	802.60	4 124.60	1 244 000	4.02	1 562 763	973.62
2010	754.29	4 124.60	1 307 000	4.02	1 675 652	973.62
2011	1 124	4 124.60	678 000	4.02	1 837 858	973.62

注：化肥使用量，按折纯量计算。原始数据见附表7。

资料来源：1990—2012 年《新疆统计年鉴》；1990—2012 年《中国农村统计年鉴》；《新中国五十年农业年鉴》；《新中国五十五年统计资料汇编——新疆篇》；1990—2012 年《中国统计年鉴》。

附表7　　　　　　　绿洲农业可持续发展社会人口指标

年份	农业就业人数（万人）	城乡收入差距（倍）	农村劳动力受教育年限（年）	农业技术人员（人）	农村医护人员（人）	农村居民恩格尔系数
1989	368.69	2.15	5.51	22 853	9 669	51.9
1990	378.47	1.95	5.66	25 089	10 128	53.7
1991	388.88	2.10	6.18	24 106	10 624	53.7
1992	386.07	2.60	6.25	25 432	11 369	54.8
1993	387.51	2.99	6.32	24 668	11 927	52.2
1994	384.08	3.19	6.42	26 709	13 256	50.5
1995	388.16	3.58	6.58	28 096	15 142	50.1
1996	390.98	3.53	6.70	22 306	16 266	45.8
1997	421.3	3.18	6.74	24 434	18 109	48.0
1998	387.8	3.10	6.88	27 727	19 054	49.2
1999	385.57	3.55	6.97	25 856	19 474	53.5
2000	387.9	3.34	7.12	27 764	19 556	50.0
2001	388.19	3.48	7.31	30 043	19 501	50.4
2002	391.84	3.43	7.36	31 867	18 334	49.0
2003	397.2	3.24	7.40	30 808	17 793	45.4
2004	403.31	3.33	7.41	32 831	17 103	45.2
2005	408.00	3.22	7.77	32 744	16 492	41.8
2006	414.45	3.28	7.76	34 131	17 010	39.9
2007	417.73	3.36	7.85	33 859	17 350	39.9
2008	421.32	3.45	7.92	33 809	18 265	42.5
2009	427.48	3.40	8.01	33 758	19 266	41.6
2010	438.13	3.23	8.04	36 612	19 791	40.3
2011	463.91	3.17	8.34	39 466	20 392	36.1

注：农村劳力受教育年限的计算方法：很少不识字或识字按0年受教育年限，小学按6年，初中按9年，高中按12年，中专按14年，大专及大专以上按16年计算而得。

资料来源：1989—2012年《新疆统计年鉴》；1990—2012年《中国农村统计年鉴》；《新中国五十年农业年鉴》；《新中国五十五年统计资料汇编——新疆篇》；1989—2012年《中国统计年鉴》。

附表 8　　　　　　1989—2011 年绿洲农业劳动生产率

年份	农业总产值（当年价格）万元	农业总产值指数（1989 年 = 100）	农业总产值（1989 年不变价格）（万元）	农业就业人数（万人）	农业劳动生产率
1989	840 690	100.00	840 690	368.69	2 280.2083
1990	1 104 742	119.20	1 002 102.4800	378.47	2 647.7726
1991	1 245 437	130.20	1 094 596.5389	388.88	2 814.7412
1992	1 312 184	137.99	1 160 053.4119	386.07	3 004.7748
1993	1 468 176	140.21	1 178 730.2719	387.51	3 041.8061
1994	2 337 813	156.52	1 315 816.6025	384.08	3 425.8920
1995	3 150 055	167.47	1 407 923.7647	388.16	3 627.1738
1996	3 340 735	173.00	1 454 385.2489	390.98	3 719.8456
1997	3 738 602	189.61	1 594 006.2328	421.3	3 783.5420
1998	3 873 616	211.41	1 777 316.9496	387.8	4 583.0762
1999	3 409 380	219.66	1 846 632.3106	385.57	4 789.3568
2000	3 605 405	228.88	1 924 190.8676	387.9	4 960.5333
2001	3 488 409	237.81	1 999 234.3115	388.19	5 150.1438
2002	3 627 669	247.08	2 077 204.4496	391.84	5 301.1547
2003	4 827 597	259.93	2 185 219.0810	397.2	5 501.5586
2004	5 150 018	271.63	2 283 553.9396	403.31	5 662.0315
2005	5 958 464	290.64	2 443 402.7154	408.00	5 988.7321
2006	6 385 954	313.02	2 631 544.7245	414.45	6 349.4866
2007	7 669 468	340.88	2 865 752.2050	417.73	6 860.2978
2008	7 841 922	361.67	3 040 563.0895	421.32	7 216.7547
2009	8 986 167	389.89	3 277 727.0105	427.48	7 667.5564
2010	13 768 852	408.21	3 431 780.1800	438.13	7 832.7898
2011	14 378 900	442.09	3 716 617.9349	463.91	8 011.5064

资料来源：1990—2012 年《新疆统计年鉴》,《中国统计年鉴》。

附表 9　　　　　1989—2011 年绿洲农民实际人均纯收入

年份	农民人均纯收入（元）	消费价格指数（1989 年 = 100）	农民人均纯收入（不变价格）（元）
1989	546	100. 00	546. 00
1990	684	105. 89	645. 96
1991	703	114. 25	615. 30
1992	740	122. 94	601. 94
1993	778	136. 21	571. 16
1994	936	171. 08	547. 10
1995	1 137	209. 58	542. 52
1996	1 290	231. 79	556. 53
1997	1 500	240. 83	622. 84
1998	1 600	242. 76	659. 09
1999	1 473	234. 99	626. 83
2000	1 618	229. 35	705. 46
2001	1 710	238. 07	718. 28
2002	1 863	240. 21	775. 57
2003	2 106	240. 69	874. 98
2004	2 245	251. 52	892. 57
2005	2 482	254. 49	975. 29
2006	2 737	259. 55	1 054. 51
2007	3 183	278. 25	1 143. 93
2008	3 503	304. 68	1 149. 73
2009	3 883	310. 78	1 249. 44
2010	4 643	328. 80	1 412. 11
2011	5 442	351. 16	1 549. 72

资料来源：1990—2012 年《新疆统计年鉴》，《新疆城乡人民生活 30 年统计年鉴》。

附表 10　　　　**1989—2011 年农村固定资产实际投资额**

年份	农村固定资产投资额（万元）	固定资产投资价格指数（1989 年 = 100）	农村固定资产投资额（不变价格）（万元）
1989	86 455	100.00	86 455.0000
1990	96 220	106.00	90 773.5849
1991	119 170	121.69	97 929.1643
1992	128 870	142.37	90 517.6652
1993	147 542	180.10	81 922.2654
1994	240 575	202.26	118 943.4391
1995	298 018	214.80	138 742.0857
1996	382 530	226.83	168 641.7141
1997	481 021	234.08	205 494.2755
1998	487 879	238.77	204 330.1085
1999	498 871	236.38	211 046.1968
2000	535 351	244.89	218 608.7631
2001	590 217	251.01	235 136.8471
2002	656 199	251.51	260 903.7414
2003	807 967	260.06	310 684.8420
2004	1 007 197	271.77	370 606.3951
2005	1 290 502	279.38	461 916.3863
2006	1 490 411	285.52	521 998.8092
2007	1 916 521	298.08	642 955.2469
2008	2 343 353	331.47	706 957.7941
2009	2 913 711	324.84	896 968.0458
2010	3 581 112	339.78	1 053 950.2031
2011	5 082 740	363.90	1 396 740.8629

资料来源：1990—2012 年《新疆统计年鉴》，1990—2012 年《中国农村统计年鉴》。

附表 11   **1989—2011 年绿洲农业土地生产率**

年份	农业总产值 （不变价格）（万元）	耕地面积（亩）	土地生产率
1989	840 690	3 073	273.5731
1990	1 002 102.4800	3 086.89	324.6317
1991	1 094 596.5389	3 115.94	351.2894
1992	1 160 053.4119	3 134.05	370.1452
1993	1 178 730.2719	3 119.14	377.9023
1994	1 315 816.6025	3 124.15	421.1759
1995	1 407 923.7647	3 128.26	450.0661
1996	1 454 385.2489	3 175.79	457.9601
1997	1 594 006.2328	3 228.76	493.6899
1998	1 777 316.9496	3 310.72	536.8370
1999	1 846 632.3106	3 383.94	545.7048
2000	1 924 190.8676	3 416.52	563.2020
2001	1 999 234.3115	3 439.32	581.2877
2002	2 077 204.4496	3 364.66	617.3594
2003	2 185 219.0810	3 313.99	659.3922
2004	2 283 553.9396	3 362.32	679.1602
2005	2 443 402.7154	3 457.94	706.6065
2006	2 631 544.7245	3 640.43	722.8665
2007	2 865 752.2050	3 787.28	756.6782
2008	3 040 563.0895	4 124.60	737.1777
2009	3 277 727.0105	4 124.60	794.6775
2010	3 431 780.1800	4 124.60	832.0274
2011	3 716 617.9349	4 124.60	901.0857

资料来源：1990—2012 年《新疆统计年鉴》，《新中国五十五年统计资料汇编——新疆篇》。

附表 12　　　　　1989—2011 年绿洲农业环境系统指标

年份	新疆造林面积（公顷）	治碱面积（千公顷）	化肥（吨）	农用塑料薄膜使用量（吨）	农药使用量（吨）
1989	46 700	456	339 200	—	—
1990	38 100	470.67	394 600	—	—
1991	42 800	512	488 200	34 518	205.1
1992	44 400	555	524 345	43 547	266
1993	56 500	594.7	505 962	41 330	700
1994	54 600	600	573 006	63 880	780
1995	55 000	618.9	677 596	55 404	9 125
1996	49 300	638.31	772 890	67 681	11 280
1997	50 500	678.5	837 720	78 541	12 852
1998	64 000	678.5	855 903	91 668	12 412
1999	75 600	707	783 330	88 107	12 825
2000	64 173	788	791 466	88 125	13 606
2001	106 771	803.5	832 952	104 717	12 602
2002	216 924	829.7	843 009	96 828	11 518
2003	263 781	845.4	907 419	99 390	12 112
2004	176 540	919.02	991 729	105 636	12 312
2005	136 990	973.62	1 077 720	115 921	14 565
2006	97 424	973.62	1 180 257	128 626	15 570
2007	146 632	973.62	1 315 273	141 332	16 576
2008	239 951	973.62	1 488 940	169 034	18 356
2009	301 438	973.62	1 562 763	158 280	18 142
2010	199 629	973.62	1 675 652	170 713	18 192
2011	186 197	973.62	1 837 858	182 977	19 340

资料来源：1990—2012 年《新疆统计年鉴》；1990—2012 年《中国农村统计年鉴》。

附表 13　　　　1989—2011 年新疆地区城乡收入差距

年份	农民人均纯收入（不变价格）（元）	城镇居民人均可支配收入（名义价格）（元）	城镇居民消费价格指数（1989 年＝100）	城镇居民人均可支配收入（不变价格）	城乡收入差距（倍）
1989	546.00	1 176	100.00	1 176.00	2.15
1990	645.96	1 314	104.49	1 257.49	1.95
1991	615.30	1 476	114.22	1 292.23	2.10
1992	601.94	1 952	124.84	1 563.55	2.60
1993	571.16	2 423	142.07	1 705.47	2.99
1994	547.10	3 170	181.43	1 747.26	3.19
1995	542.52	4 163	214.42	1 941.55	3.58
1996	556.53	4 650	236.74	1 964.22	3.53
1997	622.84	4 845	245.00	1 977.52	3.18
1998	659.09	5 001	244.75	2 043.31	3.10
1999	626.83	5 320	239.12	2 224.83	3.55
2000	705.46	5 645	239.37	2 358.24	3.34
2001	718.28	6 215	248.96	2 496.38	3.48
2002	775.57	6 554	246.22	2 661.84	3.43
2003	874.98	7 006	247.44	2 831.41	3.24
2004	892.57	7 503	252.66	2 969.57	3.33
2005	975.29	7 990	254.18	3 143.38	3.22
2006	1 054.51	8 871	256.72	3 455.50	3.28
2007	1 143.93	10 313	268.54	3 840.39	3.36
2008	1 149.73	11 432	288.14	3 967.52	3.45
2009	1 249.44	12 258	288.72	4 245.64	3.40
2010	1 412.11	13 644	299.11	4 561.53	3.23
2011	1 549.72	15 514	315.56	4 916.34	3.17

资料来源：1990—2012 年《新疆统计年鉴》，1990—2012 年《新疆兵团统计年鉴》。

附表 14   财政金融投入与绿洲农业可持续发展状况原始数据

年份	y	y_1	y_2	y_3	x_1	x_2
1989	1.6679	2.3050	1.3984	1.4259	51 646.5	174 550
1990	1.7551	2.5495	1.4281	1.4683	58 322.7	186 644
1991	1.8700	2.5923	1.6397	1.5184	60 204.1	225 809
1992	1.9561	2.6311	1.7701	1.5811	65 286.5	297 612
1993	1.9740	2.6110	1.7938	1.6154	69 782.0	239 289
1994	2.1209	2.9476	1.8791	1.6971	79 043.9	315 271
1995	2.2795	3.1761	2.0474	1.7901	88 072.0	433 352
1996	2.3546	3.3836	2.1394	1.7591	117 802.0	545 075
1997	2.5061	3.6480	2.2739	1.8463	123 643.0	513 050
1998	2.5791	3.8834	2.2757	1.8870	367 830.0	834 121
1999	2.5816	3.9682	2.2563	1.8607	160 808.0	915 058
2000	2.7041	4.1290	2.4104	1.9171	385 520.0	841 278
2001	2.8006	4.3166	2.4914	1.9657	206 129.7	994 619
2002	2.8756	4.6019	2.4930	1.9803	225 024.0	1 144 500
2003	3.0388	5.0417	2.6401	1.9754	264 220.7	1 230 300
2004	3.2849	5.4386	2.9885	2.0018	355 851.8	1 492 000
2005	3.5111	6.1251	3.1084	2.0345	380 573.6	1 697 800
2006	3.7153	6.6050	3.2740	2.0917	773 136.6	1 758 600
2007	3.9866	7.4228	3.4445	2.1065	1 040 541.7	1 892 400
2008	4.2062	7.8131	3.7463	2.1169	1 481 493.7	2 207 700
2009	4.6252	8.9872	4.0464	2.1571	2 133 221.0	3 098 100
2010	4.9385	9.9818	4.1573	2.2332	2 417 635.9	4 285 800
2011	5.5387	11.9353	4.3449	2.3746	3 241 143.3	6 483 600

资料来源：第四章相关计算结果和 1990—2012 年《新疆统计年鉴》。

附表 15 **新疆财政收支及财政自给率**

年　份	地方财政一般预算收入 （万元）	地方财政一般预算支出	财政自给率（%）
1989	19	41.7	45.56
1990	21.78	47.62	45.74
1991	26.45	50.34	52.54
1992	26.07	56.09	46.48
1993	35.13	64.71	54.29
1994	28.7	71.1	40.37
1995	38.28	96.4	39.71
1996	48.31	114.88	42.05
1997	54.52	123.35	44.20
1998	65.39	145.99	44.79
1999	71.31	166.28	42.89
2000	79.07	190.95	41.41
2001	95.09	263.32	36.11
2002	116.47	361.17	32.25
2003	128.22	368.47	34.80
2004	155.7	421.04	36.98
2005	180.32	519.02	34.74
2006	219.46	678.47	32.35
2007	285.86	795.15	35.95
2008	361.06	1 059.36	34.08
2009	388.78	1 346.91	28.86
2010	500.58	1 698.91	29.46
2011	720.43	2 284.49	31.54

资料来源：1990—2012 年《新疆统计年鉴》；《新中国五十五年统计资料汇编——新疆篇》。

参考文献

［1］白钦先，王伟．独具特色的法国政策性金融体制评析［J］．浙江金融，2005（2）：12-14．

［2］暴欣易．加大融资力度 促进我国农业可持续发展［J］．经济视角，2008（7）：24-26．

［3］曹其芳．循环发展：新疆绿洲经济可持续发展新视角［J］．新疆农垦经济，2007（11）：60-65．

［4］曹晓勇．我国农村金融供需特征及金融支持问题探讨［J］．产业与科技论坛，2007（8）：24-25．

［5］陈磊，曲文俏，李文．解读日本的造村运动［J］．当代亚太，2006（6）：29-35．

［6］陈明文，王林萍．美国、日本、法国农业保险比较及借鉴［J］．台湾农业探索，2007（1）：75-78．

［7］陈时兴，蔡祖森．农村民间金融的双重效应与发展对策［J］．中共浙江省委党校学报，2007（4）：95-98．

［8］达来．财政支出与农业可持续发展问题的研究［J］．内蒙古科技与经济，2004（23）：16-18．

［9］邓常春．印度政府对农业的支持及其成效［J］．南亚研究季刊，2005（5）：14-18．

［10］丁振京，杨明飞．农业政策性金融国际经验借鉴［J］．银行家，2007（4）：107-108．

［11］董伟炜．美国农业税收政策的启示［J］．江苏农村经济，2006（2）：35-36．

［12］董晓林，吴昌景．四大担保模式化解农民贷款难题［J］．农业经济问题，2008（9）：35-41．

［13］窦晴身，王月兴．戈德史密斯的金融发展理论及启示［J］．理论与现代化，2001（3）：90-93．

［14］杜彦坤，张峭．农业可持续发展融资机制研究［M］．北京：经济科学出版社，2009：148．

［15］杜彦坤，张峭．农业可持续发展的融资机制研究［M］．北京：经济科学出版社，2009：55．

［16］方炎，陈洁．中国农业污染的现状和危害［J］．环球视野，2005（15）：36．

［17］符礼建，曹玉华．农业可持续发展探讨［J］．上海交通大学学报（哲学社会科学版），2002（4）：30－33．

［18］高铁梅．计量经济分析方法与建模：Eviews 应用及实例［M］．北京：清华大学出版社，2006：（1）：154．

［19］格利（Gurley，j. g.），肖（Shaw，E. S.）著，贝多广译．金融理论中的货币［M］．上海：上海人民出版社，2003：55．

［20］郭晖，李景跃．新疆农业保险可持续发展研究［J］．商业研究，2007（12）：4－5．

［21］郭晖．新疆农村金融生态评价与优化途径研究［D］．西北农林科技大学，2008．

［22］郭佩霞，高凤琴．论环境保护与绿色财政支农体系［J］．新疆财经，2005（2）：40－43．

［23］郭翔宇，罗剑朝，曾福生等．中国农业与农村经济发展前沿问题研究［M］．北京：中国农业出版社，2007：107．

［24］何亮．主成分分析在 SPSS 中的应用［J］．山西农业大学学报，2007（S1）：20－22．

［25］赫米斯，伦辛克．金融发展与经济增长：发展中国家（地区）的理论与经验［M］．北京：经济科学出版社，2001：34．

［26］洪民荣．美国农业发展中的金融支持［J］．农村金融研究，2001（10）：23－26．

［27］胡国珠，胡彩平．美国农业补贴体系的构建与借鉴［J］．特区经济，2009（9）：88－89．

［28］黄璟，熊从见，雷海章．中国中西部地区农业可持续发展的资金支撑问题研究［J］．华中农业大学学报（社会科学版），2001（2）：5－10．

[29] 黄训芳. 对新疆绿洲农业持续发展问题的思考 [J]. 新疆农业科学, 2003 (3): 97 - 99.

[30] 贾伟生, 刘钟钦, 魏微等. 邮政储蓄资金回流农村的四种渠道 [J]. 农业经济, 2007 (4): 37 - 38.

[31] 蒋难. 国外农村金融体系的制度安排及中国路径选择 [J]. 中国金融, 2009 (7): 68 - 69.

[32] 康书生, 鲍静海, 李巧莎. 外国农业发展的金融支持——经验及启示 [J]. 国际金融研究, 2006 (7): 11 - 17.

[33] 雷蒙德·W. 戈德史密斯. 金融结构与金融发展 [M]. 上海: 上海三联书店, 1990: 150.

[34] 雷蒙德·W. 戈德史密斯. 金融结构与金融发展 [M]. 周朔, 郝金城, 肖远企等译. 上海: 上海人民出版社, 1994.

[35] 蕾切尔·卡逊. 寂静的春天 [M]. 吕瑞兰, 李长生译. 吉林: 吉林出版社, 1997: 65.

[36] 李朝逢, 杨中宝. SPSS 主成分分析中的特征向量计算问题 [J]. 统计教育, 2007 (3): 10 - 11.

[37] 李传健. 我国农业可持续发展与农业支持政策体系构建 [J]. 商业研究, 2009 (12): 159 - 161.

[38] 李海娣, 韩小羽. 农村信用社中间业务创新发展的思路 [J]. 黑龙江金融, 2009 (11): 111 - 113.

[39] 李化, 杜彦坤, 陈宇. 农业可持续发展机制的构建 [J]. 农业经济问题, 2007 (S): 41 - 44.

[40] 李季刚. 新疆国家金融与地方金融支农效率差异分析 [J]. 新疆财经, 2009 (3): 69 - 72.

[41] 李建军. 中国地下金融规模与宏观经济影响研究 [M]. 北京: 中国金融出版社, 2005: 95.

[42] 李明贤. 给农村民间金融适度的发展空间 [J]. 调研世界, 2003 (2): 24 - 26.

[43] 李名忠. 邮政储蓄银行对"三农"的金融支持 [J]. 金融纵横, 2007 (15): 44 - 46.

[44] 李楠. 发挥民间金融优势促进农村金融发展 [J]. 河北金融,

2006（12）：62－63.

[45] 李平. 美国农业补贴政策及其支持力度［J］. 中国农村经济，2002（6）：75－80.

[46] 李文. 财政税收政策与中国农业可持续发展［J］. 税务与经济，2002（6）：19－21.

[47] 李先德. 法国农业公共支持［J］. 世界农业，2003（12）：27－29.

[48] 李先德. 法国农业公共支持的演变与趋势［J］. 农业展望，2008（3）：35－37.

[49] 李彦斌. 加快农村信用联社一级法人管理改革［J］. 金融理论与实践，2003（3）：65－66.

[50] 李颖明. 国内外农业可持续发展评价理论、方法与应用［J］. 林业经济，2006（1）：67－72.

[51] 林萍，蒋莉，吴磊. 新疆绿洲现代农业发展方略［J］. 科学新闻杂志，2008（5），http://news. sciencenet. cn/html/showxwnews1. aspx? id＝206312［2008－05－08］.

[52] 刘仁伍. 新农村建设中的金融问题［M］. 北京：中国金融出版社，2006（11）：129－130.

[53] 刘毅平，庞小红. 发展新疆农业保险的若干思考［J］. 新疆金融，2006（9）：50－52.

[54] 刘志文，白光伟，黎凌. 以现代农业为目标 加快农业信息化发展［J］. 新疆农业科技，2008（5）：3－4.

[55] 陆美娟，左平桂，张兵. 江苏省金融支持和农业经济增长的实证分析—基于13市面板数据的经验分析［J］. 南京农业大学学报，2009（1）：146－150.

[56] 陆天华，秦祚安. 宾阳县农村社会信用体系建设调查分析［J］. 区域金融研究，2009（1）：75.

[57] 罗剑朝，徐敏. 基于 SE－Malmquist 模型的农业生产率分析——以新疆为例［J］. 统计与信息论坛，2009（9）：37－42.

[58] 马世铭，J. Sauerborn. 世界有机农业发展的历史回顾与发展动态［J］. 中国农业科学，2004－37（10）：1510－1516.

［59］麦金农．经济发展中的货币和资本［M］．华盛顿：布鲁金斯学会出版，1973：1（1）：60.

［60］梅多斯，D. 增长的极限［M］．李涛，王智勇译．北京：机械工业出版社，2006：78.

［61］孟凡杰，张扬．农村民间金融的制度经济学分析［J］．内蒙古农业大学学报（社会科学版），2007（2）：66 - 67.

［62］米建国，李建伟．金融发展与经济增长关系实证分析［J］．管理世界，2002（4）：23 - 31.

［63］农业部赴法国农业税费与对农民补贴制度考察团．法国、欧盟农业补贴政策及对我国的几点启示［J］．农村经营管理，2004（11）：45 - 47.

［64］彭珂珊．国内外农业可持续发展研究进展评述［J］．北方经济，2001（12）：39 - 42.

［65］彭宇文，吴林海．中美农业科技资金投入比较及对策研究［J］．中国科技论坛，2007（12）：89 - 92.

［66］彭玉镏，徐松岩．我国中西部农业发展的金融支持［J］．农业经济，2001（4）：35 - 36.

［67］蒲文彬．美国农业支持政策的实施及其对中国的启示［J］．生产力研究，2009（23）：158 - 163.

［68］冉光和，王锡桐．财政货币政策配合与农业可持续发展［J］．财经问题研究，2000（1）：3 - 6.

［69］萨克斯．国民经济导论［M］．1883 - 1（1）：101.

［70］萨缪尔森著．经济学［M］．萧琛译．北京：人民邮电出版社，2008（18）：223.

［71］尚明瑞．欠发达地区农业与农村经济可持续发展的金融约束及其解析［J］．生产力研究，2008（10）：43 - 44.

［72］尚豫新，祝宏辉．荒漠绿洲农业可持续发展模式探析［J］．新疆农垦经济，2009（3）：11 - 14.

［73］石东齐．农户联保贷款：使农户贷款难成为历史［J］．武汉金融，2003（9）：63 - 64.

［74］石建平，何红岩，谢欣．邮储银行小额信贷资金回流农村困境分

析——以甘肃张掖邮储银行为例 [J]．银行家，2009（12）：101 –103．

［75］石玉梅，张敏，吐尔地．新疆南疆农民减负问题研究 [J]．新疆农垦经济，2008（2）：59 –62．

［76］宋明．我国农产品价格支持与直补政策之比较分析 [J]．发展，2007（5）：54 –55．

［77］宋彦图．影响黑龙江邮政储蓄资金回流农村的障碍及建议 [J]．黑龙江金融，2006（8）：16 –17．

［78］苏明，王小林，陈冠群．国外公共财政支持农业和农村发展的主要途径及启示 [J]．经济研究参考，2007（24）：4 –11．

［79］谭露．中美农业金融支持体系的比较及经验借鉴 [J]．世界农业，2009（8）：25 –29．

［80］汤耀新．广西农村征信体系建设的探索——以广西象州农村合作银行为例 [J]．金融会计，2010（1）：76 –80．

［81］唐朱昌．新编公共财政学——理论与实践 [M]．上海：复旦大学出版社，2007：77 –79．

［82］田力，胡改导，王东方．中国农村金融融量问题研究 [J]．金融研究，2004（3）：125 –135．

［83］田野，胡迁，马明华．法国农业互助保险及对中国的启示 [J]．农村经济，2005（10）：120 –123．

［84］王邦志，祁卫士，刘光澄．中国农村投融资体制改革的现实思考 [J]．金融研究，2007（8）：112 –119．

［85］王川，张峭，杜彦坤．我国农业发展的资金需求 [J]．农村金融研究，2008（7）：29 –34．

［86］王川．我国农产品市场风险的形成及防范研究 [J]．中国食物与营养，2008（9）：33 –36．

［87］王德超．苏北地区农信社支持农业可持续发展探析 [J]．现代金融，2004（6）：19．

［88］王金秀，郑志冰．促进生态农业发展的财政支出政策研究 [J]．改革与战略，2007（3）：93 –95．

［89］王擎等．财政支农支出对西部农业经济可持续发展的实证分析 [J]．生态经济，2007（11）：127 –130．

［90］王伟．关于新疆农业保险的几点思考［J］．经济研究导刊，2009（12）：82－83．

［91］王新亮，汪延法．美国农业保险的历程启示［J］．农村经济，2004（11）：95－97．

［92］吴亚非，李科．基于 SPSS 的主成分分析法在评价体系中的应用［J］．当代经济，2009（3）：166－168．

［93］夏蕾等．构建发展我国农业循环经济金融支持体系的思考［J］．经济问题探索，2008（6）：49－52．

［94］肖．经济发展中的金融深化［M］．英国，牛律大学出版社，1973：1（1）：89．

［95］谢仁寿．绿色农业与绿色财政［J］．农村财政与财务，2003（3）：35－38．

［96］休·T. 帕特里克．欠发达国家的金融发展和经济增长［J］．经济发展和文化变迁，1966（1）：45．

［97］徐磊，张峭．农业可持续发展的融资机制研究［J］．农村金融研究，2008（12）：60－64．

［98］徐敏．财政金融投入的农业经济增长效应研究［J］．科技与经济，2010（1）：51－54．

［99］徐敏等．新疆绿洲农业可持续发展状况评价与分析［J］．干旱区资源与环境，2011（2），待刊．

［100］闫广宁．对同心县农村信用联社开展土地承包经营权抵押贷款情况的调查与思考［J］．西部金融，2008（8）：49－50．

［101］杨迪航．创新农户融资担保模式［J］．财政监督，2009（22）：68－69．

［102］杨芳．美国农产品价格风险管理机制与启示［J］．江苏农村经济，2009（12）：72－73．

［103］杨封科，高世铭．旱地农业可持续发展研究的进展［J］．甘肃农业科技，2003（7）：18－19．

［104］杨明柱．法国农业互助保险贴近农户［J］．农村财政与财务，2009（3）：47－48．

［105］杨韶南．基于国际比较视角的新农村金融供给问题研究［J］．

金融发展研究，2008（3）：71－73.

[106] 阳玉秀. 提高财政支农效率 促进农业可持续发展 [J]. 职业时空，2007（18）：72.

[107] 姚振明，李宁. 关于深化农业技术推广体制改革的思考与对策 [J]. 现代农业，2009（6）：84－85.

[108] 佚名. 发达国家现代农业发展路径 [J]. 新农村，2009（11）：27－28.

[109] 尹凤梅. 美国农业补贴政策的演变趋势分析 [J]. 重庆工商大学学报（西部论坛），2007（1）：89－92.

[110] 雍会. 新疆绿洲生态农业经济可持续发展对策研究 [J]. 中国农业资源与区划，2006－27（4）：41－43.

[111] 詹姆斯·D. 汉密尔顿. 时间序列分析 [M]. 刘明志译. 北京：中国社会科学出版社，1994：94.

[112] 张辉. 美国农业保险 [J]. 中国保险，2005（12）：59－60.

[113] 张乐柱. 农村民间金融的合作化问题研究 [J]. 农业经济问题，2006（4）：10－14.

[114] 张丽. 新疆农业可持续发展实证分析 [J]. 新疆社会科学，2006（6）：30－35.

[115] 张瑞怀. 农村信用体系建设应解决好五个问题 [J]. 中国金融，2008（15）：73－74.

[116] 张文棋. 论农业可持续发展的投融资问题 [J]. 农业现代化研究，2001（5）：309－312.

[117] 张文棋. 农业投融资与农业可持续发展 [J]. 农业经济问题，2000（2）：45－48.

[118] 张晓娟. 农村金融机构的功能与法律定位 [J]. 北方法学，2007（6）：31－40.

[119] 张彦虎. 改革30年新疆农业发展中的相关政策变革作用简析 [J]. 古今农业，2008（4）：13－20.

[120] 张艳萍. 从供需分析看新疆农业保险发展 [J]. 新疆大学学报，2009（1）：26－28.

[121] 赵华，潘长风. 在协整分析中如何处理截距和趋势 [J]. 数量

经济技术经济研究，2004（1）：106 – 109.

[122] 中国人民银行海口中心支行年度公报征信管理处课题组．海南省农村信用体系建设的实践与思考 [J]．海南金融，2009（1）：80 – 82.

[123] 中国人民银行仙桃市支行课题组．农村金融部门支持农村经济可持续发展的策略探讨 [J]．武汉金融，2000（2）：46 – 47.

[124] 钟志威，雷钦礼．Johansen 和 Juselius 协整检验应注意的几个问题 [J]．统计与信息论坛，2000（10）：80 – 86.

[125] 朱金惠．新疆邮政储蓄支持"三农"任重道远 [J]．新疆金融，2009（5）：44 – 46.

[126] 朱美玲，闫杰．新疆财政支农投入分析与规模化 [J]．新疆农垦经济，2009（5）：48 – 56.

[127] 朱美玲，朱洁．推进财政支农资金整合的工作机制探讨 [J]．新疆财经，2009（1）：42 – 47.

[128] 朱美铃．气象灾害对新疆农业的影响 [J]．新疆农业科学，2001（5）：265 – 266.

[129] 朱美玲．对整合新疆财政支农资金途径的探讨 [J]．新疆财经，2007（1）：13 – 15.

[130] 朱晓会．农业投融资创新路径的探悉 [J]．当代经济，2007（8）下：160 – 162.

[131] 朱新武．新疆财政农业投入管理模式研究 [J]．乌鲁木齐：新疆农业大学，2007.

[132] 新疆统计年鉴 [M]．北京：中国统计出版社，1990 – 2012.

[133] 新疆生产建设兵团统计年鉴 [M]．北京：中国统计出版社和北京数通电子出版社，1990 – 2012.

[134] 新疆年鉴 [M]．北京：中国统计出版社，1990 – 2012.

[135] 新疆城乡人民生活 30 年统计年鉴 [M]．北京：中国统计出版社和北京数通电子出版社，1978 – 2008.

[136] 新疆调查年鉴 [M]．北京：中国统计出版社和北京数通电子出版社，2006 – 2012.

[137] 新疆五十年 [M]．北京：中国统计出版社和北京数通电子出版社，1955 – 2005.

［138］新中国 60 年——新疆人民生活 ［M］. 北京：中国统计出版社和北京数通电子出版社，1949 - 2009.

［139］新疆金融运行报，2006 - 2009. http：//cn. chinagate. cn/reports/2009 - 06/30/content_ 18041841. htm.

［140］新疆经济普查年鉴 ［M］. 北京：中国统计出版社和北京数通电子出版社，2004.

［141］新中国五十五年统计资料汇编——新疆篇 ［M］. 北京：中国统计出版社，2005.

［142］中国财政年鉴 ［M］. 北京：中国统计出版社，1990 - 2012.

［143］中国金融年鉴 ［M］. 北京：中国统计出版社，1990 - 2012.

［144］中国保险年鉴 ［M］. 北京：中国统计出版社，1990 - 2012.

［145］中国统计年鉴 ［M］. 北京：中国统计出版社，1990 - 2012.

［146］中国农村统计年鉴 ［M］. 北京：中国统计出版社，1990 - 2012.

［147］中国农业统计年鉴 ［M］. 北京：中国统计出版社，1990 - 2012.

［148］Aja Okorie. Rural Banking in Nigeria：Lessons from other Developing Countries ［J］. *Agricultural Administration and Extension*，1988 - 28（2）：147 - 159.

［149］Aja Okorie. Rural Banking in Nigeria：Empirical Evidence of Indicative Policy Variables from Anambra State ［J］. *Agricultural Economics*，1992 - 7（1）：13 - 23.

［150］Anacleti K. Kashuliza. Perception and Role of Informal Rural Finance in Developing Countries：the Example of Tanzania ［J］. *Journal of Rural Studies*，1993 - 9（2）：163 - 173.

［151］Arthur Cecil Pigou. The Economics of Welfare ［M］. London：Macmillan Publishers Limited，1920：134.

［152］Cheung Y W, Lai K S. Finite - sample Sizes of Johansen's Likelihood Ratio Tests for Cointegration Oxford Bulletin of Economics and Statistics ［J］. 1993（55）：313 - 328.

［153］Dale W Adams, H. Y. Chen, M. B. Lamberte. Differences in Uses of Rural Financial Markets in Taiwan and the Philippines [J]. *World Development*, 1993 – 21 (4): 555 – 563.

[154] Douglas A. Christensen, Earl O. Heady. U. S. Agricultural Finance Response to Rising Petroleum Prices [J]. *Energy in Agriculture*, 1983 – 2: 61 – 74.

[155] Frederic S. Mishkin. Financial Markets and Institutions, 1973 – 1 (1): 45.

[156] Harvey, A. C. Forecasting Structural Time Series Model and the Kalman Filter [M]. London: Cambridge University Press, 1989: 89.

[157] I. Fisher. *The Purchasing Power of Money* [M]. New York: The Macmillan Company, 1920. .

[158] Jeffrey M. Riedinger. Innovation in Rural Finance: Indonesia's Badan Kredit Kecamatan program [J]. *World Development*, 1994 – 22 (3): 301 – 313.

[159] John Maynard Keynes. The General Theory of Employment, Interest, and Money [J]. 1936 – 1 (1): 178.

[160] K. Wicksell. Interest and Prices. 1898 – 1 (1): 76.

[161] Kasa K. Common Stochastic Trends in International Stock Markets [J]. Journal of Monetary Economics, 1992 (29): 95 – 124.

[162] Katharine N. Rankin. Manufacturing rural Finance in Asia: Institutional Assemblages, Market Societies, Entrepreneurial Subjects [J]. *Geoforum*, 2008 – 39 (6): 1965 – 1977.

[163] Kellee S. Tsai. Imperfect Substitutes: The Local Political Economy of Informal Finance and Microfinance in Rural China and India [J]. *World Development*, 2004 – 32 (9): 1487 – 1507.

[164] Léon Walras. Elements of Pure Economics. 1874: 32.

[165] Liu Yansui, Wu Chuanjun. Sustainable Agriculture Progress and Tasks in Recent Studies in China [J]. The Journal of Chinese Geography, 1999 – 9 (3): 228 – 235.

[166] Michael Lipton. Agricultural Finance and Rural Credit in Poor Countries [J]. *World Development*, 1976 – 4 (7): 543 – 553.

[167] Mike Devaney, Bill Weber. Local Characteristics, Contestability, and the Dynamic Structure of Rural Banking: A Market study [J]. *The Quarterly Review of Economics and Finance*, 1995 –35 (3): 271 –287.

[168] Pham Bao Duong, Yoichi Izumida. Rural Development Finance in Vietnam: A Microeconometric Analysis of Household Surveys [J]. *World Development*, 2002 –30 (2): 319 –335.

[169] Rajan, Raghuram G & Zingales, Luigi, Power in a Theory of the Firm [J]. CEPR Discussion Papers 1777, 1998 C. E. P. R: 12.

[170] Rodrigo A. Chaves, Claudio Gonzalez – Vega. The Design of Successful Rural Financial Intermediaries: Evidence from Indonesia [J]. *World Development*, 1996 –24 (1): 65 –78.

[171] Thomas Dufhues, Gertrud Buchenrieder, Franz Heidhues and Pham Thi My Dung. Sustainable Land Use in Mountainous Regions of Southeast Asia [J]. Springer Berlin Heidelberg, 2007 –1 (1): 335 –352.

[172] Whither Socialism. (Wicksell Lectures), MIT Press: January 1996.

致　谢

本书的出版得到了教育部 2011 年度"长江学者和创新团队发展计划"创新团队项目（项目名称：西部地区农村金融市场配置效率、供求均衡与产权抵押融资模式研究，2012. 1—2014. 12，项目编号：IRT1176）的经费支持。

本书是在我的博士论文的基础上修改和补充而完成的。在书稿的完成之际，我要感谢在书稿写作过程中给予我关心和帮助的每一个人。

首先感谢我的导师罗剑朝教授，教授知识渊博，治学态度严谨，对专业孜孜以求，精益求精。对科研工作具有敏锐的洞察力和系统的科研思路，百忙之余读书不辍，不断探求；为人师表，率先垂范；诚挚谦虚的品格和宽厚善良的处世方式，值得我终生学习和效仿。罗教授高尚的人格、积极乐观的生活态度是我学习的榜样和楷模。在我书稿的写作方案、逻辑框架、研究方法上罗教授都给予了认真的指导，使本书稿得以完成和出版。师恩深重，终生难忘，在此谨向罗教授表示最衷心的感谢和诚挚的敬意！

还要感谢贾金荣教授、陆迁教授、王征兵教授、姚顺波教授、李录堂教授、霍学喜教授、郑少锋教授、孔荣教授、王礼力教授、李世平教授、赵敏娟教授，感谢他们对本书的结构和研究方法等方面提出了宝贵意见和建议。

感谢我的同学武晓明、王磊玲、毕玉平、张丽娜、孙志红、韦吉飞、宋敏等，是他们给予我关心、支持和帮助，一起相伴度过博士期间艰苦的学习时光，一起分享苦与乐。还要感谢我的研究生张小林，他在书稿校对中付出了辛勤劳动。

感谢父母的养育之恩，感谢他们无私的支持和帮助。感谢我丈夫马乃毅先生，给了我生活上无微不至的关怀和照顾，并给予我学业上不断的鼓励和支持，是你的鼓励和支持让我有勇气走在这艰难的学术之路上。

以一颗感恩的心，感谢所有曾经帮助过我的人，感谢你们的鼓励和支持，祝你们幸福平安！

徐　敏

2013 年 9 月